中学校社会科教育・
高等学校公民科教育

社会認識教育学会　編

編集責任者：棚橋健治　草原和博　川口広美　金鍾成

学術図書出版社

執筆者紹介（執筆順）

棚橋 健治（たなはし けんじ）	安田女子大学教育学部		はしがき
桑原 敏典（くわばら としのり）	岡山大学大学院教育学研究科		第1章
釜本 健司（かまもと けんじ）	新潟大学教育学部		第2章
胤森 裕暢（たねもり ひろのぶ）	広島経済大学教養教育部		第3章
福井 駿（ふくい すぐる）	鹿児島大学教育学部		第4章
田中 伸（たなか のぶる）	岐阜大学教育学部		第5章
藤本 将人（ふじもと まさと）	宮崎大学教育学部		第6章
伊藤 直之（いとう なおゆき）	鳴門教育大学大学院学校教育研究科		第7章
鵜原 進（おしはら すすむ）	愛媛大学教育学部		第8章
藤瀬 泰司（ふじせ たいじ）	熊本大学教育学部		第9章
谷口 和也（たにぐち かずや）	東北大学大学院教育学研究科		第10章
井上 奈穂（いのうえ なほ）	鳴門教育大学大学院学校教育研究科		第11章
川口 広美（かわぐち ひろみ）	広島大学大学院教育学研究科		第12章
金 鍾成（きむ じょんそん）	広島大学大学院教育学研究科		第13章
河原 洸亮（かわはら こうすけ）	広島大学大学院教育学研究科博士課程後期		付録 年表
鈩 悠介（たたら ゆうすけ）	広島大学大学院教育学研究科博士課程後期		付録 年表
守谷富士彦（もりや ふじひこ）	広島大学大学院教育学研究科博士課程後期		付録 年表
小栗 優貴（おぐり ゆうき）	広島大学大学院教育学研究科博士課程後期		付録 年表
宅島 大尭（たくしま ひろたか）	広島大学大学院教育学研究科博士課程後期		付録 年表
両角 遼平（もろずみ りょうへい）	広島大学大学院教育学研究科博士課程後期		付録 年表

編者紹介

社会認識教育学会

〈事務局〉

東広島市鏡山一丁目1番1号

広島大学教育学部社会認識教育学講座内

〈出版物〉

『社会科教育研究資料』第一学習社，1974年

『社会認識教育の探求』第一学習社，1978年

『中等社会科教育学』第一学習社，1979年

『初等社会科教育学』学術図書出版社，1983年

『社会科教育の21世紀―これからどうなる・どうするか―』明治図書出版，1985年

『社会科教育の理論』ぎょうせい，1989年

『初等社会科教育学』学術図書出版社，1990年，改訂版

『中等社会科教育学』第一学習社，1990年，改訂版

『社会科教育学ハンドブック―新しい視座への基礎知識―』明治図書出版，1994年

『中学校社会科教育』学術図書出版社，1996年

『地理歴史科教育』学術図書出版社，1996年

『公民科教育』学術図書出版社，1996年

『初等社会科教育学』学術図書出版社，2000年，改訂新版

『中学校社会科教育』学術図書出版社，2000年，改訂新版

『地理歴史科教育』学術図書出版社，2000年，改訂新版

『公民科教育』学術図書出版社，2000年，改訂新版

『社会科教育のニュー・パースペクティブ―変革と提案―』明治図書出版，2003年

『社会認識教育の構造改革―ニュー・パースペクティブにもとづく授業開発―』明治図書出版，2006年

『小学校社会科教育』学術図書出版社，2010年

『中学校社会科教育』学術図書出版社，2010年

『地理歴史科教育』学術図書出版社，2010年

『公民科教育』学術図書出版社，2010年

『新社会科教育学ハンドブック』明治図書出版，2012年

『小学校社会科教育』学術図書出版社，2019年

は し が き

　本書は，中等教育段階における社会認識教育についての研究・実践の入門書として編集されたもので，本書で扱うのは，学校教育における現行の教科でいえば，中学校社会科と高等学校公民科である．

　本会では，このような趣旨の書物としては，これまで 1978 年に出版した『中等社会科教育学』以来，学習指導要領改訂で中学校社会科と高等学校地理歴史科ならびに公民科に再編されたのを受けて 1996 年に全面的に編集をし直して『中学校社会科教育』『公民科教育』『地理歴史科教育』の 3 冊を出版し，さらに，学習指導要領改訂に伴い，2000 年に改訂新版として出版した．その後，2008 年の学習指導要領改訂に伴って，全面的に書き改めた．このたび，学習指導要領の改訂を受けて，装いを一新した．社会認識教育は中学校と高等学校では教科名は異なるが，そこにある一貫性，連続性は重要であると考え，『中学校社会科教育・高等学校公民科教育』『中学校社会科教育・高等学校地理歴史科教育』の 2 冊構成とした．

　今回の学習指導要領改訂では，教科編成は変わらないものの，それを構成する科目が大きく変わった．そこには，学校教育ならびにそこにおける中等社会認識教育で育成することが求められる資質・能力像の変化があり，それに対応した社会科，公民科の考え方やカリキュラム，授業，評価，教師などの在り方についての具体的な議論が盛んになっている．教員養成や教員研修のテキストとしての目的も持つ本書の性格上，本書もそれらの議論に対応している．

　しかし，「学習指導要領が変わったから社会科，公民科を変えなければならない」のではない．学習指導要領は様々に論じられている社会科や公民科の教育論のひとつであって，決して不変の絶対的基準ではない．実際，1947 年の学習指導要領以来，おおよそ 10 年ごとに改訂されてきており，それらの中には互いに相容れないのではないかと言えるようなものもある．社会的状況，教育への期待，教育論などの変化により，その時その時に最善と思われる社会科，公民科の在り方が議論され，学習指導要領は，それらの議論を踏まえてまとめられたものである．今次改訂で示された社会科像，公民科像も 10 年経てば過去のものになるかもしれない．

　社会認識教育に関わる者は，実践者であれ，研究者であれ，学習指導要領も特別視せずに，ひとつの社会科論として客観視し，なぜ，それが今の状況で選ばれたのか，その背景にある社会のとらえ方，学習や授業のとらえ方などを冷静に分析，吟味，評価しようとすることが必要である．

　社会認識教育の学界は，学習指導要領を前提としてそれを実現したり擁護したりするために活動するものではない．また逆に，国家という権力が定める学習指導要領を批判・否定するために活動するものでもない．これらは立場こそ正反対

であるが，学界の存在理由と使命を学習指導要領に求めるという点では同じである．それは学問ではなく運動と言うべきであろう．擁護するべきあるいは批判するべき学習指導要領が変われば，論がひっくり返る．さらに学習指導要領の改訂で社会科という教科がなくなれば足下から崩れ，あるいはそもそも学習指導要領という縛りがなくなれば学界も消え去ってしまう．

社会認識教育の研究は決してそのようなものではない．なぜ，どのように社会について学ばねばならないのか．この問いは，教科名や教科編成が，また，その内容がどのように変わろうが変わることのない問いでなければならない．

本書では，「社会認識を通して市民的資質を育成する」教科とされるこれまでの社会認識教育学研究の成果に基づいて，今，この社会で求められるべき中学校社会科教育，高等学校公民科教育について多面的・多角的に考察した．その編集上の特色は，前版のそれを引き継ぎ，大きく次の6点である．

1 全国各地の教員養成学部・大学で，社会認識教育学の研究をしながら社会科教育論や公民科教育論の講義を担当してきたものたちが，相互に交流し話し合いながら，大学の教職専門科目のテキストとして役立つように配慮して，できるだけ平易に執筆するよう努めた務めた．

2 内外の最新の学問的研究成果に基づくとともに，さらに学校現場の実践的な課題に応える授業研究の成果を踏まえて執筆した．

3 中学校社会科教育及び高等学校公民科教育の意義と課題，歴史，目標・学力，内容構成，学習指導，評価などについて，原則的なことがらと，基礎的・教養的なものを整理して提示した．

4 具体的な授業づくりや学習指導ができる実践的能力が養えるように配慮した．授業構成の基本的な方法について，授業実践のレベルまでおりて詳述した．

5 原理や理論だけに偏ることを避け，学習指導の実証的研究に重点をおき，授業実践に役立つように指導案や実践事例を豊富に盛り込んだ．

6 社会認識教育に関する研究をさらに深めることを動機づけることを可能にするため，諸問題・論争点を盛り込んだ．

このような特色をもつ本書は，教職科目テキストとしてだけでなく，実践に役立つ入門書としての性格も備えている．その意味では，現職教育にも利用でき，初任者だけでなく経験豊富な教員の活用にも十分耐えうるものと考える．

おわりに，本書を出版するに際しては，学術図書出版社の杉浦幹男氏に大変お世話になった．深く感謝申し上げたい．

2020年3月

社会認識教育学会
棚橋健治

も　く　じ

第1章

中学校社会科・高等学校公民科教育の意義と課題
—なぜ中学校に社会科，高等学校に公民科が必要なのか—

第1節　社会科とは何か

　中学校において社会科は，事実上，地理，歴史，公民の三つの分野に分かれて教えられている．そのため，中学生になると社会科を学んでいるという意識は薄れ，社会科はたんに教科の名前として意識されるだけになりがちである．小学生の頃は，「社会（科）の勉強」と言っていても，中学生になると徐々に「地理の勉強」や「歴史の勉強」と言うようになり，それらを束ねる社会科全体は意識されなくなっていくのである．それは，学ぶ側だけのことではない．教える側の教師自身も，社会科を教えているというよりは，地理，歴史，公民を教えているという意識の方が強いのではないだろうか．中学校においては，このように，事実上，社会科は地理，歴史，公民の三つの分野に解体され，社会科という教科全体の目的を意識して学んだり，教えたりすることが少なくなってきているのである．しかし，社会とは，地理，歴史，公民の内容をまとめた領域を表す概念ではない．社会科は，社会科として独自の教育原理，内容編成原理，学習原理を持っている．地理，歴史，公民の内容を取り扱えば，社会科の学習になるわけではないのである．私たちは，地理，歴史，公民を，なぜ社会科として学ばなければならないのか，地理科，歴史科，公民科ではいけないのか，社会科として学ぶことにどのような意義があるのか，まず，この問いについて考えてみることにしよう．

　社会科の歴史は新しい．社会科は，20世紀の初め，アメリカ合衆国で成立したソーシャル・スタディーズ（Social Studies）が，その起源である[*1]．字義通り訳すならば，「社会研究科」となる．これが，第二次世界大戦後，日本において民主主義社会の担い手を育成するために設置された新教科のモデルとなり，社会科という教科名があてられた．アメリカ合衆国においては，世紀転換期に社会構造が大きく変革する中で社会の教育力が低下し，それまで生活の中で培われていた市民性を，学校で育成しなければならなくなった[*2]．こうして，1916年に「全米教育協会中等教育再編審議会社会科委員会」が示した報告書によって，社会科が制度的に成立した．報告書の冒頭，社会科の定義や目的については，次のよう

*1　森分孝治『アメリカ社会科教育成立史研究』風間書房，1994年．

*2　森分孝治「Social Studies」日本社会科教育学会編『社会科教育事典』ぎょうせい，2000年．p. 56.

*3 渡部竜也編訳『世界初 市民性教育の国家規模カリキュラム―20世紀初期アメリカNEA社会科委員会報告書の事例から』春風社, 2016年, pp. 119-120.

に述べられている[3].

1. 社会科の定義
社会科は，人間社会の組織や発展，そして社会集団の構成員である人間に直接関係がある事項を扱う教科である.
2. 社会科のねらい
社会科と他の教科との違いは，その社会的なねらい（social aim）ではなく，社会に関する内容を理由とする．というのも，現代教育の基本方針は「社会的効用（social efficiency: 社会全体の利益を考える）」であり，全教科の性質が終始このねらいに寄与すべきであるが，しかし社会科は，内容の性質から見れば，社会の構成員としての一個人を育成する特別な機会を提供する教科である．個人的な教養の観点からいかに価値があろうとも，社会科が子どもたちの社会的効用を培うことに直接的に貢献するものでなければ，社会科は最も重要な役割を果たすことに失敗している．社会科は，社会生活の性質や法則の正しい認識を育て，社会の構成員である一個人としての責任感や社会をもっと今以上に良くしようという動きに効果的に参画する知性や意志を育成することを通じて，この目的を完遂すべきである.
もっと正確に言えば，アメリカの高等学校における社会科は，社会科の意識すべき不断の目的として，「良き市民性（シティズンシップ）」の育成を掲げていくべきである．我々は，「良き市民」を「徹底的に効率的な隣人たち」であるとみなすかもしれない．だがここでは「良き市民」はこれとは異なる事柄から，つまり，政治的単位としての自らの都市，州，国に対する忠誠心と責任感から性格付けられることになるだろう．また，「社会（society）」は人種「（human race）」を含んだものとして解釈されるかもしれない．…（以下略）…

ここでは，社会科の目的として，明確に「良き市民性（シティズンシップ）」の育成が掲げられている．また，市民性の内容としては，「社会生活の性質や法則の正しい認識」，「社会の構成員である一個人としての責任感」，「社会をもっと今以上に良くしようという動きに効果的に参画する知性や意志」が示されている．森分孝治は，この委員会報告について，「責任感」と「知性や意志」は教育の一般目標であり，社会科に固有の，より直接的な目標は「認識」にあったと述べている[4]．また，渡部竜也は，委員会の市民性教育論の特質として，次の5点を挙げている[5].

*4 森分, 註 *2.

*5 渡部竜也編訳, 前掲書, pp. 221-228.

① 学校教育での市民性教育を教科教育の中で包括的に行おうとし，そのため教科教育を「まず学科内容ありき」のものから，「良き市民」「良き人間」の育成を目指すものへと性格を大きく変えたこと
② 市民性教育の中核に時事問題の分析力や判断力の育成をおいたこと（そのため，最終学年である第12学年に「アメリカ民主主義の諸問題」という1年間に渡る時事問題学習が位置づけられた）
③ 政治的な市民性に合わせて，職業社会で生きていくために必要となる経済的な市民性も合わせて育成しようとしていること
④ カリキュラムの中に地理や歴史を含んだ「統合カリキュラム」を構成原理としていること
⑤ 学校で学問的な知識や技術を伝えるだけではなく，社会に出てそこでの活動に参画する教育方法を積極的に取り入れ，社会や共同体と学校を結びつけようとしていること

森分と渡部では社会科の究極的な目標の捉え方に若干の違いがあるものの，社会科とは，市民性育成という目標から現代社会の研究，理解のために再編された地理，歴史，公民であり，社会諸科学が総合，統合されているところに本質があると言える．そのうえで，森分は，地理や歴史による現代社会の理解の原理として，次の点をあげたうえで，「公民は社会の科学的研究に，歴史と地理は間接的社会科学研究となっている」と指摘している[6]．

*6 森分，註*2，p. 57.

　　［地理］① 此処と余所の相互規定関係を知ること，② 此処と余所との対話
　　［歴史］① 起源と来歴を知ること，② 現在と過去との対話
　小学校社会科で現代社会についての理解と市民としての資質の基盤を形成したうえで，中学校社会科でまず地理と歴史を学び，最終段階で公民を学ぶのは，このように，間接的そしてより直接的な社会の科学的研究を行い，それらを現実の社会での活動に結び付けることを通して，現代社会において必要とされる市民性の育成を行うためである．

第2節　公民科とは何か

1. 公民科の歴史

　現在，中学校での社会科の学習を経て，高等学校では社会科系の教科として地理歴史科と公民科を学ぶことになっている．このような教育課程が成立したのは，1989（平成元）年版の学習指導要領により，高等学校において社会科が解体され，地理歴史科と公民科が設置されることになった時である．ただし，日本の教育の歴史の中で公民科が登場するのは，この時が初めてではない．公民科の歴史は戦前にさかのぼることができる．

（1）戦前の公民科教育

　日本の近代教育が確立する中，明治期から大正期にかけて公民教育をになった教科として「法制及経済」を挙げることができる[7]．大正末期になると，それに代わる教科として「公民科」が導入された．戦前の公民科は，1924（大正13）年に実業補習学校にまず設置され，その後，徐々に拡大していった．この時の公民科設置の背景として，谷本美彦は，① 地域だけではなく国民，国家の問題を視野に入れるためアメリカやドイツなどの公民教育研究がなされるようになったこと，② 大正デモクラシーの高揚とそれに続く普通選挙法の成立などにより，政治的，社会的教養の教育が緊急課題となったこと，③ 社会主義思想の流布や社会運動，労働運動の高揚による国家体制の批判に対して，国体護持の教育や思想善導の徹底強化を行う必要があったことの3点を挙げている[8]．そして，公民科の設置を教科論的にみると，戦前の公民教育が，法律と経済の知識の教授を目標とするものから，認識形成と資質育成の両者を合わせて行うことを目標とするも

*7 釜本健司『戦前日本中等学校公民科成立史研究』風間書房，2009年.

*8 谷本美彦「戦前の公民教育」森分孝治・片上宗二編『社会科重要用語300の基礎知識』明治図書出版，2000年，p. 61.

*9 釜本健司「戦前『公民科』の成立と公民教育論の諸相―『教科構造』の分析視点として―」全国社会科教育学会『社会科研究』62, 2005年, pp. 71-80.

*10 谷口和也「公民教育論・実践史」社会認識教育学会編『公民科教育』学術図書出版社, 2010年, pp. 19-20.

*11 釜本, 註 *9.

*12 片上宗二『公民教師用書』森分・片上編前掲書, p. 52. 及び, 片上宗二編『敗戦直後の公民教育構想』教育史料出版会, 1984年.

のへと理論的に発展したことを意味すると言える[9]. このように, 公民科は新しい性格を持った教科であり, その考えは地方にも広まり, 新しい実践を生み出していった. それは, これまでの国家を単位として「公民（臣民）」を育てる教育という視点から, 地方の指導者たる青年を育成し組織化するという公民教育の発想の広がりであった[10]. しかし, このような公民科教育は長続きすることはなかった. その後次第に, 日本社会において軍国主義的風潮が高まる中で, 日本の教育行政は次第に右傾化を強めていった. そして, 1943（昭和18）年に公民科は廃止され国民科修身に吸収されることになったのである.

戦前の公民科の成立と廃止の歴史は, 公民科の性格をよく表している. それは, 公民科が認識形成だけではなく資質育成も目指し, 子供の人格形成に広く関わろうとする教科であることと, 子供の主体的な追究を前提とする社会参加を促すことを目標としていることである[11]. 前者であるからこそ公民科は「法制及経済」に代わって公民教育を担うことになったが, 後者の性格を持っていたために戦時体制が強化される中で修身に取って代わられることになったのである.

（2）第二次世界大戦直後の公民教育構想

第二次世界大戦後, 日本が民主主義に基づく新しい教育をスタートさせるため, 公民教育の変革が行われた. 連合軍総司令部（GHQ）による改革に対して, 日本側も1945年（昭和20）年に「公民教育刷新委員会」を設置し, 独自の教育改革を進めようとした. その成果が1946（昭和21）年の『国民学校公民教師用書』と『中等学校青年学校公民教師用書』である. 前者は初等教育用, 後者は中等教育用の公民科指導書である[12]. これらの用書は, 1947（昭和22）年の新しい学校教育制度のもとで新教科「社会科」が設置されたため, 具体的に実践されることはなかったが, GHQにより禁止されていた修身に代わって民主主義を担う国民の育成を目指して公民科が設置されようとしたことは, 先にあげたこの教科の性格を強く表していると言えるのではないか. その意味では, 正確には実現し得なかったとはいえ, 日本の教育史上二度目となる公民科の登場は意味ある出来事であったと考えられる.

その後, 中等教育における公民科教育は中学校そして高等学校の社会科の中で展開されることになる.

（3）戦後初期社会科における公民的科目

1947（昭和22）年の学習指導要領において, 新しい教科として社会科が設置された. 初期社会科とは, この1947年版学習指導要領と, その次の1951年版の学習指導要領に基づく社会科のことを指す. これら成立期の社会科は, 理論的にはジョン・デューイらアメリカ合衆国の経験主義教育論に基づいていた. そして, 子供の生活経験上の問題を解決させることによって, 知性だけではなく態度や意

欲を含む全人格を統一的に育成しようとする問題解決学習を方法原理としていた．この初期社会科のもとで，高等学校において公民教育を担ったのは，小学校1年生から高校1年生までを対象とする「一般社会科」と，高校2・3年生用の「時事問題」であった[*13]．中等教育（第七学年から第十学年）の一般社会科については，学習指導要領にその意義が次のように述べられている．

> …（前略）…これまでは，社会科の内容となっている歴史・地理・公民などは，いずれも別々の教科として扱われて来たのであるが，一般社会科としては，本書に示してあるように中学校あるいは高等学校の生徒の経験を中心として，これらの学習内容を数箇の大き問題に総合してあるのであって，教科そのものの内容によって系統だてるようなことはやめることとした.」

このように，諸学問の系統による内容編成ではなく，経験に基づく問題を総合的に追究させる科目という性格を持っていた．そして，そのうえで，単元は，単元一「市場・仲買い業者・貸し附け・取引所及び経済的企業は，われわれの経済生活においてどんな機能を果たしているか」とか，単元五「日本国民は民主主義をどのように発展させつゝあるか」のように，問いの形で示されていた．また，「時事問題」は，現実の社会問題を教材として取り上げて学ばせる総合的な性格を持つ科目であった．

このような初期社会科は，やがて，学力低下と道徳性・国民性低下という二点から批判され，1956（昭和31）年版の学習指導要領からは，経験主義に変わって学問体系を重視した系統主義に基づく社会科が展開されるようになる[*14]．

(4) 系統主義社会科における公民的科目

系統主義に基づく新たな教育課程において，「一般社会科」と「時事問題」は廃止され，その代わりに高等学校での公民教育を担ったのは「社会科社会」であった．「社会科社会」については，学習指導要領で次のように説明されている．

> 「主として政治的，経済的，社会的および倫理的な観点から，現実社会の諸問題について，それを，それぞれの分野における諸科学の成果に基き，さらに世界的視野に立って，明らかにすることによって，当面する課題を科学的，合理的に批判し解決していくことのできるような能力や態度を身につけ，有能な社会人としての資質を育成しようとするものである」

このように，「社会科社会」は，政治学，経済学，社会学，倫理学などの諸学問の成果に基づいて体系化された，この後一貫して進められた社会科の分化の第一歩であった．この「社会科社会」は，1960（昭和35）年に，「政治・経済」と「倫理・社会」に分けられたが，その背景には小中学校における道徳教育の復活があった．「倫理・社会」は，「社会科社会」の倫理的側面が強化されたもので，高等学校における道徳を担うものであった．

*13　黒澤英典・若菜俊文・和井田清司・宇田川宏『高校初期社会科の研究—「一般社会」「時事問題」の実践を中心として』学文社，1998年．

*14　森分孝治「『今，社会科とは何か』をなぜ問うか」『社会科教育』375，明治図書出版，1993年，p. 129.

(5) 詰め込み教育への批判と「現代社会」の導入

　1978 (昭和53) 年版の学習指導要領において，高度経済成長下の詰め込み教育が反省され「ゆとりの教育」「人間性の重視」という方針のもと，新たな科目として「現代社会」が導入された．「現代社会」は，中学校社会科の学習を基盤として，より専門的な高等学校の選択諸科目へと接続するという役割を持つ一方で，思考力や判断力の育成を目指した総合的な科目としての性格ももち，高校1年生に必修科目として位置付けられた．「現代社会」の目標は，次のとおりである．

> 「人間の尊重と科学的な探究の精神に基づいて，社会と人間に関する基本的な問題についての理解を深め，広い視野に立って，現代社会に対する判断力の基礎と人間の生き方について自ら考える力を養うとともに，人間生活の向上を図り，進んで国家・社会の進展に寄与しようとする態度を育てる」

　このような目標に基づき，地理や歴史を含む高等学校社会科の基礎として位置付けられた「現代社会」の内容は広範にわたり，系統主義への転換以降続いてきた分化の流れに反する総合的・統合的な性格を持つ科目であった．また，現代的な諸問題が積極的に取り扱われ，従来の教師による一方的な授業ではなく，生徒自身が調べたり，問題の解決策について話し合ったりする機会を取り入れた新しい実践が生み出された[15].

(6) 高等学校社会科の解体と公民科の成立

　1989 (平成元) 年版の学習指導要領において，高等学校社会科は解体され，地理歴史科と公民科が設置された[16]．戦前と敗戦直後を含め，日本の教育の歴史上3度目の公民科の登場である．「現代社会」は，公民科の中に位置付けられ，公民科は「現代社会」，「倫理」，「政治・経済」の三つの科目によって構成され，「現代社会」または「倫理」と「政治・経済」の選択必修となった．公民科の目標は，「広い視野に立って，現代の社会について理解を深めさせるとともに，人間としての在り方生き方についての自発を育て，民主的，平和的な国家・社会の有為な形成者として必要な公民としての資質を養う」となっているように，現代社会の科学的な理解に基づいて，民主主義社会の担い手育成を目指した教科であった．この時の改訂では，新学力観が打ち出され，関心・意欲・態度を重視する評価が導入された．これ以降，公民科それ自体の編成等に大きな変化はないが，学力観は多様化し，次の1998 (平成10) 年の学習指導要領では「生きる力」が打ち出され，「総合的な学習の時間」が導入されるなど，公民科を含めた広い意味での公民教育も多様化していく．

(7) 「現代社会」から「公共」へ

　2017 (平成29) 年の高等学校学習指導要領改訂の際，公民科の「現代社会」が廃止され，「公共」という新しい科目が誕生した．「公共」の設置は，学習指導要

*15　江口勇治「「現代社会」の成立」日本社会科教育学会編『社会科教育事典』ぎょうせい，2000年，pp. 40-41.

*16　村井大介「カリキュラム史上の出来事を教師は如何に捉えているか—高等学校社会科分化の意味と機能—」日本教育社会学会『教育社会学研究』95，2014年，pp. 67-87.

領改訂に先立つ中央教育審議会の答申において，「家庭科，情報科や総合的な探究の時間等と連携して，現代社会の諸課題を捉え考察し，選択・判断するための手掛かりとなる概念や理論を，古今東西の知的蓄積を踏まえて習得するとともに，それらを活用して自立した主体として，他者と協働しつつ国家・社会の形成に参画し，持続可能な社会づくりに向けて必要な力を育む共通必履修科目としての「公共」を設置」と述べられている．「公共」は，「A　公共の扉」，「B　自立した主体としてよりよい社会の形成に参画する私たち」，「C　持続可能な社会づくりの主体となる私たち」によって編成されている．現代社会同様に総合的・統合的な性格を持つ科目であると言えそうだが，教育課程全体がコンテンツベースからコンピテンシーベースへのその原理を転換し，育成すべき資質・能力を柱として編成されるようになったことをふまえると，「現代社会」とは本質的には異なる面を持っていると考えられる[*17]．

*17　橋本康弘『高校社会「公共」の授業を創る』明治図書出版，2018年．

　戦前からの公民科の歴史を一通りながめてみると，公民科または公民的科目は，教育課程を構成する様々な教科目の中でも特に時代や社会の変化の影響を大きく受けるものであると言える．それによって，科目編成はもちろんのこと，教科目自体の目標や性格も大きく変わっている．次に，このような歴史的経緯を踏まえつつ，公民科とは何かを考察していくことにしたい．

2. 公民科の特質

　公民科の「公民」とは一体何であろうか．なぜ，「公民科」と呼ぶのであろうか．これらの問いに答えることは，意外と困難である．地理歴史科など他の教科は，学ぶべき対象が教科名に表れているのに対して，公民科だけは異なっている．つまり，地理歴史科では地理を学びそして歴史を学ぶのに対して，公民科では公民を学ぶわけではない．公民になるのであり，公民になることを目指して学ぶのである．それは，教師の立場からいえば公民を育成するということになる．すなわち，公民は目標であり教科で育成すべき人間像を表している．したがって，公民をいかに定義するかによって，公民科の教育内容や，その捉え方，さらには学習の仕方が異なってくると考えられる[*18]．

*18　桑原敏典「公民科」森分孝治・片上宗二編『社会科重要用語300の基礎知識』明治図書出版，2000年，p. 242．

　教科の目標を示す概念である公民は，教科の名前以外には一般には使用されることが極めてまれな言葉である．「公民館」，「公民権」などという言葉があるが，公民だけを用いることは，教科名として以外にはほとんどない．なぜ，日常使用されることが多い国民や市民を教科名として掲げず，公民を用いたのであろうか．それを考えるうえで，参考になるのが，1969年に発行された『小学校指導書社会編』の中の次の文章である．

> 　公民的資質というのは，社会生活のうえで個人に認められた権利は，これを大切に行使し，互いに尊重しあわなければならないこと，また具体的な地域社会や国家の一員としてみずからに課せられた各種の義務や社会的責任があることなどを

知り，これらの理解に基づいて正しい判断や行動のできる能力や意識などをさすものといえよう．したがって，市民社会の一員としての市民，国家の成員としての国民という二つの意味を含んだことばとして理解されるべきものである．

このように，そもそも学校教育において公民とは，社会の中で権利を行使し，義務や責任を果たす存在であり，市民社会の一員である市民と，国家の成員としての国民という二つの意味をあわせ持つ概念として捉えられていたのである．この市民と国民，すなわち市民社会の一員と国家の成員という二つの概念は，ある意味対立するものである．市民とは国家や民族の枠にとらわれずただ同じ市民社会を構成し，それを支えるという開かれた存在であるのに対して，国民とは，国家の在り方やその国の歴史や伝統に対する認識を共有するという条件によって閉ざされた存在である．そのため，市民育成においては個人の自主・自立を促すことが強調されるのに対して，国民育成では個人の態度や行動を制御し社会を統合するという意味合いが強くなる．公民とは，市民と国民という二つの概念の意味をバランスよく含んだ言葉と考えられるが，どちらを強調するかによって公民科の性格は大きく異なってこよう．

公民科は，公民を育成することを目指している．ただ，二面性をもつ公民という概念の定義の仕方によって，公民科は自主的自立的な思想形成を通して市民育成を目指すものとなったり，共通の国家観や歴史観に基づく望ましい態度や生き方を身につけさせ国民を育成するものとなったりする．専門諸科学の成果として何を教えるかによってではなく，育成すべき人間像によって教科の性格がまず規定されるところが公民科の特質と言えよう．

第3節　社会科・公民科教育の目標原理

社会科・公民科教育の目標は，国民の統合を目指し態度育成に重きをおけばより実質的にその内容を規定するものとなり，価値多様化社会に生きる市民育成のための主体的な思想形成を目指せば形式的方法的なものとなる．戦前に設置された「公民科」は前者であり，初期社会科の中の公民的な教科目は後者に相当する．ここでは，森分孝治の論にそって両者の違いを検討し，社会科・公民科教育の目標原理を明らかにしていきたい[19]．

戦前の公民科については，昭和6年改正中学校令施行規則における「公民科」の目標に代わって示されている「要旨」を取り上げ，戦後については，昭和26年版学習指導要領社会科における「時事問題」の「特殊目標」を取り上げて検討していく．まず，前者は次のようになっている．

> 「公民科ハ国民ノ政治生活，経済生活並ニ社会生活ヲ完ウスルニ足ルベキ知徳ヲ
> 涵養シ殊ニ遵法ノ精神ト共存共栄ノ本義トヲ会得セシメ公共ノ為ニ奉仕シ協同シ
> テ事ニ当ルノ気風ヲ養ヒ以テ善良ナル立憲自治ノ民タルノ素地ヲ育成スルヲ以テ

*19　森分孝治「社会科公民と公民科のちがいは何か―「公民科（昭和六年）と「時事問題」（昭和二六年）の示唆するもの―」社会認識教育学会編『社会科教育学ハンドブック―新しい視座への基礎知識―』明治図書出版，1994年，pp. 297-306．

要旨トス.」

　このように，態度目標として遵法の精神，共存共栄の本義，公共の為に奉仕し共同して事に当たる気風が挙げられている．国家の法に従い，自分の利益を求めるのではなく皆の幸せを願い，他者と協力して社会全体の為に力を尽くそうとする態度の育成が強く求められていることがわかる.
　一方,「時事問題」の目標は以下の通りである．

1. 現代の社会人として，日常当面する社会の重大な問題に対して，正当な関心を持つように育てること．
2. 政治的，経済的，社会的な事象についての基本的概念，原則を理解するとともに，それらを現実の問題に応用する能力を育てること．
3. 生徒が現在及び将来当面する個人的・社会的な諸問題に取り組む態度を養うとともに，それを科学的に解決する能力を発展させること．
4. 個人的・社会的な諸問題の解決に必要な民主的な方法の意義を体得させること．
5. 社会の問題の解決に役立つ種々の資料，たとえば新聞・雑誌・放送・映画などによって提供される資料を批判的に選択し，これを自己の公正な意見を組立てるために有効に使用する技能を育てること．

　このように,「時事問題」で求められているのは，社会的な問題に関心を持ち，それに対して積極的に取り組み科学的民主的に解決しようとする態度である．1は興味・関心の対象，2は身に付けるべき知識と技能，3と4は解決のための科学的民主的な方法の必要性，5は科学的民主的な方法の具体的な手順をそれぞれ示している.
　「公民科」,「時事問題」ともに，目標の中で習得すべき知識と技能，そして態度が示されている．しかし，そこで形成される態度については，前者では遵法の精神，共存共栄の本義，奉仕・共同の気風というようにその内容が実質的に規定され，態度が方向づけられているのに対して，後者では，社会的問題の科学的民主的な解決という方法的形式的な規定がなされているのみであった．国民育成，より正確に言えば臣民育成を目指していた戦前の「公民科」の目標は，育成すべき態度をより実質的に示し子どもの人格形成に深く関わろうとするものであったが，価値多元を前提とする戦後の民主主義社会において市民育成を目指した「時事問題」の目標は，科学と民主主義を基調とし子どもの生き方や考え方を方向付けることを避けていたと言える.
　このように国民育成・市民育成を目指し，どの程度まで生徒の人格形成に関わるかということよって，社会科・公民科教育の目標原理は異なってくるのである[20]．

[20] 桑原敏典『中等公民的教科目内容編成の研究』風間書房，2004年.

第4節　主権者教育としての社会科・公民科教育

　国民育成にしても，市民育成にしても目標を掲げるだけでは，社会科・公民科

教育でいかなる学力を身につけさせるべきなのか，それはどのような教育内容によって構成されるべきなのかを明らかにしていくことはできない．しかし，国民または市民として求められる資質，育成すべき資質は，人間の精神の内面に関わるものであり具体的に述べることは困難である．例えば，平成11年発行の『高等学校学習指導要領解説公民編』では以下のように述べられている（p. 8）．

> 「公民としての資質」とは，現代の社会について探究しようとする意欲や態度，国家・社会の形成者として，社会についての広く深い理解力と健全な批判力とによって政治的教養を高めるとともに物心両面にわたる豊かな社会生活を築こうとする自主的な精神，真理と平和を希求する人間としての在り方生き方についての自覚，個人の尊厳を重んじ各人の個性を尊重しつつ自己の人格の完成に向かおうとする実践的意欲を，基盤としたものである．また，これらの上に立って，広く，自らの個性を伸長，発揮しつつ文化と福祉の向上，発展に貢献する能力と，平和で民主的な社会の実現，推進に向けて主体的に参加，協力する態度とを含むものである．

このように，『解説』に書かれている公民的資質とは，学習に対する意欲や態度，自主的精神，在り方生き方についての自覚，人格の完成に向けての実践的意欲，文化の向上，発展に貢献する能力，社会に参加，協力する態度など幅広い資質を含むものである．しかし，このような定義は，理想的であるが具体的ではない．すなわち，目標と実際の教育内容とを関連付けられず，この目標に示されている意欲や態度など個々の要素と教育内容を対照させて，カリキュラムや授業計画が確かに目標を達成しうるものかどうかを検討・評価することができないのである．したがって，育成すべき資質をカリキュラムや授業の説明が可能なレベルで図式化することが求められている．

ここでは，まず，森分孝治の示した市民的資質の構造に基づいて公民科教育の目標を具体的，図式的に捉え直し，市民的資質教育としての公民科の目標を明らかにしていきたい[21]．

社会科の目標は，従来，「社会認識の形成を通して市民的資質を育成する」と定義されてきた．しかし，この定義では，社会認識形成と市民的資質育成の関係があいまいであった．森分は，意思決定など市民的活動との関係から市民的資質を構造的に示した．

市民的資質とは，市民的活動をするために必要な能力である．市民的活動には様々な社会的問題の解決に取り組む行動が含まれ，具体的には選挙の際の投票や市民運動などが考えられる．ただ，このような行動には，意思決定が不可欠であり，市民的活動にはこの意思決定も含まれる．なぜなら，実際に意思決定を行動へと移すかどうかは個々人の生き方の問題であり，行動するための力の保障までを公民科教育の目標の射程に入れるか否かは議論が分かれると考えられるからである．市民的資質は，以上のような意思決定や行動を含む市民的活動をするための能力であり，それは人格の構成要素である知・情・意に対応させて社会認識体

*21　森分孝治「市民的資質育成における社会科教育―合理的意思決定―」社会系教科教育学会『社会系教科教育学研究』13，2001年，pp. 43-50.

制，感情，意志力からなる．

　市民的資質のうち中核となるのは社会認識体制である．社会認識体制とは，社会的事象に対する知識・判断によって構成される．そして，大きくは事実認識と価値認識に区分される．事実認識は個別的記述的知識，個別的説明的知識，一般的説明的知識によって，価値認識は価値的知識によって構成されている．

　個別的記述的知識とは，社会的事象や出来事について事実そのものを記述した知識である．このような知識は，あらゆる社会的事象や出来事に関して存在するので量的には無限に存在すると考えられる．また，時間と場所が特定された，特殊な事実の説明にしか役立たず，他の事象に応用できないものである．

　一般的説明的知識とは，社会諸科学の概念や法則・理論である．一般的説明的知識は抽象的で，個別的記述的知識同士を関連付け社会的事象や出来事の原因や理由，結果や影響の説明に役立つものである．そのため，一般的説明的知識は幅広い事象の説明に応用できる転移する知識である．さらに，それは事実同士を関連付け，我々が社会的な問題について考えたり判断したりする際に見通しを与えてくれる見方や考え方とでもいうべきものである．

　一般的説明的知識によって個別的記述的知識同士を関連付けたものが，個別的説明的知識であり，それは，事実の解釈である．社会認識体制のうち，事実認識部分の構造は，以上のように仮説的に整理することができる．

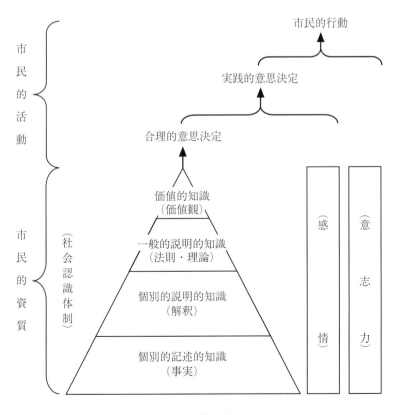

図1-1　市民的資質の構造

図 1-1 に示したように，我々は事実認識に基づく社会的事象や出来事についての解釈を価値的知識によって評価し，それに基づいて合理的な意思決定を行っている．ただし，この合理的意志決定が直ちに行動へと結びつくわけではない．我々は，社会認識体制に感情も交えながら，自分がどのような生き方を目指しているか，どのような社会を望んでいるかということを総合的に考え合わせて予測のつかない将来を推測して実践的な意思決定を行っている．そして，その決定を行動へと導くものが意志の力である．

このように，市民的資質の構造を図式化すれば，社会科・公民科教育は，社会認識体制を中核とするこの資質のどこまで関わるかによって，目標や教育原理が異なってくることになる[22]．

*22　註 *20.

森分が示した市民的資質の構造は，要素間の関連から市民的資質を捉えているが，認識形成中核として，感情や意志と切り離すことで社会科・公民科教育固有の目標を説明している．それによって自主的自立的思想形成を保障しようとした[23]．

*23　桑原敏典「主権者育成の視点から見た中等公民教育の課題と改革の展望」社会系教科教育学会『社会系教科教育学研究』30，2018 年，pp. 51-58.

しかし，社会と関わり，社会的事象や問題に関心を持ってその解決に積極的に取り組もうとする主権者を育成しようとすれば，感情や意志を含めて子供の資質にトータルに関わっていく必要がある．そこで，筆者は，主権者育成という観点から学力を見直し，図 1-2 を示したうえで主権者教育としての社会科・公民科教育の学習原理を提示した[24]．

*24　桑原敏典『高校生のための主権者教育実践ハンドブック』明治図書出版，2017 年，pp. 30-33.

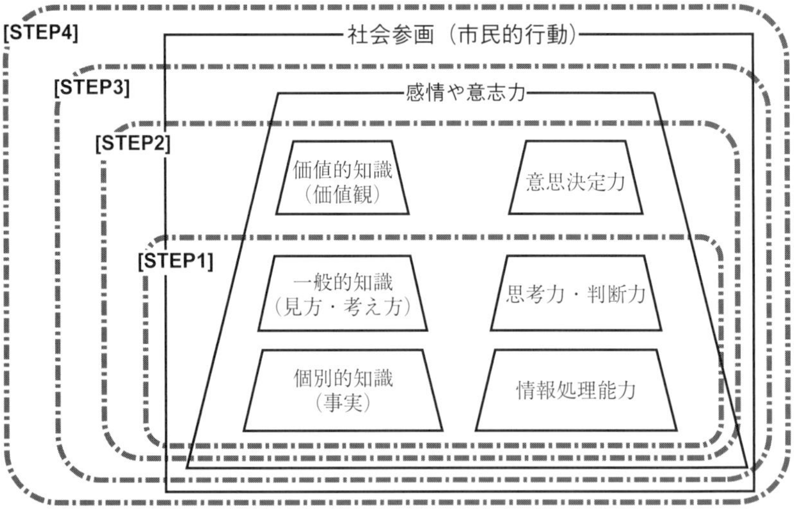

図 1-2　主権者教育で育成すべき学力と学習方法[25]

*25　本図を作成するうえでは，石井英真『今求められる学力と学びとは—コンピテンシー・ベースのカリキュラムの光と影』日本標準，2015 年を参考にした．

STEP1 は見方・考え方を活用しながら身に付けていく学習であり，STEP2 では問題の解決方法や対処法についての意思決定をさせる．そして，STEP3 では，より現実に近い学習（ロールプレイングやシミュレーション）の中で意思決定したことを実践し，STEP4 では実際に社会に出て，地域の人々と関わりながら実行していく．このような社会科・公民科教育は一教科として独立して行うもので

はなく，他の学習活動と連携しながら展開していくことになろう．学習者の資質育成をトータルに把握することが求められるようになる一方で，学校の教育課程全体，さらには学校外の社会と関連付けた社会科・公民科教育の実践が必要とされるようになってきているのである．

参考文献

森分孝治『社会科授業構成の理論と方法』明治図書出版，1978 年．

唐木清志編『「公民的資質」とは何か—社会科の過去・現在・未来を探る—』東洋館出版社，2016 年．

桑原敏典『高校生のための主権者教育実践ハンドブック』明治図書出版，2017 年．

フレッド・F・ニューマン著／渡部竜也他訳『真正の学び／学力　質の高い知をめぐる学校再建』春風社，2017 年．

渡部竜也『主権者教育論—学校カリキュラム・学力・教師』春風社，2019 年．

社会系教科教育学会編『社会系教科教育学研究のブレイクスルー—理論と実践の往還をめざして—』風間書房，2019 年．

梅野正信・福田喜彦編著『東アジアにおける法規範教育の構築—市民性と人権感覚に支えられた規範意識の醸成—』風間書房，2020 年．

第2章

中学校社会科・高等学校公民科教育の構造

―どのような分野・科目から構成され，各々の担う役割，小学校との連携はどうなるか―

第1節　中学校社会科・高等学校公民科の分野・科目の構成

　　まず，2017・2018 年に改訂告示された学習指導要領における中学校社会科と高等学校公民科・地理歴史科の分野・科目の構成を履修学年とかかわらせながら示すと，次の図 2-1 のようになる．

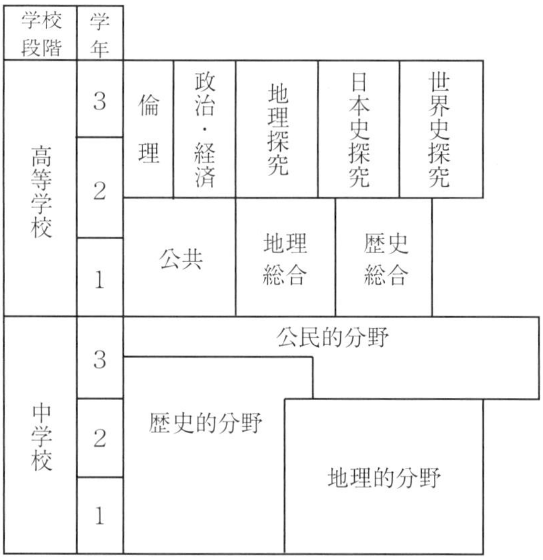

学校段階	学年					
高等学校	3	倫理	政治・経済	地理探究	日本史探究	世界史探究
	2					
	1	公共		地理総合	歴史総合	
中学校	3	公民的分野				
	2	歴史的分野		地理的分野		
	1					

図2-1　中学校社会科・高等学校公民科・地理歴史科の分野・科目構成
（2017・2018 年版学習指導要領）

　　このうち，本書で主に取りあげる中学校・高等学校の公民教育を担う分野・科目は，中学校第3学年の社会科公民的分野（年間 100 単位時間）がまず挙げられる．また，高等学校段階では，教科として公民が設置されている．この教科公民は，必修科目である「公共」と，選択科目の「倫理」「政治・経済」（各2単位）の三つの科目で構成されている．

　　中学校社会科の分野および高等学校の科目の構成の特徴について，これまでの社会科・公民科で公民教育を担っていた教科目の変遷と関わらせながら，明らかにしていく．

1. 中学校社会科の分野の構成

(1) 3つの分野による構成

　中学校社会科は，1956年版学習指導要領以来，3つの分野で構成されており[*1]，2017年版学習指導要領のもとでも，3分野構成が維持されている．

　では，この中学校社会科における分野とはどのような性格をもったものか．中学校の社会科が地理的分野，歴史的分野，政治・経済・社会的分野の3分野構成を原則とするようになった1958年版の学習指導要領では[*2]，中学校社会科における分野の性格について歴史的分野を例にとって，次のように説明している．歴史的分野は，社会科の使命もしくは目標を達成するために，歴史学および関連諸科学の成果に基づいて，必要な内容を選択し組織した分野である．この説明を，本書で扱う公民教育を担う分野に相当する政治・経済・社会的分野に敷衍すると，政治学，経済学，社会学および関連諸科学の成果に基づいて，必要な内容を選択・組織するために，分野制を採ったということになる．

　ここでいう「社会科の使命もしくは目標」は，社会生活の正しい理解と民主的な国家・社会の形成者としての資質の育成を中心としている．2017年版中学校学習指導要領社会科も，「平和で民主的な国家及び社会の形成者に必要な公民としての資質・能力の基礎」の育成を目標としている点で，分野制発足時と連続する側面をなお有している．したがって，中学校社会科の目標を達成するために分野制が採られているという位置付けは，現在にも引き継がれているといえる．

　一方，社会科の教育内容選択の観点から捉えると，2017年版学習指導要領の場合は，我が国の国土と歴史，現代の政治，経済，国際関係という学習対象の理解によって，社会の地理的・歴史的見方・考え方，現代社会の見方・考え方を獲得し，働かせることができるようになることがめざされている．このことから，分野制が発足した時期に前面に出ていた社会諸科学の成果に基づく内容構成を採るためというよりむしろ，学習対象を社会のものごとや問題の考察に機能させることができるよう，見方・考え方の形成を確実に図るために，学習対象を明確にすべく，分野制を採っているという性格が強いといえる．

(2) 公民的分野をなぜ公民的分野というのか

　中学校社会科を構成する3分野の中で地理的分野と歴史的分野は，発足当初から分野名称が変わっていない．その一方で，政治・経済・社会的分野は，公民的分野という名称に変わって現在に至っている．政治，経済，社会について教える分野が公民的分野という名称になったのはなぜか．

　政治・経済・社会的分野から公民的分野に変わった背景については，初めて公民的分野の名称が現れた1969年版学習指導要領で述べられている．それによると，まず，従来の政治・経済・社会的分野の基本的ねらいや性格が必ずしも明確

[*1] なお，1951年版学習指導要領社会科でも，中学校段階の一般社会は，第1学年は地理的分野，第2学年は地理および歴史的分野，第3学年は歴史及び政治・経済・社会的分野の問題を中心として単元が構成されている，と述べられており，教育内容を分野で括る形の単元構成が模索されていた．

[*2] 前述の1956年版中学校学習指導要領社会科では，「社会科の目標達成のため，その指導計画を組織するにあたっては，地理・歴史・政治・経済・社会などの分野に分けて組織することも，このような分野に分けないで組織することも考えられる」とされており，分野別の構成が原則になっていたとまでは言いがたい．

ではなかったと指摘された．そのうえで，政治・経済・社会に関する内容を学ぶねらいとして「国家・社会の形成者として必要な政治・経済・社会などに関する基礎的教養をつちかうとともに，国民主権のもとにおける公民の在り方，特に自由と責任，権利と義務についての正しい認識を養うこと」が示された．

このことから，国民主権のもとにおける国民としての自覚とそれを支える基本的資質の育成のために，公民としての基礎的教養となる政治・経済・社会についての内容を学習する，という社会科という教科自体の学習目標に直結する分野であることを強調するために，公民的分野の名称がついたといえる．

2017年版中学校学習指導要領の場合，「公民としての資質・能力の基礎」の育成が教科全体の目標になるとともに，各分野でも目標とされている．その意味で，どの分野も社会科の目標に直結する学びを行うものとして位置付けられている．

とはいえ，社会的事象を政治，法，経済などに関わる多様な視点（概念や理論など）に着目して捉え，よりよい社会の構築に向けて課題解決のための選択・判断に資する理論などと関連付けて働かせる現代社会の見方・考え方の形成・成長を図る構成になっているとともに，公民的分野は，日本の在り方の考察・理解を深めることによって，国民主権を担う公民としての態度・人間性を育むことが目的となっている点で，公民的分野という名称が現れた当時と連続する性格をなお有している．現代社会の政治・経済・国際関係を学ぶ社会科の教育内容・分野を，公民的分野として構成する意義はこの点にある．

2. 高等学校公民科の科目構成

社会科成立時から現在までの高等学校で公民教育を主に担った教科目の構成は，表2-1のとおりである[*3]．この表からうかがえる高等学校における公民にあたる諸科目の特徴としては，次の二点が挙げられる．

一点目は，政治・経済・社会・倫理に関する内容を総合して構成された科目が，高等学校でも公民教育を主に担った諸科目の中心になっていることである．このようにいえる理由は，歴代の学習指導要領において高等学校段階に設置された総合的内容をもつ一般社会や社会科社会，現代社会，公共，といった科目は，多くが必修科目になっているためである．

二点目は，多くの時期で，生徒が選択履修する科目が設定されていることである．高等学校段階ともなると，学習内容への関心や習熟度の個人間差や個人内差が拡大するとともに，将来のキャリアや進路を見すえることによって優先的に学習したい内容に違いが生まれてくる．こうした生徒間の公民教育をめぐる学習ニーズの差異に対応する形で，公民教育を担う教科においても，選択的に履修する科目が高等学校段階の後半を中心に配当されてきた．

2018年版高等学校学習指導要領における公民科の科目の構成は，次のように捉えられる．政治的・経済的・法的といった様々な側面での主体の育成をめざし，

*3 単位数の太字は必修科目を表す．なお，1989年版から2009年版までの学習指導要領高等学校公民科における必修単位は，「現代社会」1科目，または「倫理」・「政治・経済」2科目の修得によって充たすこととなっていた．

表 2-1　高等学校における公民に関する教科目の変遷

教科	学習指導要領発出年	科目	学年 1	学年 2	学年 3
社会	1947	一般社会	5		
		時事問題		5	
	1951	一般社会	5		
		時事問題		5	
	1956	社会	3-5		
	1960	倫理・社会	2		
		政治・経済		2	
	1970	倫理・社会	2		
		政治・経済		2	
	1978	現代社会	4		
		倫理		2	
		政治・経済		2	
公民	1989	現代社会		4	
		倫理		2	
		政治・経済		2	
	1999	現代社会		2	
		倫理		2	
		政治・経済		2	
	2009	現代社会		2	
		倫理		2	
		政治・経済		2	
	2018	公共	2		
		倫理		2	
		政治・経済		2	

総合的な内容を有する科目公共が高等学校前半に必修科目として設置されている．それとともに，倫理や政治・経済といった分化的性格の強い科目が高等学校段階後半に履修される選択科目として配当されている．こうした科目構成から，前述の二点の特徴は，2018年版高等学校学習指導要領のもとでの公民科にも当てはまっているといえる．

第2節　各分野・科目の役割は何か

1. 中学校社会科公民的分野

　中学校社会科における公民的分野の役割は，この分野の名称になった1969年版学習指導要領で，① 公民として必要な基礎的教養をつちかうとともに，② 個人の尊厳と人権の尊重の意義，特に自由・権利と責任・義務の関係を正しく認識させて，民主主義に対する理解を深めることの二点を中核とする形でまとめられている．

　まず，この役割 ① から，現代社会の認識に必要な政治，経済，社会に関する内容を幅広く学習するとともに，それらをめぐる課題を考えるための基礎となる知識・技能や態度の育成が求められることになる．また，役割 ② からは，民主

社会の基本理念の理解を深めることが役割の柱になったといえる．さらに，この役割 ② は，公民的資質育成の基礎としても重要なものとされた．

　中学校社会科第3学年の社会科では，社会科の成立以来常に，公民的分野に相当する政治・経済・社会に関する内容が学習されている．こうした内容の学習を，政治・経済・社会という内容そのものの名称からなる分野で構成していた時期には，地理的分野，歴史的分野，政治・経済・社会的分野の順に学習する「ザブトン型」の構成をとっていたが，公民的分野という名称になってからは地理的分野・歴史的分野の並行学習の後にこの分野を学習する「π型」の構成をとるようになった．これによって，公民的分野は，地理的分野・歴史的分野の成果を活かして学習される分野という位置付けを得た．

　さらに，高等学校から社会科が消滅した1989年版学習指導要領以降，中学校社会科公民的分野は，前述の役割に加え社会科の総括としての役割も担うようになった．この社会科の総括としての位置付けに見合う役割を担う学習が公民的分野に加わってきたのは1998年版学習指導要領以降である．1998年版学習指導要領では，3分野を関連付け，広い視野から社会的事象を総合的にとらえる学習として，高度経済成長以降の世界と日本の結びつきや動向を通して現代日本の課題や人類の課題の学習が取り入れられた．

　さらに，2008年版学習指導要領からは，現代社会をとらえる見方や考え方を捉えこれ以降の公民的分野の学習に活用するための基本的概念を学びとることも，新たな役割として加えられた．こうして，現代社会をとらえる見方・考え方としての基本的な概念を学んで，社会の様々な課題の探究や持続可能な社会の形成とそこへの参画に必要な資質・能力の基礎を形成することが，現在の中学校社会科公民的分野の重要な役割となっている．

2. 政治・経済

　高等学校において公民教育を担う諸科目は，どのような役割をもっているのか．まず，表2-1に示したそれぞれの時期に設置された総合的な内容をもつ科目については，公民としての資質・能力の育成を全体として保障する科目としての役割を挙げることができる．

　ただし，1960年版・1970年版学習指導要領のもとでの社会科には，総合的な内容からなる科目が設置されず，分化的な性格の強い内容のみで教科が構成された．科目の必修を増やすことで総合的な認識を保障しようとしていたともいえる．この時期の社会科では，本書で主に扱う公民教育を担う科目である，「政治・経済」と「倫理・社会」の両科目が，全員に対する必修科目であり続けた．では，分化的な性格の強い「政治・経済」と「倫理・社会」が，なぜ必修科目としての役割を担うことができたのか．

　まず，政治・経済の役割について考える．それは，この科目「政治・経済」が，

1960 年版学習指導要領で設置されて以来，60 年にわたって同一名称の科目として設置され続けており，日本の中等学校段階の公民教育を担う代表的な科目といえるためである．

　科目「政治・経済」は，初めて設置された 1960 年版学習指導要領社会科の解説によると，「日本の政治・経済ならびに国際政治・国際経済などに対する客観的に正しい理解を得させることを基本として設けられた科目である」とされた．こうした性格を帯びて，政治と経済に関する内容から成る科目が設置された背景には，当時，道徳教育が重視されるようになってきたことが挙げられる．政治的，経済的，社会的および倫理的領域を統合したままで道徳教育を強化すれば，政治や経済についての学習が倫理的色彩に不当に強く支配されやすくなるとされたことが，政治・経済という科目の設置につながっている．

　では，科目「政治・経済」が必修科目とされた理由は何か．それは，教育基本法にいう「良識ある公民たるに必要な政治的教養は，教育上これを尊重しなければならない」という政治的教養の育成を主に担う科目として位置付けられたからである．それは，1960 年版学習指導要領においてこの科目が育てようとした以下のような能力によく現れている．

> 　現代における日本および国際関係の諸問題について，政治的，経済的，社会的な観点から，その基本的事項を理解させて，現実の諸問題を公正に判断する能力を育て，健全な批判力を持ってこれに対処しようとする態度を育てるものである．

　このような性格付けから，科目「政治・経済」は，現代社会の諸側面に関する知識をもとに，内外の現実社会の諸問題に対する公正な判断力や健全な批判力の育成をめざしたことがわかる．

　ただし，その後の科目「政治・経済」は，こうした政治的判断力・批判力の育成ともいうべき目標から引き下がる傾向をもつ科目として展開していった．その契機が 1969 年に当時の高等学校での政治運動の激化を受けて発出された文部省初等中等教育局長通知「高等学校における政治的教養と政治的活動について」である．この通知では，「指導にあたつては，学習指導要領に基づいて，指導のねらいを明確にし，系統的，計画的な指導計画を立てるとともに学習の内容と関係のない問題を授業中みだりに取り扱わないようにすること」，「現実の具体的な政治的事象は，取り扱い上慎重を期さなければならない性格のものであるので，必要がある場合には，校長を中心に学校としての指導方針を確立すること」とされ，政治的問題の取り扱いに制約をかけるものとなった．

　また，この通知の後に改訂された 1978 年版学習指導要領では，科目「政治・経済」は，必修科目の座を新設された「現代社会」に譲った[*4]．これに伴い，科目「政治・経済」は，「『現代社会』の政治や経済などの学習において理解された基礎的・基本的な内容を，更に理論的・体系的に学習させて，客観的に理解を深

*4　ただし，このときの学習指導要領では，「現代社会」の履修については，「現代社会」の目標及び内容を考慮して指導するものとするという条件付きながら，当分の間，特別な事情がある場合には，「倫理」及び「政治・経済」の 2 科目の履修をもって替えることができるとされた．1989 年の改訂で高等学校社会科が廃止され，「現代社会」が必修科目の位置付けから外れるまで，この規定は廃止されなかったため，従前通り，「倫理」（「倫理・社会」を改称）と「政治・経済」の 2 科目の履修をもって，社会科の必修科目の単位を修得することもあった．

めさせながら，政治や経済の見方や考え方を深めさせていくことをめざしている選択科目」とされ，政治や経済に関する理論的認識の形成・成長に重点をおく科目となった．

その一方で，政治的教養に関する指導には，「内容と関連のある現代の諸問題や時事的事象の取扱いについては，教育基本法第8条の規定に基づき，適切に行なうように特に慎重に配慮して指導すること」が求められ，現代的課題の扱いは消極的なものとなった．

公民科の一科目となっても，政治・経済の担う役割は，大きく変化しなかったが，2015年6月の公職選挙法改正によって，選挙権年齢が18歳に引き下げられたことを受けて学習者を主権者として育てる教育の充実が求められるようになった．これに伴い，2015年10月に，前述の1969年に出された通知が廃止された．こうした動きを受けて改訂された2018年版学習指導要領では，科目全体で次のような思考力・判断力・表現力の育成が求められるようになった．

> 国家及び社会の形成者として必要な選択・判断の基準となる考え方や政治・経済に関する概念や理論などを活用して，現実社会に見られる複雑な課題を把握し，説明するとともに，身に付けた判断基準を根拠に構想する力や，構想したことの妥当性や効果，実現可能性などを指標にして議論し公正に判断して，合意形成や社会参画に向かう力を養う．

さらに，その学習指導においては，「現実社会の諸課題など，社会との関わりを意識した課題を追究したり解決に向けて構想したりする活動の充実」への配慮が必要となった．こうして，科目「政治・経済」は，この科目が成立した当初育成が求められていた現代社会の諸問題への判断力・批判力を育成するとともに，それを現実社会との関わりに活かすことも，役割として担うようになった．

3. 倫理

高等学校公民科の科目「倫理」は，1960年版学習指導要領のもとで設置された科目「倫理・社会」を前身にもつ．このときの学習指導要領は「倫理・社会」という科目を設置した理由を次の五点に分けて示している．

> ① 従前の「社会」では，実際は必ずしもその内容の全体にわたって指導されず，特にいわゆる倫理的領域はまったく指導されないままに終わるような例も少なくなかったので，その点の是正を図る必要があった．
> ② 従前の「社会」のうちの心理的，倫理的および社会的内容は，民主的な道徳性の育成強化を図るという立場からみると，分量的にもいっそう充実する必要があると考えられた．
> ③ 高等学校の生徒は，心理的な発達段階からいうと，自我の目ざめや自主性などの特色ある傾向を示すとともに，日常経験するさまざまな問題の根底にあるものを追求しようとしたり，人生や社会のあり方についても基本的な疑問をもち，問題を提出したりする時期に該当しており，またそのようなことについて思索する能力をもつようになる．学校は，このような疑問や問題に答えてやるべき

であるが，それには，ある程度学問的な背景をもった内容について指導する必要がある．そのためには，内容の編成およびその取り扱いの点で大きな改革をする必要があると考えられた．

④民主主義の伝統の浅いわが国の青少年に民主主義の倫理に基づく道徳性を育成していくためには，政治や経済などの現実社会の諸問題の学習との結びつきの中で道徳性の育成を期するという立場だけでなく，現代の民主主義社会を支えている基本的精神を原理的に考えさせることが必要であり，その意味で，民主主義の倫理やそれに連なる東西の先哲の思想そのものに中心をおいて思索させることによって，人生観・世界観の確立に資するという立場が要請されると考えられた．

⑤倫理の問題は，もともと社会的に制約され，社会的変化とともに変動する面をもっているから，これを正しく把握するためには，社会の現実の姿やその諸問題を客観的に理解することを必要とする．また，身近な日常生活における倫理的諸問題は，人間性とも深く結びついているから，人間性の理解ということも，倫理の学習に伴うものとして考えるようにしなければならない．つまり，現代社会におけるさまざまな問題を建設的に解決していくためには，狭い意味の倫理のみにとどまっているだけではじゅうぶんでなく，人間性や社会に対する科学的，合理的な理解にささえられた倫理を必要とすると考えられた．

　これらの理由は次の三点に整理できる．まず，一点目は，現代の民主主義を支えている基本的精神や道徳性を育成する教育の充実が求められていたことである．二点目は，高校生の発達の特徴として，問題の根底にあるものや人生・社会の在り方について思索できるようにするための学問的背景をもった内容を教え学ぶ内容が求められていたことである．三点目は，人間性や社会に対する科学的，合理的な理解に支えられた倫理の必要性である．

　この科目が当時の高等学校社会科の必修科目とされた理由は次の二点に求められる．まず，一点目は，教育基本法に定められた教育の目的としての人格の完成にも連なる前述の道徳性の育成にとって重要な役割を果たすためである．さらに二点目としては，教育基本法に定められた宗教教育を，宗教的中立性を保障しつつ行うという役割を担ったからである．

　「倫理・社会」は，1978年版学習指導要領で必修科目として「現代社会」が新設されると，選択科目「倫理」となった．科目「倫理」は，社会科の目標のもとに，人間の存在や価値についての理解と思索を深めさせ，自主的な人格の形成に努める実践的な態度を育てることを目的とする科目に再編された．特に，生き方にかかわる問題について深い思索を可能にすべく，倫理，哲学などに関する基本的問題を学ぶことにより，生徒が自ら人生観・世界観の形成を図ることができるようにするという役割を担うこととなった．

　1989年版学習指導要領で公民科の一科目となった科目「倫理」には，現代社会の諸課題の倫理的考察や，論理的思考力の育成という役割が与えられた．このような役割が与えられた理由は次の二点にある．一点目は現代社会の課題に価値観の相違・多様性を背景に生じる論争的問題が増加し，倫理的な考察を通した意

思決定が求められるようになったことがある．二点目は，倫理の学習に現代社会との関わりを確保し，学ぶ意義を高めようとしたことである．

　2018年版学習指導要領における科目「倫理」では，倫理的諸価値に関する古今東西の先哲の思想を取り上げる際，原典の日本語訳，口語訳なども活用して，先哲による思索の表現に直接触れる，という役割を担うこととなった．このことは，前述の1960年版学習指導要領で，倫理という名称を含む科目を戦後初めて設置する理由の一つとなった，人生や社会のあり方について考えるためのある程度学問的な背景をもった内容についての指導をするという要請に応えるものであり，高等学校段階の公民教育における倫理の教育に長年求められてきた役割を果たすことを重視した取り組みといえる．

4. 高等学校で公民教育を担う総合的内容をもつ科目

　ここまで，高等学校における分化的内容をもつ科目の役割を述べてきたが，戦後日本の社会科における公民教育は，前述のように総合的内容をもつ科目を基軸としている．それは，中等学校段階の社会科が，生徒が社会的問題を解決することによって，社会について学ぶ教科として成立したためである．

　では，社会的問題解決をめざすと，なぜ総合的内容をもつ科目が求められるのか．これについて，1947年版学習指導要領では，第9学年第3単元の「われわれの政治はどのように行われているであろうか」という問題を例にとって，次のように説明している．

> 　政治のこうした諸部面を理解するためには，地理学・経済学・社会学などに関する基本的な知識が必要である．しかし，生徒にこのような政治のいろいろな面を別々な教科で教え，その結果，生徒が自分の力でいろいろの材料を総合して全体を理解できるようになるのは，限られた経験しか持っていない生徒にとってはほとんど不可能な仕事である．そこで，生徒の発達のためには，政治に関するいろいろな問題を解決するに際して，関係のあるすべての部門の教材を結びあわせて用いることが必要となって来る．

　この説明から，中等学校段階の成立期社会科は，問題解決といっても，様々な学問分野の知識や方法の基礎を学びとることも重視されていたことがわかる[5]．「一般社会」が様々な分野を総合して内容を構成するのは，社会的な問題の解決をめざす際には，様々な分野の基本的な知識が必要であるが，そうした様々な分野の教材や情報を生徒が自主的に総合して理解するのは困難なためということになる．

　社会科成立期における公民教育を担う総合的内容をもつ科目としては，第11・12学年の「選択社会科」[6]の一科目として設置された時事問題もこれにあたる．科目時事問題は，新聞・雑誌，ラジオ放送などから情報を引き出し，それを生徒が調査・研究・討議することで，当時の現実社会の問題を解決することを目

*5　特に1951年版中学校・高等学校学習指導要領社会科の場合，講義法や教科書の利用にも言及されている一方で，生徒の学習方法や学習活動を示した学習活動の例に挙げられている学習活動は，調査・報告・討論で大半を占めており，問題解決学習の側面は残しつつも，「調べる社会科」としての性格が強く，歴史的には探求学習の萌芽的な性格をもつ社会科としても評価されている．

*6　「東洋史」「西洋史」（1949年からは「世界史」「日本史」）「人文地理」「時事問題」（各5単位）の4科目が設置され，そのうち1科目以上を選択して学ぶことが求められた．

指した.

　また，科目「時事問題」は，当時，問題の解決のために凡ゆる知識・技能の総合的発揮を試みさせようとするもので，高等学校社会科の学習に一定程度の方向を与え，有意義なものに統合する機能をもつ[*7]ことを期待されていた.

　1956 年版高等学校学習指導要領社会科の必修科目であった社会科社会は，主として政治的，経済的，社会的および倫理的な観点から，現実社会の諸問題について，それを，それぞれの分野における諸科学の成果に基づき，さらに世界的視野に立って，明らかにすることによって，当面する課題を科学的，合理的に批判し解決していくことを目標としており，前述の「一般社会科」と連続する側面をなお有していた.

　一方，1978 年版高等学校学習指導要領で必修科目として新設され，2009 年版学習指導要領まで公民科の一科目として設置された現代社会は，現代社会に対する判断力の基礎と人間の生き方について自ら考える力を養うことをねらいとしている．これは，分化したままだと理解が難しいからというより，生徒の実態に応じて，基本的な問題を考えられるようにすることで，現代社会の問題について考える力の育成に重点をあてて，科学的探究と人間の在り方について考えるという役割を果たせるようにするためといえる.

　2018 年版高等学校学習指導要領で新設された科目公共は，「社会との関わりを意識して課題を追究したり解決したりする活動を充実し，知識や思考力等を基盤として社会の在り方や人間としての生き方について選択・判断する力，自国の動向とグローバルな動向を横断的・相互的に捉えて現代的な諸課題を歴史的に考察する力，持続可能な社会づくりの観点から地球規模の諸課題や地域課題を解決しようとする態度」など，国家及び社会の形成者として必要な資質・能力を総体として育成するという役割を担うこととなった．このように広範な役割から，この科目公共が，学習者をこれからの社会の主権者として育てるために重要な役割を担おうとしていることがうかがえる.

*7　馬場四郎『社会科の本質―構成とその運営―』同学社,
1947 年, p. 99.

第3節　小学校社会科との連携はどうなるか

1. 成立期における小学校社会科と中等学校社会科―「二つの社会科」―

　社会科は 1947 年に小学校第 1 学年から高等学校第 3 学年まで一貫した教科として成立した．とりわけ，小学校第 1 学年から高等学校第 1 学年にかけて設置されたいわゆる「一般社会」は，総合社会科としての性格をもっていたといわれる．この時期の社会科は，小学校段階から中等学校段階にかけて，問題解決学習に基づく一貫した社会科となった.

　ただし，このときの「一般社会」を，小学校社会科と中等学校の社会科の連携という視点で捉えると違った様相がみられる．小学校段階を対象とした『学習指

導要領社会科編Ⅰ（試案）』の作成で中心的役割を果たした重松鷹泰は後年，このときの学習指導要領について，「学年が進んでいくにつれて，中等との関連が問題になってきたが，かなり両者の構造が違っていることに気づかないわけにはいかなかった」としながらも「両者は互いに他を認めるという形になってしまった」*8 と述べている．

この説明からうかがえるように，社会科成立時においては，新たな社会科においてそれぞれの学校段階に適した社会科の目標・内容・学習活動を設定し，各学校の社会科カリキュラム編成の参考とするための学習指導要領 *9 の策定に急で *10，小学校と中学校以降の社会科の連携を構想するには至らなかったと言わざるを得ない．このことは，各学校段階を貫いた教科を設定しさえすれば，学校種を超えた連携ができるわけではないことを意味している．

*8 重松鷹泰『社会科教育法』誠文堂新光社, 1955 年, p. 10. なお, 中等学校段階の社会科は, 教材を重視しており, 学習者に身近な生活上の問題と言うよりは, 社会全体の課題の解決という性格も強く帯びていた.

*9 最初の社会科学習指導要領となった 1947 年版と, その次の 1951 年版の学習指導要領は, 法的拘束力をもたない試案という形で出された.

*10 社会科の授業は 1947 年 9 月から開始された. この授業を行うためのカリキュラム編成の参考となるべき社会科成立当初の学習指導要領は, 第 1 学年から第 6 学年を対象とした『学習指導要領社会科編Ⅰ（試案）』が 5 月, 第 7 学年から第 10 学年を対象とした『学習指導要領社会科編Ⅱ 第七学年～第十学年（試案）』6 月にそれぞれ発行されたほか, 7 月から 10 月にかけて第 11 学年・第 12 学年に配当された選択社会科用の『学習指導要領 東洋史編（試案）』『学習指導要領 西洋史編（試案）』『学習指導要領 人文地理編（1）（試案）』が発行された. なお, 高等学校の選択科目であった時事問題の学習指導要領は作成されず, 人文地理編（2）も未発行に終わった.

2. 小学校社会科と中学校以降の社会科との連携の始まりと展開

社会科において学校段階間の連携が最初に強調されたのは，1956 年版中学校学習指導要領と高等学校学習指導要領である．このときの学習指導要領の中学校および高等学校の社会科では，改訂の要点の第 1 項目として，それぞれ，「小学校との関連をいっそう緊密にし，義務教育一貫の立場から，目標や内容の示し方にじゅうぶんの連絡を保つようにした」，「従来の高等学校社会科の目標は，中学校のものと比較したときの特色や，中学校のそれとの一貫した関連について明確を欠く点があったので，これらの点について明確にするように努めた」ことが挙げられている．

これを反映して，中学校・高等学校それぞれの社会科の目標が「小学校社会科の目標をなおもじゅうぶんに達成して，その学習成果のいっそうの充実と発展を図りたい」，「高等学校の社会科は，中学校の社会科の学習をさらに発展拡充させて，国家及び社会の有為な形成者として必要な資格を養うことを目ざすものである」と前の段階の学校における社会科学習の成果の反映を図るというものであった．

1978 年版学習指導要領で高等学校現代社会が設置されると，小・中・高の一貫性，特に中学校社会科との関連に配慮して考え方や学び方を習得できるようにしたという形で，小学校から高等学校までを通した連携がうたわれるようになった．

3. 小学校の社会科と中等学校の社会科の連携の現在

こうした形での連携の緊密化を経た 2017 年版学習指導要領のもとでの小学校社会科と中学校社会科の連携は，以下のように考えられている．まず，小学校社会科の内容との関連を図ることが明記されており，小学校社会科の学習成果を活かすことがうたわれている．前の学校段階の学習成果を活かすという方向性はこ

れまでと変わらないが，今回の学習指導要領では，育成をめざす資質・能力が，小学校・中学校の社会科を通して学年・分野ごとに到達目標が系統的に示されている．知識・技能だけでなく，「思考力，判断力，表現力等」，「学びに向かう力，人間性等」といった能力・態度の育成にあっても，小学校と連携をとりながら，中学校社会科の目標を達成しようとしている点で特徴的である．

　また，社会科で習得をめざす知識に関わる側面では，「地理的環境と人々の生活」「現代社会のしくみや働きと人々の生活」「歴史と人々の生活」という三つの枠組みで小学校と中学校の社会科の全学年・全分野の学習内容が整理された点が特徴的である*11．

　高等学校段階の公民教育を担う科目における他の校種の学校との連携の方針は，公民科の選択科目「政治・経済」での，現代日本における政治・経済の諸課題の学習にみられる．それは，「小学校及び中学校で習得した概念などに関する知識や，「公共」で身に付けた選択・判断の手掛かりとなる考え方などを基に」というものである．これ以前の社会科・公民科の学び全体との連携によって，現代日本社会の課題を広く考察し，解決策や構想を総合的に立てようという新たな展開がみられる点が特徴的といえる．今後の中学校社会科公民的分野・高等学校公民科にあっては，こうした方向の学校間連携に基づくカリキュラム・授業の開発・実践が期待される．

*11　この枠組みは，2017年版中学校学習指導要領解説社会編に参考資料2として載せられている．「現代社会のしくみや働きと人々の生活」という枠組みが中央に配置されていることから，この枠組みと他の枠組みの連携の多さを示すとともに，「現代社会のしくみや働きと人々の生活」という枠組みに含まれる知識内容が社会科の中心内容であることを物語っている．

参考文献

梶哲夫『中等・社会科教育の研究（Ⅳ）公民教育・「政治・経済」「倫理・社会」の教育』高陵社書店，1974年．

片上宗二「総合性をもった中等社会科の教科構造を」全国社会科教育学会『社会科教育論叢』34，1986年，pp. 65-77．

片上宗二『日本社会科成立史研究』風間書房，1993年．

片上宗二『「社会研究科」による社会科授業の革新―社会科教育の現在, 過去, 未来―』風間書房，2011年．

木村博一『日本社会科の成立理念とカリキュラム構造』風間書房，2006年．

重松鷹泰『社会科教育法』誠文堂新光社，1955年．

日本公民教育学会編『公民教育事典』第一学習社，2009年．

馬場四郎『社会科の本質―構成とその運営―』同学社，1947年．

文部省『学習指導要領社会科編Ⅱ（第七学年-第十学年）（試案）』大日本図書，1947年．

文部省『高等学校学習指導要領解説社会編』好学社，1961年．

文部省『中学校社会科指導書』大阪書籍，1970年．

第3章

中学校社会科・高等学校公民科の教師

―多様な子供や社会に応える教師はどのような働きが求められ，そのために
どのような資質や能力が必要で，それをどのように獲得するのか―

第1節　多様な子供や社会に応える教師はどのような働きが求められるのか

1. 基本的に教師はどのような働きが求められるのか

　社会科・公民科教師は授業によって，生徒が現代社会のことを認識して，民主主義を大切にしながら，平和な社会を創る資質・能力を育てる必要がある．

　ある社会科教師[*1]は，「公民科の授業を受けた生徒がみんな選挙に行けるよう，常によい代表者を見抜けるようにしたい．」と言っていた高校恩師の言葉を忘れずにいる．間接民主主義の社会では，市民がすぐれた代表者を選び続けなくてはならない．その力を生徒に育てるには，社会科・公民科教師が，現実の社会で生活している生徒の実態をとらえ，これまでの授業を振り返り，改善しながら実践していくことが大事になる．

2. 多様な子供に応える教師はどのような働きが求められるのか

　教室で出会う生徒たちの社会科・公民科授業への思いは多様である[*2]．社会科や公民科の学習に興味を抱く生徒も，「社会科嫌い」の生徒もいる．生徒は家庭などの環境を容易には変えられないし，日々刻々と変化する社会の中で，その家族も揺さぶられている．一人一人の生活経験や社会認識には差があり，自校を取り巻く環境まで考えれば，既存の指導計画や実践をそのまま踏襲できない．

　教師は生徒の実態，特に社会認識に応じて授業をつくりかえる必要がある．経験豊富な教師も，前任校の生徒の社会認識との差異に気付き，把握しながら，自身の社会科・公民科授業をつくりかえている．ではどう把握するか．

　例えば生徒たちが今の社会のことを，何（テレビや新聞，書籍，インターネットなど）を活用して，いかに学習してきたか（どのような社会科授業を受けてきたか，印象的な学習活動は何か等）を直接聞いたり，アンケートをしたりする．多様な社会認識を生徒にも説明し，一緒に授業内容や進め方を話し合うこともできる．

　多様な生徒たちに，どう学習活動を組むか悩むかもしれない．ある社会科教師

*1　本章のために，6名の社会科・公民科教師にインタビューを行った．

*2　民間の研究所による高校生への調査（2018年9月実施）によれば，公民科は「好きな教科」の10位（3.3%），「嫌いな教科」の7位（3.5%）であり，そもそもこの教科に対する意識が低いことがうかがえる．学研教育総合研究所「高校生白書Web版」（https://www.gakken.co.jp/kyouikusouken/whitepaper/h201809/chapter7/01.html）より．

は，「生徒たちの社会認識に差異があるからこそ，グループ学習を取り入れたい．」という．生徒の多様な認識を活かし，仲間の経験や考え方から積極的に学ぶ学習を，教師自身が体験的に学び，工夫することが期待される．

3. これからの社会に応える教師はどのような働きが求められるのか

教師も，科学技術の進展により変化し続ける現代社会を担う市民として，民主主義により平和な未来の社会をつくっていかねばならない[*3]．すなわち，噴出してくる社会問題に向き合い，手がかりを得ながら，よく考え判断し，よりよい解決をし続けることが求められる．なぜなら民主主義社会は，そこに参画する市民がいなければ成り立たないからである．

ある公民科教師は，「日々変化する社会と，背後にあるシステムや思想を扱えることは公民科の強みだ．」という．確かに社会科・公民科の授業は，社会で生じている問題を与え，切実な課題として学習させる．このことが生徒の学習意欲を高める．ならば教師も，その社会問題を自らのこととして，システムや思想まで掘り下げ，研究していかねばならない．また別の公民科教師は，「変化する社会のことを自分がよく認識していなければ，その中で揺れ動く生徒を理解し，指導することはできない．」という．ならば教師は，現実社会の変化と生徒をはじめ市民の生活の変化との関連も整理しなくてはならないだろう．

生徒は，授業者の見方や考え方をガイドにして，今の社会のことを学習できる．教師が社会での体験や経験をもとに研究している授業だからこそ，生徒は考え，学ぶことができる．公民科教師だった筆者も，例えば大学3年の夏休み中，地元の選挙事務所でアルバイトした体験や気付きを授業に活かしてきた．ボランティア活動，インターンシップ等，先ずは身近な社会参画を通して社会研究してみることが求められる．

*3　あらためて，日本国憲法前文は，「日本国民は，正当に選挙された国会における代表者を通じて行動し，（中略）政府の行為によつて再び戦争の惨禍が起ることのないやうにすることを決意し，ここに主権が国民に存することを宣言し，この憲法を確定する．」から始まる．

第2節　社会科・公民科教師として，どのような資質や能力が必要なのか

1. 教材をつくる力

社会科・公民科教師にとって，教材をつくる力は欠かせない．教材は，社会認識を通して市民的資質を育てる教科固有の目標と，そのための内容を，教師が具体化した対象であり，生徒が社会のことをリアルに学習するための事例，社会的事象や事物である．教師が発掘した素材を工夫して教材化することで，生徒は問題意識を抱き，教師と問いをつくり出し，意欲的に学習できる．

教師は意図をもって教科書や新聞，インターネット等から素材を見つけ，生徒の実態，社会認識をふまえて工夫し，授業実践を通してつくり上げていく．

ここで教師には教材を構成する力が必要となる．教師が，何を社会的事象，社会問題と捉えるか（社会科・公民科教師の見方），それをどう研究するか（社会科・

公民科教師の考え方）により，探し出す素材は異なる．また生徒たちの興味・関心や実態をどう捉えるかにより，素材のどこをどのように活用するかも変わる．このように教師が何をどのように教材化しようと考えるかで，たとえ素材は同じであったとしても異なる教材がつくられる．

例えば素材となる商品は，開発や生産，販売する立場からだけでなく生徒たち消費者の立場からも教材化できる．また「効率と公正」という視点からも，「幸福」や卓越といった視点からも考えさせることができる[*4].「生産者も消費者も幸福になるには，どのような商品を創ればよいか.」と発問し，教師が用意した商品を見せると，生徒たちは活発に議論するだろう．さらに生徒が新聞広告を調べたり，インターネット上の商品を検索したり，実際に店に出かけたりして，意見をまとめ，発表し吟味し合えば，未来の経済を考える力の育成につながる．教材は生徒たちの認識をゆさぶり，授業の目標や内容につながる問題意識や問いを生徒と共有できるものにすることが重要である．

2. 授業を構成する力

社会科・公民科教師に向上が求められる資質・能力として，質的に高い授業を構成する力（授業構成力）がある．教師が自らの社会科・公民科授業について，どのような内容をどのような方法や順序で教えるのか，それはなぜかを考える力，すなわち授業の目標を立て，そのためにどのような教材を活用し，どのような授業過程を組織していけばよいか仮説を立て，それにしたがって学習指導案など指導計画をつくる力である．生徒の社会認識を引き上げ，市民的資質を育成するために，社会科学的な目標を立て，生徒が興味や関心を持つことのできる典型的な現代社会の事例を教材として整え，学習を深めさせる発問を考え出し組織する力ともいえる．

教師は，自身の授業構成の考え方によりワークシートや板書計画，学習指導案等をつくり実践している．例えば教師が，手応えのある授業ができたことを振り返る時，自分は生徒のどの反応や回答に注目しているか，なぜそれが社会科・公民科授業には大切だと判断するのか考えることになる．こうした反省内容にも，その教師の授業構成についての考え方（理論仮説）が横たわっている[*5].

教師はいつも生徒に自らの授業構成の考え方を明示しながら，実践しているともいえる．例えば毎時間，自分が大切だと考える目標を生徒と立て，そのためにつくった教材を示して問いかけ，学習指導している．授業に意欲的でない生徒がいれば，自分の授業に対する考え方をより丁寧に説明する必要も出てこよう．

また教師は，単元レベルの指導計画を立てる時，用意した事例や資料をどういう順序で示していくか考える．なぜそうした順序で与える必要があるのか，それを活かした各時間の発問はどうするか，生徒の反応はどうかなど予想しなければならない．こうした時も，その教師の授業を構成する力が問われる．

*4 公民的分野や公民科では，「効率」，「公正」，「幸福」などの「概念的な枠組み」を，社会的事象の考察，構想などのために働かせることが求められている.（『中学校学習指導要領解説 社会編』平成29年,『高等学校学習指導要領解説 公民編』平成30年）

*5 すぐれた授業者は「授業の反省をより自覚的に行ない，授業改造にとりくみ授業構成論を発展させていっている.」（森分，1978）

さらに教師は，年間レベルの指導計画も立て，生徒や保護者に明示し，実践を通して改善を続ける．例えば，生徒に与える教科書や副教材の文章や資料を，限られた年間の授業時数を使い，いつ頃，特に何を（逆にどこは捨象し，）どういう編成で，いかに学習させればよいか，それはなぜか考えることになる．その時やはり，教師は自らの授業を構成する力によって考えているだろう．

　教師は，実践を通して自らの授業を構成する力を向上していく必要がある．

第3節　必要となる資質や能力を，どのように獲得するのか

1. 教材研究する

　教材をつくる力は，実際に教材化して授業を通して獲得していく．現代の社会的事象を，教師が見つけ研究して，典型的な事例として授業で生徒に示し発問してみて，生徒の反応や回答などの手応えを得て，よりよい教材へとつくり直してみなければ，獲得できないであろう．

　教材をつくりながら教師は，それを活かして，生徒にどう発問するか考えるだろう．発問を練ることは，教材のことだけでなく，何をどのように教えるか，すなわち授業構成を考えることにもなる．つくり上げた教材には，社会科・公民科授業で生徒に学習させたい内容，学習方法，ひいては目標，その理由など，教師の答えが詰まっているはずである．

　こうして教師は教材づくりを通して，教材をつくる力とともに，授業を構成する力も獲得していくことになる．

（1）教科書及び学習指導要領解説を活用する

　教材をつくるにはまず教科書を活用すればよい．そこには学習指導要領とその解説の研究を通して，授業で何をどのようにとり上げればよいか，教師だけでなく生徒にもわかりやすくまとめてあるといえる．

　知識や概念等が整理され，それと関連し生徒に読み取らせると手がかりになりそうな具体的事例や統計資料等が載せられている．また，直近の知識や情報も盛り込まれている．教師がその何を捨象し，何を特に説明し学習させるかよく考えることが，自らの教材をつくる力や授業を構成する力の獲得につながる．

　ただし教科書の記述，事例等がいつまでも適切なものであるとは限らない．新聞やインターネット上にある最新情報との差異に気付けば，科学技術と学問が日進月歩であり，社会の変化も急速であるか読み取れる．

　そもそも教科書には，著作者（ひいては学習指導要領とその解説）の授業構成の理論が組み込まれているはずである．その教科書の編集や記述の仕方が，自分の考える「生徒の思考や認識の論理，あるいは社会科の授業過程の論理と一致していない」こともある[*6]．教科書に内在する教材や授業過程の考え方を理解し，

*6　伊東亮三編『公民教科書を活用したわかる授業の創造』明治図書出版,1984年, p.51.

自身の考える授業の構成や，生徒の思考の論理，そして他の教科書とも比べると，教材や授業構成を改善する手がかりが得られるだろう．

*7　全国社会科教育学会編『新社会科授業づくりハンドブック中学校編』明治図書出版，2015年，p. 12.

　　教科書を，検定制度により「政治的に権威づけされて発信する言説[7]」と捉え，その内容を相対化して吟味することもできる．自分が授業で教材をどのように与えればよいか，さらにどう工夫すればよいかを考える契機となる．

　　また教師が社会科・公民科の試験問題を作り，生徒が試験勉強する時にも，双方が教科書を参照する．教師が生徒の学習状況を踏まえ，教科書の何をどう出題するか考えることは，評価問題の工夫を通して，授業を構成する力を高めることとつながっている．

　　さらに教科書は，教師が年間指導計画をつくるために大きな役割を果たす．年間でどの内容をどういう順序で教えるかを教師が考える時，教科書は教育課程の基準である学習指導要領に従い，社会科・公民科授業で必要と考えられる基本的な知識や概念，内容がまとめられており，大きな手がかりとなる．

　　教科書とは別に，学習指導要領とその解説「社会編」や「公民編」も読み込みたい．育成を目指す資質・能力と学習内容と方法，また教材と学習指導過程，そして年間を通した内容編成の原理が示されている．ある公民科教師は，参加した研修会で学習指導要領解説を活用して，授業づくりを見直せたことをきっかけに，読み込むようになったという．

(2) 書籍や新聞，インターネットを活用する

　　新聞やインターネットを活用すれば，日々刻々と変化する社会の多様な問題をめぐる各種データ，議論など，教材研究に役立つ多様な情報が得られる．

　　例えば新聞記事は，いずれも口語体で，結論から経過的，説明的なことが順次書かれており，生徒にもわかりやすく教材化しやすい．それぞれの特質をふまえ，著作権やプライバシーの保護，自己責任，生徒に利用させる場合には監督責任などに留意しながら十分に活用したい．

　　また，専門性の高い書籍を活用して，教材となる事例を探し，授業を組み立てようとする社会科・公民科教師も多い．書籍は，今の社会的事象に関わるデータ，用語の意味，諸科学の成果に裏打ちされた視点や考え方をふまえ，現代社会の主要な問題を丁寧に説明している．言い換えれば，われわれの社会が抱えている問題は何か，なぜ問題なのか，要因は何か，どのように解決を図っていくのか等について論理的，体系的に論じている．こうした社会科学等の研究者が今何を問題と捉え，どうアプローチしているかは，生徒が市民として担い解決していく今後の基本的な問題の教材研究や授業過程を練り上げるために活用できる．

　　例えば，社会問題の多様な意味・側面を明らかにしようとするアプローチを通して，我々の実践的な課題に関わる学問として社会学がある．その代表的研究者の一人，見田は著書の中で，「現代の人間が直面するのは，環境的にも資源的にも，

人間の生きる世界の有限性という真実であり，この世界の有限性を生きる思想を確立するという課題である*8」ことを，政治学や経済学，幾何学など諸科学の知見や方法にも手がかりを得ながら研究してみせる．最後には，その大きな問いに向き合う読者に，実践的な命題も提案している．この本は，大きな問いに向かって，リアルな問いと答えを，社会学的な見方や考え方により段階的に示してくれている．

*8　見田宗介『現代社会はどこに向かうか—高原の見晴らしを切り拓くこと—』岩波新書，2018年，p. ⅲ.

　また，現代社会の抱える具体的な問題を紹介する書籍の内容について教材化して生徒たちに示し，関連する教科書の記述とも比較させる授業過程を組織すれば，教材をつくる力，授業を構成する力を高められるのではないか．

　現代社会の問題に対する科学者や専門家の見方や考え方を手がかりに教材や授業過程を考えるなら，例えば『これからの日本の論点』（日本経済新聞社）や『日本の論点』（文藝春秋）がある．毎年，何が現代社会の論争問題となっており，各者がどのように考えようとしているか簡潔にまとめられている．

　例えば，2019年の「論点」として2冊とも，外国人労働者受け入れについての問題を取り上げている．なおこの問題はすでに，現行の中学校社会科の教科書でも各社取り上げている．例えば，次のような教科書記述がある．

> [外国人労働者]日本では2014年現在，80万人近くの外国人労働者が働いています．…外国人労働者の賃金は一般的に低く，労働環境は厳しく，雇用は経済状況に大きく左右されがちです．外国人労働者を少子高齢化と人口減少が進む日本で不可欠な労働力と見なし，受け入れ態勢を整えていくのか，それともこれまでどおり受け入れを制限していくのか，日本は今，大きな選択をせまられています．
> 　　　　　　　　　　　　　（『新編　新しい公民』東京書籍，平成30年，p. 135）

　また，次期高等学校学習指導要領解説公民編も，「公共」や「政治・経済」で，外国人労働者に関わる問題，「流入と就労」や「共生」の問題について取り上げるよう求めている．この外国人労働者に関わる問題について，2冊はそれぞれ，表3-1のような「論点」，すなわち視点と考え方を提案している．

　ともに外国人労働者の受け入れが拡大すると予想し，これにともなう「共生のあり方」，「社会制度と人々の意識」の準備を問題としてあげ，『これからの日本の論点』は，政府による統計データを用いて人口問題の視点から提案し，『日本の論点』は，国際機関のデータや，手がかりとなる日本の成功事例などを用いて，受け入れ準備の視点から提案している．

　このように2冊は異なる視点と方法を，進行する問題状況や課題点，その解決への提案を示してくれている．どちらかを選ぶのでなく，2冊とも活用して，多面的・多角的に学習問題を研究させるための教材化や授業過程を組織したい．

　なお書籍やインターネットには，自身が取り組もうとしている学習内容や教材を取り上げた学習指導案や教材案も載っている（例えば，都道府県の教育研究所や教育センターHP）．先行する優れた指導計画を入手したい．ある社会科教師は，

表3-1　外国人労働者に関わる問題についての二つの「論点」

『これからの日本の論点』（2018年10月25日）	『日本の論点』（平成31年1月1日）
◎本文書き出しは，「日本の人口政策が大きな転機を迎えている．…」	◎本文書き出しは，「『外国人』の新たな受入れをめぐって，日本は大きな転換点を迎えている．…」
◎本文途中は，国立社会保障・人口問題研究所と厚生労働省のデータに基づく五つの統計データ（タイトルは「総人口の推移」「年齢3区分別人口の推移」「2015年の人口を100としたときの全国・都道府県の人口推移」「求人，求職および求人倍率の推移」，「日本における外国人労働者数の推移」）をグラフ化して示しつつ論じている．	◎本文途中は，グラフはないが，在留制度をめぐる関係閣僚会議の議論，「移民」について国連経済社会局が示す基準，外国人市民代表者会議を設置した川崎市の事例，経済協力開発機構の外国人移住者統計，『移民政策研究』掲載論文などのデータを示しつつ論じている．
◎本文締めくくりは，「外国人と共に暮らすことが普通になる社会に向け，社会制度も人々の意識も早急に備えていかねばならない．」	◎本文締めくくりは，「…多様なルーツの人々を含めた議論の場を確保することが，『移民国家日本』の今後の共生のあり方を形作る上で必須だろう．」

「研究授業のために教材研究する際には，必ず書籍やインターネット上にある優れた学習指導案を複数入手し比較することから始める．」という．

(3) 研修会に参加する

　校内研修に止まらず，多様な研修会に参加したい．いくつか具体例を示す．

　知り合いの公民科教師から誘われ筆者が参加した，地元の弁護士会主催の「法教育セミナー」では，弁護士や法律の専門家，法教育の研究者から，新学習指導要領をふまえ，いかに法教育の内容を教材化し，授業過程を工夫すればよいか発表があり，筆者たちは，その視点と考え方をふまえて模擬授業やグループワークに臨み，教材化や授業過程改善の知識や気付きを得ることができた．

　またある社会科教師を目指す学生の参加した，日本新聞教育文化財団のNIE（Newspaper in Education　「教育に新聞を」）事業による学習会では，新聞記者から記者の仕事と記事の書き方等の説明があり，その視点や方法を活かしてグループ毎に新聞紙面をつくり，特徴を発表し合うことで，新聞記事を活用した教材づくりの力や授業構成の力を，体験的に高められるようになっていた．

　あるベテランの公民科教師は，高校生をある大学に引率した際，学内の公開講座の案内を見付け，後日参加した．そこでは，iPS細胞の研究について，最新情報と応用倫理学からのアプローチについて研究発表があり，教師は多くの新しい知識や考え方を得られたと喜んでいた．この教師は，科学性の高い見方や考え方により浮かび上がる社会的事象や問題についてよく理解でき，自分の生命倫理の教材を作り直すであろう．新たな知識や説明を従来のものと比較して生徒に示し問いかけ，議論させる授業過程を組織すれば，生徒は，科学技術の進歩の早さや，従来と異なる見方や考え方があり得ることを主体的に学べる．

このように，教師が自身の現代社会への関心をもとに，自発的に多様な研修会等に参加することで，教材づくりや授業の構成を改善するための気付きや手がかりが得られる．

2. 同僚と対話する

社会科・公民科を担当する同僚教師に，授業づくりについて相談し対話することは重要である[*9]．その同僚も同じ生徒たちに向き合い授業実践しているからである．同僚も自らの教材づくりや授業構成の考え方をもとに，自校の特性や，生徒の社会認識の実態に応じて，授業を改善していかねばならない．

ある公民科教師は，「同僚が読んで紹介する本や，休業中に旅してきた世界の話しが教材研究に役に立つ．」という．同僚の識見から学ぶことは大きい．

日々の授業と生徒の回答や反応を，同僚と共有でき，使用教材や授業過程について対話できれば，リアルタイムに社会科・公民科授業づくりが可能となる．例えば，自分から配付資料やワークシートを見せて，教材研究の課題を相談したり，同僚の教材を見せてもらい質問したりすることは，同僚の教材づくりや社会科・公民科の授業構成の工夫を理解することとつながる．

また，教師は同僚と具体的に教育評価を工夫し，指導計画を練り直す必要があり，常に協力し合う．自校の社会科・公民科カリキュラムを改善・開発するチームを組んでいるともいえる．例えば，定期試験の問題について相談することは，自分たちが社会科・公民科授業で育成しようとする資質・能力について詳細に話し合うことになる．

さらに，毎年自校のHPなどで公開する社会科，あるいは公民科シラバスについて相談する時は，当然カリキュラム全体の構成について，分野相互，あるいは科目相互の関連も考えながら，それぞれの考え方を理解し合う必要がある．

このように日々の同僚との対話から，教師は自分の社会科・公民科授業に対する考え方がゆさぶられ，教材だけでなく指導計画や授業構成までも見直し，実践を改善していくことができる[*10]．

*9 対話は，「互いの考え方をよく理解し，吟味して，手がかりとなる点は摂取し（受け入れ），自らの考え方を修正し，発展させていく主体的な方法」と考えられている．（鳳森, 2014）

*10 異なる教科の教師との対話，指摘から得られることも大きい．

3. 授業研究をする

社会科・公民科教師として必要となる力を高めるために，授業時の生徒の回答や反応を大切にする研究授業を要（かなめ）にして行う授業研究がある．

大まかには，授業担当者が事前に学習指導案などを検討・作成する．研究授業を実施し，参加者が観察し，事後に研究協議会などの場を用意し検討する．

例えば，教科担当者の間で授業開発や授業力を高め合うために行う場合や，教科横断的な研究テーマにより校内研修の一環として行われる場合がある．いずれの場合も，指導主事や大学等研究者を招聘（しょうへい）してより開かれた場にすることがある．

事後の研究協議会では，授業のめあて，授業の目標，ひいては授業担当者の目

指すこと，残された課題などを協議の中心に据え，生徒の回答などを手がかりに検討していく．授業者を含む授業担当者はもとより，参加者全員が，自らの授業実践を見直し，手がかりを得て，明日からの授業改善に生かす．このプロセスを繰り返して仲間を得る．こうした主体的，発展的，連続的な授業研究を行うことは，そのまま授業をつくる力の形成に大きな意味をもつ．

　研究授業では，観察した参加者の協力により，つぶやきなど細かな生徒の反応まで把握できる．その事実を，参加者の社会科・公民科授業の考え方により理解し合い，多様な分析や評価が可能となる．

　こうして研究授業と研究協議会は，リアルな授業を多面的・多角的にとらえ，参加者全員が授業改善の手がかりを得る場となる．特に授業担当者は，教材づくりや授業構成に関わる実践上，開発上の課題の解決につながることを意図的に組み込んだ研究授業を実施し，手がかりを得ることになる．

　例えば，「自校の生徒の経験や認識をふまえれば，今回の学習内容については，地元の自治体のデータを教材化する必要があるのではないか．」「あの学級の生徒をゆさぶり，学習意欲を高めるには，この社会問題の複雑な要因や背景まで問う方がよいのではないか．」「自分にも切実になりそうな問題を予想できるように，ワークシートを工夫して，まとめとふりかえりをしてはどうか．」など，自身の教材づくりや授業構成などの課題を意識し，指導計画や研究授業，そして協議会で明示し取り組んでみる．

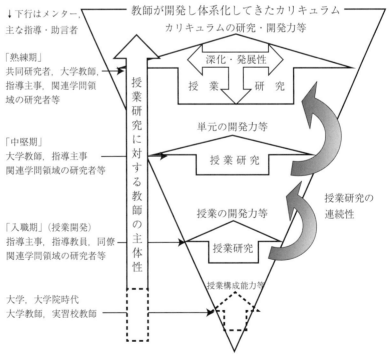

*11　図3-1は，高等学校の地理歴史科・公民科教師へのインタビューデータをもとに図案化したもの（嶋森，2016年）による．校内授業研究が活発に行われている中学校における社会科教師の改善プロセスのイメージもこれに近いと考えられる．

図3-1　授業研究による公民科教師等の授業づくりイメージ*11

なお研究協議会では，授業担当者と学校側の研究の意図，目標やねらいにより議論が進む．参加者は，学校の研究テーマ，授業担当者の教材づくりや授業構成などについての課題意識が何であるか理解して，それに即して発言する．同時に，自らの実践や開発上の課題を意識し，改善につなげていく必要がある．ある公民科教師は，「研究協議会では必ず意見を言うようにしている．なぜならその発言をふまえて，次の日からの自分の授業を見直していくためだ．」という．自分のためにも発言するのである．

自身の授業の課題に気付き，具体的な手がかりを得るために，開かれた授業研究，研究授業に参加し，視点をもって観察や発言をしたい．

図3-1に示す通り，社会科・公民科等の教師が教材や授業構成を見直し，自身の授業づくりを改善していくには，同僚やメンターとの関わり合いの中で，研究授業を要にした深化・発展的な授業研究の場を連続的に用意し，教師自身がそれに主体的に挑むことが重要になると考えられる．

4．評価する

社会科・公民科教師が評価を通して，自らの授業づくりを進めていくことも重要である．定期試験だけでなく，教師がワークシートを工夫し，授業中に実施したり，単元の事前と事後にアンケートをしたりして，教えたかったことを説明や理解できているか評価する．それをもとに具体的に，教材や授業の構成，学習指導などは効果的であったかを考え改善を図る．手間レベルの指導計画の改善への気づきも得る．さらにこの評価を工夫・改善することで，自らの授業づくりを後押しし，社会科・公民科の教材をつくる力，授業を構成する力を高めていきたい．

5．研究大会や研究集会で発表する

授業研究の成果と課題を整理し，研究大会や研究集会で発表することで，貴重な批判などを得てさらに前進できる．発表用の資料には，学習指導案や教材の他に授業の構成についての自分の理論仮説（考え方）をまとめることができ，発表後も自らの授業づくりのたたき台になる．質問や意見に応答することで，自分の実践や理論仮説が，どのような関心を持たれているか知ることができる．抱えている課題を明らかにすることで，参加者から方向性や解決の糸口を示唆してもらえる．

研究大会などに参加することにも意義がある．教材や授業構成に関わる自身の関心に従い，全体会での洞察に満ちた議論や分科会での卓越した発表を聞き，さらに質問や意見もすれば，明日からの実践に活かせる．社会科・公民科の授業づくりにうち込む仲間や，協同研究の機会を得ることもある．意欲的な人々が集まる場だからこそ議論が深まりやすく，手がかりを得やすい．

いつでも参加できるように，研究大会を企画する研究会や学会，文部科学省等

の HP や案内チラシに注目したい．読むだけでも，なぜ研究大会や学会はその研究テーマを設定しているのか，自分の授業の何が問われているかなど知ること，気付くことがある．

6. 研究報告書や論文を作成する

　研究大会の発表用資料は，それだけで以後の授業づくりのたたき台となるが，批判を得て吟味・修正し研究報告書や論文に仕上げたい．それは生徒，同僚，他の研究者の吟味を通した授業研究の成果であり，関与した人々にも意味がある．

　報告書等は関係者に配付されたり，HP に掲載されたりする．そして自分も授業づくりの手がかりを得るために参照してきたように，他者の実践や研究に役立てられる．同僚が参考にしてくれたり，引用文献に掲載されていたり，直接読者から報告書中の指導計画に従い授業実践した感想や質問を得たりして，改めて自分の教材づくりや授業構成について考える機会が得られる．

謝辞
本章を書くためにインタビューをさせて頂いた 6 名の社会科・公民科教師に厚くお礼を申し上げる．

引用・参考文献
片上宗二，木村博一，永田忠道編『混迷の時代！"社会科"はどこへ向かえばよいのか—激動の歴史から未来を模索する—』明治図書出版，2011 年．

川口広美「『自分は何を重視して授業を作っているか？』からはじまる高校地歴科・公民科授業研究—PDCA から DCAP へ—」『社会科教育』716，明治図書出版，2018 年 12 月，pp. 98-101.

全国社会科教育学会編『社会科教育実践ハンドブック』明治図書出版，2011 年．

胤森裕暢「対話を重視した『価値観形成学習』による『倫理』の授業開発—単元『ジョブズとゲイツの挑戦—資本主義の倫理的問題を考える—』—」『社会科研究』80，2014 年，p. 47.

胤森裕暢「地理歴史科・公民科教師による授業づくりを改善する研修の視点」『社会認識教育学研究』31，2016 年，p. 8.

NIE（新聞に教育を）HP，https://nie.jp/（2019 年 5 月 13 日現在）

森分孝治『社会科授業構成の理論と方法』明治図書出版，1978 年，pp. 208-210.

渡邉巧「日米における社会科教師教育研究の発展と課題—研究対象として教師教育を捉える—」全国社会科教育学会『社会科教育論叢』50，2017 年，pp. 91-100.

第4章

中学校社会科・高等学校公民科教育の目標論・学力論
—生徒が何を獲得し，何をできるようになることが求められるのか—

第1節　社会科教育と公民科教育で達成すべきものについて考える拠り所

1. 社会科教育と公民科教育の目的：民主主義社会の形成者（市民）の育成

　社会科と公民科はともに民主主義社会の形成者（以下，「市民」という用語をこの意味で使用する）を育てるための学校教科である[*1]。

　人間をある集団の成員として「一人前」にする，ということは教育という行為の目的として特別なものではない．企業でも，学生サークルでも，様々な集団で，それを構成する人間を「集団の保持・発展を支える人」にしていくことにそれなりのリソース（時間，人手，予算など）が割かれる．民主主義社会における市民育成のための教育もその一つである．日本では，戦後に民主主義国家を構成し発展させていくために，市民を育てることが公教育としての学校教育で強調された．そして，そのために重要な役割を担っているとされたのが，社会科という新しい教科であった．その後，内容や教え方は変化し続けているものの，中学校での社会科，高校での社会科を引き継ぐ公民科は，市民としての力を重点的に育てるという目的を持った教科として，いまのところ保たれている．

　それゆえ，社会科教育や公民科教育で達成されるべきものが何かを考えることは，民主主義社会を保持したり，発展させたりするのに必要なものは何かを考えることと切り離すことができない．それに貢献することが，社会科教育や公民科教育で達成すべきことの拠り所であるし，他の教科にはない魅力にもなり得る．しかし，いざその中身を考え始めると，それが簡単には決定できないことに気づく．民主主義社会と一口で言っても，実際は，複雑で曖昧なものである．民主主義的な価値だと思われているものをどのように捉えるかによって，その社会の形成者に必要と思えるものも変化するだろう．本章では，そのような民主主義社会の在り方についての問いも含めながら，市民を育成するための教科で達成すべきことについて検討していく[*2]。

*1　学校教科は，学校教育の重要な構成要素としての地位を主張し，教育を推進しようとするものである．各教科によってその成り立ちは様々で，結果として様々な機能が了解されている．社会科と公民科はその機能に違いもあるが，ここでは共通する重要な機能として，一定の領域を準備して市民育成を促進する，という点に注目している．

*2　もちろん，民主主義社会の捉え方も，それと関連付けられた市民としての力を育成する教科の展望も，本章で示すものが全てではない．そのようなものを吟味するという行為の一例を示すに過ぎないことに注意されたい．

2．市民の育成という目的について改めて考える意味

　教科の目的をどう考えるか．このような難問にわざわざ向き合わなくても，社会科の授業や公民科の授業は日々行われている．私たちは，社会科や公民科の時間とはどのようなことをやる時間なのかについての，体験に基づいたイメージを持っており，そのイメージを再現する形で多くの社会科や公民科の授業が行われている．それは，つまるところ，達成されるべきは何かという問いに対して無意識に答えを出していることになる．社会科や公民科の時間に割り当てられた時間には限りがある．そこで何をどこまで達成するのか，意識的であろうが無意識的であろうが，取捨選択は避けられない．

　「今までそうだったから」や「みんながそうしているから」というのは，私たちの選択の理由として，馴染み深いものである [*3]．しかし，結果として，社会科教育や公民科教育の実際において，目的についての考えの曖昧さから引き起こされる問題現象が見られる場合は，市民を育成するという教科のそもそもの意味について再考することに価値があるだろう．最も典型的に問題が表面化するのは，子供たちが「なぜそれをしなければならないのか」と問うた時である．そうでなくとも，教師も子供も「なんのためにこんなことをやっているのかはわからないが，とりあえず上手くこなさなければならない」と感じている状態もあるだろう．目的がはっきりしない取捨選択は，どうしても場当たり的なものにならざるを得ず，実践が行き詰まっている感覚があっても，有効な代替案を探す道が消えてしまう．社会科教育や公民科教育で達成すべきものの取捨選択を吟味すること，特にその拠り所となる民主主義社会の在り方の検討を含むような吟味は実践の改善にとって遠回りのように見えるが，社会科や公民科の実践を，意図的な働きかけである教育行為として意味あるものにしていくための重要な足がかりである．

第2節　民主主義の基本から考える社会科教育と公民科教育で達成すべきもの

1．根強いイメージ：社会の基盤となる「知っておくべきこと」の共有

　一般的に社会科や公民科をイメージした場合，そこで達成すべきものとして最初に浮かび上がってくるのは，「社会のことについてよく知っている」というものであろう．これは市民の育成という目的とどのような関係にあるのだろうか [*4]．

　ある集団の一員として，新しい人を迎え入れようとする場合に行われる典型的な教育として，基本的なルールや制度といった，予め決まっていることの説明がある．社会科や公民科で，わかりやすく社会の一員を育成するために行われているものとして，現在の社会で制度化されているものについて知ることが挙げられる．道徳や小学校の社会科でも，ある程度は知らせるが，中学校の社会科や公民科では社会に存在する制度をさらに詳しく知らせていく．社会に現在ある制度を理解することは，子供たちを今ある社会に順応し生活していく人にするものであ

*3　私たちは日常的にしていることの全てに十分な理由を用意しているわけでもない．社会科教育や公民科教育に関わる者だけが，特別に理性的な人間でなければならないわけではないが，少なくとも他の社会的実践に関わる人々と同程度の内省的姿勢は求められる．

*4　これに対する最もそっけない返答は，「重要かどうかはわからないが，高校や大学の入学試験のために必要だからやっている」というものである．しかし，なぜその入学試験は新しいシステムに変更することがほとんど困難なほど伝統的なものになっているのか．こう問うことが重要なことであろう．

り*5，社会の一員を育てる教育で達成すべきものと考えることに多くの人は同意するだろう．

　また，社会科と公民科の多くの部分では，明日の生活には役に立たなさそうなことを知ることも目指される*6．「過去や現在の社会のことについて，まんべんなく知っている」ことが達成されるべきものと考えられているようにも思われる．そのような網羅的な知識の獲得は，市民を育てることと関係があるのだろうか．実のところ，これも現在ある社会に順当に新しい人を迎え入れるための機能を持っている．私たちが他者を集団の一員として扱おうとするのは，同じような世界観で生きている共同体の一員という意識が基本である．原始的な共同体は同じ経験を共有することによって構築されるが，より大きな共同体になると，経験から一般化された知識がその代わりになる．「同じことを知っている」という感覚は同質性の保証になり，集団の範囲を確定しやすくするということである．知識の共有によって集団の範囲を確定する機能は，国という単位で典型的に見られるが，それ以外の単位でも機能している．日常的なコミュニケーションの場においても，共通の知識を知らないことによって，その場に参加する資格が無いかのような扱いを受けることがある．社会で仕事を得ようとする際，中学校や高校で習ったような知識の断片が「一般教養」という言葉で，「大人なら知っておくべきこと」という意味で使われているのを耳にする．私たちがその人を社会の一員として認めることを，共通の知識によって図ることは効率的なやり方として広く見られる*7．

　社会科教育や公民科教育において，知識を伝達すること，それも網羅的な伝達が重視される．それは単純な慣習として見ることができるが，それを一つの取捨選択だと考えるならば，今ある社会に順応し生活させ，共同体の一員だと認められた人間の範囲を確定することが，社会の一員の育成として求められてきたということでもある．これまでに作られてきた現在の社会の姿を滞りなく次世代に受け渡していくことを可能にするという目的が，社会科教育や公民科教育において，達成すべきことの拠り所として存在している．

2．民主主義を実体化するポイント：正統な決定と決定の反省

　民主主義社会を形成するには，それだけで十分なのだろうか．民主主義とは何か．基本的なところに立ち戻れば，それは「みんなのことをみんなで決めよう」という考えである*8．誰か（ある人やある人たち）が決めるのではなく，みんなで決める．民主主義という考えのもとで社会を作ろうとする私たちは，ある人や少数の人がみんなのことを決めるのをまずいことだと思っている．しかし，それだけでは民主主義はうまくいかない．そこに民主主義社会を形成する難しさがある．

　「みんなで決める」ためには，利益が相反する中で，自分たちの決定を受け入

*5　例えば，私たちはどのように税金を払うことになっているのか，を知る．それなりに複雑で，現在の日本で生活しようとする時に知っておかないと確かに困りそうである．

*6　例えば，「室町幕府の3代将軍は足利義満である」という知識は知っておくべきだと扱われているが，生活の中で使うことはなさそうである．

*7　特に近代以降の国民国家は，旧来の階層ごとに存在した社会集団から国民という新しい集団をつくる急激な同質化を図るため，伝統や共通の記憶といった連続性を含む知識の共有を，その紐帯としてきた．「日本がどのようにして出来上がってきたのか」に対する共通する理解を持つことは，日本の成員同士が共同体意識を持つことを強固なものにする．

*8　永井ほか（2019）を参考にしている．

れることができるようになっていないといけない. これが一つのポイントである. 民主主義の典型的な手続きである投票による代表制では, それぞれの見解を反映させた代表が競争することで, どれがより説得的かを決めていくことになっている. 個々人が自分の信念に基づいて一定の見解を持ち, そこから代表を選ぶことによって, みんなが間接的にせよ決定に関わっている. 私たちそれぞれの考えが, ある程度しっかりと集約されると期待できるからこそ, それによる決定を正統な決定として, すなわち強制ではなく納得して受け入れることができるのである.

　また, 一度なされた選択や判断を反省できるようになっていることも重要なポイントである. 人間の選択や判断は, どれだけ適切に決定しようとしても, 途中で考え違いや十分でなかったりすることがある. 後に間違っていると考え直され, 変更されることはあり得る. 一人が決める場合は, それをすることが難しくなる. 決定されたことを間違っているかもしれないと個々人が指摘することで, それを必要に応じて見直すようにするのが, 民主主義の重要なポイントである.

　このようなことが実体化していなければ, 「みんなのことをみんなで決める」社会は形だけのものになってしまう. 翻って考えると, 民主主義社会を形成するためには, その構成員が, 共通の関心事について自らの見解を持って決定に参加でき, それを改めて反省できる状態であることが必要になる.

3. 民主主義社会の形成者に必要なもの：合理的判断と批判的吟味

　上述した民主主義の基本から考えると, 市民を育成する教科における子供たちの成長として, どのようなものに拘るべきなのだろうか.

　まず, 民主主義のポイントの一つとして挙げた, 「正統な決定をする」ということが機能するには, 子供たちの判断の合理性を高めていくことが重要だと考えられる. 私たちの見解が集約されるためには, 個々人が, 自分の信念と合理的に結びついた選択に到達できていることが必要になる. そこから考えられる重要な成長として, 社会における物事を法則的に理解するということもある. 選択する行動によって起こりうる結果をそれぞれが想定することができないとならない. 判断の結果が最初から明白もしくは, 想定が容易であれば, どちらかを決断するだけになる. しかし, 複雑な問題になるとそうはいかない. 例えば, 「貧困問題がなぜ発生するのか」についての法則的な理解がなければ, 「○○か××のどちらかが貧困問題について有効な対策であるか」という選択・判断を合理的にすることはできないだろう.

　もう一つの民主主義のポイントとして挙げた「決定されたものを反省する」という性質が社会において機能するためには, 考えが間違っているかもしれないと指摘することができるということを子供たちが実感していなければならない. この観点から言えば, すでにある制度や受け入れている行動を批判的に吟味できることが, 重要な成長ということになる. 例えば地球温暖化の問題に対して, 「私

たちは省エネに取り組むべきである」という決意ができる，ということは個人的行動の指針として重要かもしれないが，民主主義の考え方からいうと不十分である．その考えを反省的に捉え直し，「本当にそうなのか」と捉える力こそが達成されるべきものになるだろう．時に現在なされている判断（現在確立されている制度や仕組み）や異なった判断（他の地域や他の時代に為された決定）の論理を分析し，見えなくなっている別の判断，別の選択肢を補えるような思考を形成させることも重要になるだろう．

　民主主義の基本から考えてみると，共通の関心事に関する判断と再吟味のプロセスに関連する能力が，市民を育成する教科における子供たちの成長として拘るべきものになると言える．

　社会科教育や公民科教育で重視されてきた「社会についてよく知っている」ことは社会の一員に不必要なものではない．しかし，「知っている」という状態に拘ることは，判断したり再吟味したりする思考における合理性や批判性を付け足し的なものにする．みんなのことをみんなで決めることを実体験するという目的から考えると，判断の難しい状態にあったり，別の選択肢が見えにくくなったりしているものについての子供たちの決定と反省をより合理的で批判的なものにしていくことが重視されるべきだと考えられる．

第3節　民主主義社会の現状から考え直す社会科教育と公民科教育で達成すべきもの

1. 現在における民主主義社会の困難と努力

　市民を育成する学校教科を有意義なものにしたい．そのために，そこで達成すべきものをどのように取捨選択していくか考える．もともと簡単ではないこの試みを，さらなる難題にしている原因の一つが，21世紀も20年が過ぎた現在においては，民主主義への期待がさらに薄れてきつつあるという現実である[*9]．これは，一般的に選挙投票率の低下という現象としても指摘される．

　現在はいわゆる，普遍的な基準の無い時代，将来の変化を予測することが困難な時代である．個人として立ち向かわないとならないことの幅は広がる一方で，社会に存在する問題は，複雑性を増している．膨大な情報を整理する必要があるし，価値観は多様化していてより多くの立場について考慮されなければならない．このような時代においては，みんなのことをみんなで決めること，に関わるコストは大きくかつリターンが少ないように感じられ，かなり億劫なことになっている[*10]．私たちの活動を日常的に動機付けているのは，公的な利益ではなく，固有のアイデンティティの追求である．そのような中で，みんなのことを決めようとする空間を主張を戦わせたり，説得をしたりして共通の決定を作っていくのみの場とみなしてしまうと，人々の議論に参加する意欲がなくなってしまう．

　そこで，現在では例えば「熟議」や「対話」といったことを意識した（強調した）

*9　ここで民主主義の歴史を詳細に検討するわけにはいかないが，日本でも世界でも「みんなのことをみんなで決める」という意識そのものの後退を指摘する声が継続的に増加している．詳しくは宇野（2013）を参照されたい．

*10　例えば，投票による代表制では，投票によって選ばれた人が本当に私たちを代表しているのか，という問題がつきまとう．もともとは，特定の社会的属性を代表する政党があり，簡易的に一定の人々を代表するものとして機能することもできた．しかし，生き方の多様性が増してくると，それぞれの問題に対して，個人それぞれの立場が存在する．そこでは，個人の言説が適切に代表される必要が強調され，自分たちの言説の洗い出しがより丁寧になされていないといけない．

*11 有名な取り組みとして,「プランニング・セル」や「熟議型世論調査」などがある.詳しくは参考文献にある『熟議民主主義ハンドブック』を参照されたい.

手続きで,少しずつでも民主主義を活性化させようという動きがある[*11].近年の語用における熟議や対話というのは,交流の中での個人の変容に焦点を当てた話し合いのことである.他者の意見に耳を傾けながら自らの立場を修正しようとする関係が成立していることを重視する.これらの概念が民主主義社会にもたらす価値も,前述した正統性と反省性という二つの価値であることには代わりはないが,大切なことは,それらが所与のものとして,個人が属性として持っているわけではなく空間の中で作られ,参加者がその発展を感じながら進めていこうとすることである.

現代のような時代に民主主義社会を形成していこうと考えると,そもそも,異質な他者との共存を目指す民主主義は非常に骨の折れる作業を求められる考え方であるということを思い返す必要がある.私的な活動が基礎となっている社会において,共有の関心をもって他者と一緒に議論するためには,固有の存在としての自らへの配慮に基づき,受容的・応答的な交流を社会的に形成する必要がある.「みんなのことをみんなで決めよう」と言ったときの「みんな」をどうやって保っていくのかといった問題に取り組む必要も出てくるということである.現代の社会における決定は,その多くが投票に典型的な代表制のメカニズムに依っている.これからも多くのことがそのメカニズムで決定されるだろう.しかし,その中に個人同士のつながりや承認の要素を入れ込まなければ,人々の意思はそこから離れていってしまうだろう.そのために,「熟議」や「対話」といった交流を改めて強調して概念を民主主義の在り方と結びつけなおすことが求められている.

2. 民主主義社会を活性化するために必要なもの

上述のように現在の民主主義社会の状況を考えると,社会科や公民科で,子どもたちのどのような成長に拘ろうとするかが違ってくるかもしれない.

例えば,これまでも話し合い議論を行う授業が行われてきた.そこで達成すべきだと考えられていることは,自身の主張を具体化することであったり,自身の主張をより合理的な根拠と結びつけることであったりする.これが再吟味され,争点や論点に対する理解を目指すような授業になるかもしれない.考えの違いには様々な側面があることを発見していくことや,そのような複雑性を加味して違いがどう関係し合っているかを整理していき,ずれを避けることの難しい問題がどのように存在するかを分かっていくことを目指す.選択や決定が対立すると,私たちは,他者の行動を非合理的で意味のないものだと扱うことがある.民主主義の場を作り出していくためには,多様な信念や習慣の併存状態に気づき,それが相互の変化を促す可能性を感じることが重要である.考えの違いの捉えをみんなで発展させていくことができるようになれば,他者の意見を受け入れることはできなくても,自他の主張の相違を理解することに意味を見出せるようになるかもしれない.相互の選択や判断を意味あるものと見

なしていくために，子どもたちが実際に問題の論点や争点を広げたり深めたりできるようにしていくことが重要な成長になると考えられる．

　また，市民を育成する教科の中で，競争や序列付けといったことを除いた交流を重視し，社会的関係の進展そのものを達成すべきものとして入れ込むことも考えられる．社会の多くの場面で，熟議や対話のようなつながりの感覚を持つ民主主義のモデルになるような経験自体があまり存在しない．自由に意見を伝えあうという建前で話し合いが持たれたとしても，大体の場合は「声の大きさ（他者を如何に抑圧できる要素を持っているか．財産，専門的知識，社会的地位，ジェンダー的優位など）」に依って，実質的に特定の人が話をしている．そうでない仕方で同じ問題について話し合うためには，競い合いや力の押し引きという，問題に対するコミュニケーションの意味づけをそもそも変える必要がある．他者と話をしたくない状態になるのは，結論の合意以前に，相互に存在するはずの問いかけ（何が自分や他者にとって本当に大切なものか）を共有してくれないからそのように感じる．つまり，ともに話し合っていける感覚が継続されることや，多様な問題に対する子供たちの関係性までも，社会科や公民科で達成すべきものとして入れ込む考え方である．

　この形の市民の育成は，不明瞭で非合理的なものを含み，必然的にその成果も曖昧なものになる．実際に時間と空間が限られた学校教科の中でその育成を目指すことは，かなりリスキーなもののように思える．しかし，主には教科外でやるにしても，学校外でやるにしても，その接点をどのように作るべきかは，考えないといけない．

　民主主義社会の直面する状況は，人々が意見の不一致を超えた問題の不共有を受け入れながらも前進していく必要があり，その構成員に民主主義の成立にひとまず参加しながらも，同時にその土台を作っていくことに関与していくための能力を求めている．これからも政策判断に関する選択肢を分析する能力や制度の在り方を考え直す提案をすることは，重要なことで有り続ける．しかし，それと同時に，社会的関係を再構築することを意識しないと，これからの民主主義社会の形成がままならないこともありうる．市民を育成する教科としての意義を考えるならば，学級や学校をどのように民主主義的空間に作り上げていくかにこれらの教科を関連付け直さないと，十分な役割を果たすことはできなくなっていくのかもしれない．現在の民主主義の状況を考えるならば，市民を育成するための教科で達成すべきことについて考える時には，このような子供たちの成長にも目は向けておきたい．

　もちろん，この他にも社会科や公民科における子供たちの成長は色々考えられる．何が社会科や公民科に割り当てられているリソースをわざわざ使うに値するものか．民主主義社会の実現に対する促進要因と阻害要因は無数に存在し，そう上手く整理できるわけではないが，子供たちが実際にすでに向き合ってい

る民主主義の現状について考えることが重要なことである．それを自分なりに整理し，自らの教育的行為の目的として足るものであるとはっきりさせ，それを達成すべきものと関連させることで，市民を育成する教育の可能性を広げることになる．

第4節　社会科と公民科で達成すべきことに関する新しい要請

1．改訂された学習指導要領の「教科の目標」

　ここまで，市民育成のための教科により積極的な意味を見出すために，民主主義社会の在り方という根本的な地点に立ち戻りながら，そこで達成すべきものについて検討してみた．ここからは国家の規定，学習指導要領とも合わせて検討していく．2017年と2018年に改訂された（現時点で最も新しい）学習指導要領には，これらの教科で達成すべきものとしてどのような要請があり[12]，それを私たちは，どのように受け取るべきだろうか．新しい指導要領で示されている社会科と公民科の目標は表4-1のようになっている．

2．新しい学習指導要領の特徴その1：三つの資質・能力

　新しい指導要領における社会科と公民科の教科目標の大きな特徴は，それが一つの柱書と三つの資質・能力という2層構造で示されていることである．この形式は小・中・高の全教科に共通したもので，新しい指導要領は各教科において達成すべきことを「知識・技能」の習得，「思考力・判断力・表現力等」の育成，「学びに向かう力・人間性等」の涵養，という三つの側面から示すことに拘っている[13]．この拘りは，近年進められている「コンテンツベースからコンピテンシーベースへ」という教育改革の一貫である．すなわち，何を教えるかを先に決めるのではなく，育成したいものを先に決め，そのために必要な内容と方法を設定する，という考え方の変更である．

　社会科と公民科では，柱書の後半部分に，市民を育てるという教科の目的が示され[14]，三つの資質・能力の部分で，それがどのように具体化されるか，育成したいものを前もって示すようになっている．この構造によって，そこで達成すべきものは多様であり，知識の獲得だけでないということが改めて明示され，育成するものの幅を広げるようにしていると言える．

　注意が必要なのは，教科で達成すべきものとして示されたそれらの諸要素は，内容や教え方と組み合わさって，実践として再構成する際に，教科の目的をどのように意識するかによって大きく内実が変わりそうだということである．単元や授業の目標を設定する場面で考えてみよう．単元や授業の目標設定として，それぞれの範囲で取り扱うとされている内容とともに三つの資質・能力の各要素を入れ込むのが一般的になるだろう．「資料から様々な情報を効果的に調べまとめる

*12　学習指導要領を，その時点での社会的要請を表したものであると考えることができる．もちろん他の制度形成と同じく，国家がどこまで社会の要請を反映している（できている）かどうかは疑われてしかるべきであるが，国家は社会を完全に無視できるというわけでもない．実際に学習指導要領は，社会の承認を要求する様々な手順を経て，社会的に構成されたものである．

*13　指導要領は，20年以上前から「生きる力」を標語に知識だけでない実用的な力の育成を掲げてきた．取り扱う学びの拡大は，その基準をどうしても曖昧なものにしてしまう．複雑化した育成をめざすものを明瞭にすることが求められ，それに答えようとしたのが三つの側面からの目標の提示である．

*14　指導要領では，これまでに引き続き市民と国民という意味を含みこんだ言葉として「公民」という用語が使われている．また，社会科は「資質・能力の基礎」，公民科は「資質・能力」となっており，ゆるやかな段階性が意識されている．

表 4-1　新しい学習指導要領に示されている社会科と公民科の教科目標

2017 年に示された社会科の教科目標		
社会的な見方・考え方を働かせ，課題を追究したり解決したりする活動を通して，広い視野に立ち，グローバル化する国際社会に主体的に生きる平和で民主的な国家及び社会の形成者に必要な公民としての資質・能力の基礎を次のとおり育成することを目指す．		
(1) 我が国の国土と歴史，現代の政治，経済，国際関係等に関して理解するとともに，調査や諸資料から様々な情報を効果的に調べまとめる技能を身に付けるようにする．	(2) 社会的事象の意味や意義，特色や相互の関連を多面的・多角的に考察したり，社会に見られる課題の解決に向けて選択・判断したりする力，思考・判断したことを説明したり，それらを基に議論したりする力を養う．	(3) 社会的事象について，よりよい社会の実現を視野に課題を主体的に解決しようとする態度を養うとともに，多面的・多角的な考察や深い理解を通して涵養される我が国の国土や歴史に対する愛情，国民主権を担う公民として，自国を愛し，その平和と繁栄を図ることや，他国や他国の文化を尊重することの大切さについての自覚などを深める．

2018 年に示された公民科の教科目標		
会的な見方・考え方を働かせ，現代の諸課題を追究したり解決したりする活動を通して，広い視野に立ち，グローバル化する国際社会に主体的に生きる平和で民主的な国家及び社会の有為な形成者に必要な公民としての資質・能力を次のとおり育成することを目指す．		
(1) 選択・判断の手掛かりとなる概念や理論及び倫理，政治，経済などに関わる現代の諸課題について理解するとともに，諸資料から様々な情報を適切かつ効果的に調べまとめる技能を身に付けるようにする．	(2) 現代の諸課題について，事実を基に概念などを活用して多面的・多角的に考察したり，解決に向けて公正に判断したりする力や，合意形成や社会参画を視野に入れながら構想したことを議論する力を養う．	(3) よりよい社会の実現を視野に，現代の諸課題を主体的に解決しようとする態度を養うとともに，多面的・多角的な考察や深い理解を通して涵養される，人間としての在り方生き方についての自覚や，国民主権を担う公民として，自国を愛し，その平和と繁栄を図ることや，各国が相互に主権を尊重し，各国民が協力し合うことの大切さについての自覚などを深める．

ことで，○○について理解する」や「○○について多面的・多角的に考察する」，「○○という課題について主体的に解決しようとする態度を養う」といったような形である．

　しかし，これらの目標が導く実践はかなり多様である．例えば，「ヨーロッパの統合について理解する」時に「様々な情報を効果的に調べまとめる」という目標を立てたとしよう．この「効果的」とは，何にとって効果的なのだろうか．「ヨーロッパの統合がどのようにおこったのか，について考える」ことと，「ヨーロッパの統合についてどのような評価ができるか，について考える」ことのどちらが重要なことなのかによって，「理解する」とはどのような状態になることなのか，「効果的」な調べ方，まとめ方は変わってくる．

　市民を育成するための教科としての意義を追求するならば，三つの資質・能力の中で示されている要素が，どのように市民としての力と関連しているかを考えたい．例えば，何のために「多面的・多角的に考察する」と想定するのかをしっかりと吟味しないと，結局のところ，その実践は「二つ以上の情報」という「多面的・多角的」のミニマムな意味のみに拘りを持つものになってしまうかもしれない [15]．第 2 節や第 3 節で見たような民主主義社会を形成する力という観点から言えば，「多面的・多角的」は，自分が対象に向き合うための世界の捉えを発

*15　同じ結論を支えることができる二つ以上の情報を考察する場合と，違う結論を示唆する情報を考察する場合では，そこで達成できる成長は変わってくる．

展させて，多様な見解について考慮することが可能になるという目的と結びつくべきである．

　さらに，より長いスパンでそれらの成長の要素をどのように関連付けて，全体として構成するかということも大きな問題になる．例えば，そもそも「私たちは地域の統合について，どのように進めていくことが良いか」を判断するために，「ヨーロッパの統合」はあくまで事例として理解されるべきかもしれない．また，民主主義的な空間作りという観点から言えば，各授業で考えたことを他者に伝え，共に議論する際に，説明や説得を重視するか，受容や応答を重視するかによって，「課題を主体的に解決しようとする態度」の意味も変わる．子供たちに起こってほしいこと同士が結びつき，「平和で民主的な」社会を形成することとの関係を作る必要がある．

　社会で生きる力は，かなり総合的なものである．どんな資質・能力でも使えないとは言い切れない．それゆえ，市民としてのふるまいを目的として，それらをしっかりと結び付けられなければ，知識を得ることを中心として，そのほかは付け足し的に目指されるに留まるかもしれない．

　三つの資質・能力という考え自体は，相互に関連させることが意図されているが，教科において達成すべきことの中身は，要素還元的に扱えるようにもなっている[*16]．社会科や公民科で市民を育成することを目的として考えると，これらの要素を具体化したり，結びつけたりする部分で，どのような市民としての力の育成を実行しようとしているのか．これについて改めて吟味することが重要なことになるだろう．

3.　新しい学習指導要領の特徴その2：社会的な見方・考え方

　新しい指導要領では，社会科と公民科ともに，教科目標の冒頭に「社会的な見方・考え方を働かせ，（現代の諸）課題を追究したり解決したりする活動を通して」という表現がある．この部分が第2の特徴と言える．新しい指導要領は学校教育全体で汎用的な力の成長を意識すると同時に，伝統的に教科として成り立ってきた領域の特性も活かそうとしている．それと関係するのが「各教科等の特質に応じた物事を捉える視点や考え方」を働かせることを目標の中に明示するということである．

　「見方・考え方」は，これまでも社会科や公民科について考える時のキーワードになっていた言葉であり，様々な意味で使われている．新しい指導要領でも定義は曖昧なところもあるが，分野・科目の目標やその内容の規定に下りていくと見えてくる実質的な意味は，特定の学問領域で使われている思考（探究）のポイント，という意味だろう．例えば，地理学の領域における位置や分布に注目する視点（分布の規則性・傾向性や地域差など）のようなものである．また，特に見方と考え方を区別する場合には，「考え方」として，そうした視点から探究され

*16　新しい指導要領は，学びを三つの側面から一般化し，相互の関係付けを行おうとしている．一方で，各分野・各科目の「内容」において，「次の資質・能力を育成する」として，三つの資質・能力がそれぞれ別々の要素として記されており，相互にどう関係するか曖昧である．

て作られた概念やその体系のようなものが意識されている．そして，このような「見方・考え方」を，あくまで実際にそれを使いながら身に着けさせるために，「課題を追究したり解決したりする活動」と関連付けられている．課題を設定し[17]，諸資料や調査活動などを通して調べたり，考察したり構想したりするなかで「見方・考え方」が使用され，それを子供たちが別の機会に思考するときにも活用できるツールとして身に着けることが期待されている．

　ここで注意が必要なことは，そのような各々の領域に特有の思考を獲得することそれ自体を究極的な目的として捉えないようにするということである．私たちが考えないといけないことは，子供たちの市民としての力に見方・考え方を位置付けることである．様々な領域に特有の思考が私たちのふるまいに作用する仕方は多様である．社会について見る，考える，ということは私たちが普段やっていることであり，見たり考えたりする目的とそのプロセスは完全に分離することはできない．第2節で見たような民主主義を実体化する力という点から考えると，領域における思考のポイントを使える課題であると同時に，それについて市民として判断することが必要であったり難しかったりする課題を設定する必要がある[18]．さらに，第3節で見たような民主主義社会の現状を鑑みて，市民を育成するための教科の意義をさらに見出していくためには，どのように私たちのつながりやみんなという感覚を再構築するのかとも関係させて考えていきたいところである．様々な領域の見方・考え方は「人間（私たち）の幸せとは何か」や「公正さとは何か」というような社会の展望に関わる問題との接点を持っている．多様な社会のあり方をより上手く理解するために，そのような主題への接近方法を，交流の場自体を形成しながら進んでいくコミュニケーションと切り離さずやっていく．そうすることで，社会の公共的な領域（みんなに関わるもの）について，議論を協同で産み出し，その問題を共有の問題として思慮することに子供たちが少しでも参加していけるようにしていくべきだろう．

　「見方・考え方を働かせる」ことが，ただ「見る」や「考える」ということと違うのは，それがある程度の一般化を伴うということである．それゆえ，子供たちのもともと持っている特定のものを見た結果や考えた結果だけでなく，見る仕方や考える仕方を変化させることを目指すには有効ではある．その変化の目的は何か，市民を育成するための教科としての意義を追求しようと思うと，私たちはそういう新しい見方や考え方の広がりによって達成され得る民主主義社会の形成がどのようなものかを意識する必要がある[19]．

[17]　中学校社会科は「課題」，高校公民科は「現代の諸課題」になっているのは，公民科が教科の内容編成として，課題の現代性を意識した教科であることが影響している．公民科はより直接的に社会と教室をつなぐことを，指導要領は求めている．

[18]　社会についての分析的・体系的な思考は，問題への接近方法として捉えられる．例えば，生産と交換による流動性に着目する経済的思考によって，同じ「貧困」が課題でも，具体的に直面している問題は千差万別であること（地域の生産とその収入の分配モデルによって貧困の構造とその解決策は変わってくる）という捉えによって，判断や吟味をより良いものにする．

[19]　このようなことは学校教育システム全体において成し遂げられると考えることもできる．実際，新しい学習指導要領の構造はそれを示唆している．各教科で特定の思考のポイントをしっかりおさえておき，それが学校教育全体で統合されて，社会における決定などに総合的に繋がっていくというやり方である．しかし，そのやり方には教科外でそれが，本当に十分に為されるのかという問題がある．第2節や第3節で見たように，何をこそ社会科や公民科で取り組んでいく価値があるのかということと関連させて検討するべきだろう．

　　社会科や公民科で子供たちが何を獲得し，何をできるようになることが求められるのか．これに対する確たる答えはどこにも無い．どのような子供の成長に拘って，社会科や公民科を実践していくのが望ましいか，私たちは考え続ける必要がある．子供たちの実態や学校を取り巻く状況，時代における社会の在り方と照らし合わせながら，その子供たちにとって重要な成長はどのようなものかを検討していく．このプロセスが豊かになることが最も大切である．そのために，意識的・無意識的なものを含む，様々な取捨選択を，多様な考えを認め合いながら，協力して吟味していく．まさに対話を続けていく必要があるのだろう．本章では，そのための原理的検討を行った．それは対話を広げていくための一つの足がかりである．近年，カリキュラム・マネジメントや PDCA といった言葉で，実践を改善する循環の重要性が言われている．しかし，目的への意識があいまいなまま，継続的に変化を求められることは，むしろやりがいを失わせてしまう危険性もある．そのようなサイクルが，社会科教育や公民科教育に私たちが携わる前向きな意味に結び付くためには，自分の考える，より良い民主主義社会とはどのようなものか，時には立ち止まって考えてみることも重要であろう．

参考文献

ジョン・ギャスティル，ピーター・レヴィーン著／津富宏，井上弘貴，木村正人訳『熟議民主主義ハンドブック』現代人文社，2013 年.

宇野重規『民主主義のつくり方』筑摩選書，2013 年.

木寺元編『政治学入門』弘文堂，2016 年.

永井史男，水島治郎，品田裕編『政治学入門』ミネルヴァ書房，2019 年.

文部科学省『中学校 学習指導要領（平成 29 年告示）』2017 年.

文部科学省『高等学校 学習指導要領（平成 30 年告示）』2018 年.

第5章

中学校社会科・高等学校公民科教育のカリキュラムデザイン

—教科の目標を達成するためには，何をどのような順で学ぶのが良いのかを，どのように考えるか—

第1節　新学習指導要領における目標の特徴

　新学習指導要領は二つの特徴がある．第1は能力ベースのカリキュラム論である．これは，育成すべき資質・能力を想定し，その育成を目指した教科・科目等の在り方や，教科・科目等の目標・内容を見直したカリキュラムの考え方であることを指す．第2は，教師による主体的なカリキュラム・マネジメントである．これは，学習指導要領を基盤としながら，各学校・学級において独自のカリキュラムを作成し，そのための学習・指導方法及び評価方法の改善を支援することを求めたものである．

　この方針は，教科のカリキュラム論へも大きく影響を与えている．社会科においても，目標として子供につけたい力を設定し，その上で内容や方法を選択する，いわゆる目標教科としての社会科教育が示された．しかし，このロジックは社会科教育学研究において新しいことではなく，社会研究としての Social Studies（社会科）が元来持つ性質である．社会科は，教科が成立した当初から，特定の内容を教養として習得することを目指すものではなく，育成する子供像を先に設定し，それに合わせた内容・方法を選択していた．社会科教育において，新学習指導要領は，教科が持つ原理を改めて強調するものである．

　上記を本章が対象とする公民系領域（中学校社会科，高校公民科3領域）で見ていきたい．各教科領域が掲げる目標を示すと以下になる．

> 中学校社会科
> 　社会的な見方・考え方を働かせ，課題を追究したり解決したりする活動を通して，広い視野に立ち，グローバル化する国際社会に主体的に生きる平和で民主的な国家及び社会の形成者に必要な公民としての資質・能力の基礎を次のとおり育成することを目指す．
> 高校公民科
> 　社会的な見方・考え方を働かせ，現代の諸課題を追究したり解決したりする活動を通して，広い視野に立ち，グローバル化する国際社会に主体的に生きる平和で民主的な国家及び社会の有為な形成者に必要な公民としての資質・能力を次のとおり育成することを目指す．

高校公民科（公共）

　人間と社会の在り方についての見方・考え方を働かせ，現代の諸課題を追究したり解決したりする活動を通して，広い視野に立ち，グローバル化する国際社会に主体的に生きる平和で民主的な国家及び社会の有為な形成者に必要な公民としての資質・能力を次のとおり育成することを目指す．

高校公民科（倫理）

　人間としての在り方生き方についての見方・考え方を働かせ，現代の諸課題を追究したり解決に向けて構想したりする活動を通して，広い視野に立ち，人間尊重の精神と生命に対する畏敬の念に基づいて，グローバル化する国際社会に主体的に生きる平和で民主的な国家及び社会の有為な形成者に必要な公民としての資質・能力を次のとおり育成することを目指す．

高校公民科（政治・経済）

　社会の在り方についての見方・考え方を働かせ，現代の諸課題を追究したり解決に向けて構想したりする活動を通して，広い視野に立ち，グローバル化する国際社会に主体的に生きる平和で民主的な国家及び社会の有為な形成者に必要な公民としての資質・能力を次のとおり育成することを目指す．

　上記が示す中高の公民系領域全てに共通する考え方は，大きく3点である．第1は，大きな目標としての民主主義社会の主体的形成者の育成である．すべての目標に「社会の（有為な）形成者」という言葉が示されている通り，自らが主体となってより良い社会を見据え，そこに所属する一員として社会を考えることである．

　第2は，教科目標としてのシティズンシップの育成である．例えば，中学や高校公共であれば「現代の諸課題を追究したり解決したりする活動」が示され，高校政治・経済では「現代の諸課題を追究したり解決に向けて構想したりする活動」となる．現代社会の課題や問題を，段階的に捉え，検討していく資質が求められている．また，様々な問題を検討するだけでなく，それらの分析をもとに社会を作り出す主体として自らを位置付けることも指摘されている．いわゆる主権者の育成とし，そのための段階的なシティズンシップ育成が求められている．

　第3は，見方・考え方を働かせる点である．見方・考え方とは，追究の視点や方法である[*1]．例えば，公民系だけであれば，小学校は「事象や人々の相互関係に着目して社会的事象を見出す」こと，中学校（公民）では「現代社会の見方や考え方として現代社会を捉える概念的枠組みを課題解決に向けて多様な概念を関連づけること」とされる．これを，高校公民科では，人間と社会の在り方についての見方や考え方，人間と社会の在り方を捉える概念的枠組みに着目し，課題解決に向けて選択・判断の基準となる考え方などを関連付けるとする．小学校社会科において考える手続きとしての「見方・考え方」，高校公民科ではディシプリン，あるいは概念枠組みとしての「見方・考え方」を働かせることで社会を捉えていくことが示される．従来は，獲得や成長させるものと捉えられていた「見方・考え方」が，働かせる対象として捉えなおされた．仮に社会を多様な価値や思想が渦巻く場（問題状況としての「社会」）と捉えたならば，特に高校公民科の授業は

[*1]　社会科教育における見方・考え方は，指導要領が改訂される中で変化している．概略としては，「獲得・育成」するものから，「成長」対象へと変化し，今回は働かせるための「視点・方法」となった．

分析的・解釈的（問題状況を捉える），もしくは，実践的・政策的（解決策を検討する）な学習が期待されていると言える．

第2節　学び（公民科）と社会の関係性：社会的レリバンスに基づくカリキュラム論

　前項が示す目標，すなわち公民科が育成する資質・能力は，各発達段階での活用・応用のみを目指すものではなく，子供がその後社会で生きていくために必要なものとなっている．そのために見方・考え方を働かせるためのガイドラインが示される．例えば，高校政治・経済に示される「グローバル化する国際社会の諸課題の探究」の「グローバル化に伴う人々の生活や社会の変容」では，以下が示される．

　これは，授業内で獲得可能な資質・能力を超えている．むしろ学校を卒業した後，現実社会と対峙する中でより必要となる資質である．すなわち，学校で育成が目指される資質・能力は，卒業後を見越したものとして設定する必要がある．このことは，新学習指導要領が 2030 年の社会を想定していることにも示されている．すなわち，社会的レリバンスを踏まえた学びの設計である．

> 　社会の変化は加速度を増し，複雑で予測困難となってきており，しかもそうした変化がどのような職業や人生を選択するかに関わらず，全ての子供たちの生き方に影響するものとなっている．このような社会の中で，自身の心的な拠り所は民族，文化，宗教をはじめ，多元化，重層化が進んでいる．社会が成熟社会に移行していく中で，人々のアイデンティティの統合と分散が進む現代社会の中においては，これまで重視されてきた伝統や慣習，地域や民族などの集団的なまとまりの維持，継承とともに，複雑で変化の激しい社会の中で，様々な情報や出来事を受け止め，主体的に判断しながら，自分を社会の中でどのように位置付け，社会をどう描くかを考え，多様な人生観，世界観ないし価値観をもつ他者と共に生き，課題を解決していくための力が必要となる．

　社会的レリバンスとは，学校と社会を繋げることを指す（本田, 2015, 2016 他）．学校での学びの意義を社会の文脈で再検討し，学校を社会の中に位置付けて考えていくというスタンスである．シティズンシップ育成を目指す社会科教育は，教養教育を目的とした教科目ではなく，社会形成を目的とした社会的レリバンスを伴った教科である．新学習指導要領は，この観点から再度教科の構造を検討し，社会とのつながりを重視することを提案する．

　社会的レリバンスを考えた際，学校での学びは大きく3点で変化をしていく．第1は，学びと社会の関係の問い直しである．現在，政策決定学習，社会参加学習，意思決定学習など，社会科の学びを社会とつなげていく試みが多数なされている．特に，社会参加学習においては，授業にて現実の社会問題を取り上げ，その解決方法を当該の問題に関わる行政職員と共に考えるなど，学びを社会へ開く実践がある．それらの多くは，教室内で行う「現実社会から一歩距離を置いた議

論」を，現実社会の場に照らして再度考えることで，自身の見方・考え方を反省的に捉え直す実践が多い．これは，自らと異なる視点との出会いの場を設定することで，見方・考え方を複数化させる手段である．授業によっては，問題の視点を理論やフレームワークを用いて単純化することで，その理論自体の理解を目的とする場合もある．しかし，社会の問題は，「考える対象」ではなく「議論し，解決策を探り，現時点で妥当なアイデアを立案し，実施する対象」である．多くの価値観や思想が絡み合う複雑な状態の中で，「考える」だけでなく，実現させるために折り合いをつけるための実際的な議論を展開する．お互いが納得することを目指す形式的な議論や合意形成ではなく，納得出来ないが折り合いをつけるしかない実際的な状況である．他者との対話を通して民主的な社会形成のために積極的な役割を果たすための共通の対話へ参加し，完全な合意ではなく，各々の見方・考え方を捉え，納得出来ない状況でありつつ，しかしそれを認めていく．理想的な社会を議論するのではなく，複雑でわかりにくい，必ずしも正解の無い難しい実態をそのまま学習の対象とする必要がある．つまり，社会の実態に学びを置く必要がある．社会問題の扱いを学びの手段化とせず，目的化させることで，学びが社会へ開かれたものへと変化する．

　第2は，子供の見方・考え方を重視することである．従来，子供のそれは「素朴」なものとして批判・更新対象として扱われることが多かった．例えば，子供が持つ「常識的」な見方と異なる資料・視点を授業で提示し，見方や価値観の葛藤を誘発させ，それをもとに異なる見方・考え方を提示するなどである[*2]．このような授業は，子供の切実性を喚起させる授業として一定の歴史がある．しかし，子供が持つ「素朴」で「常識的」な見方・考え方は，それこそが彼らの社会の捉え方である．彼らが捉える社会は，社会の一つの表象である．社会は，理想や形式ではなく，その場の現象そのものが社会である．社会的・文化的に成立している現実の実態を捉え，そこに学びを接続させてゆく必要がある．オトナが捉える「社会」との乖離を捉え，修正する授業ではなく，社会の一側面として表象された彼らの社会認識・価値認識を丁寧に捉えることは，教師が子供と社会の関係を捉え，検討する題材となる．

　第3は，学びの考え方の捉え直しである．従来，学校や学びは「機能」として捉えられていた．設定される問いは「学校（社会科）とは何か」，「学校（社会科）で何をすべきか」「学校（社会科）は学びの中でどのような位置や役割があるのか」である．しかし，学習とその成果は直結しない．例えば，橋本らは，高校生を対象とした調査研究を通して，学習で学んだことは直接的に彼らの知識・スキルとして獲得されてはおらず，同様の学びでそれらを応用していないことを明らかにしている（田中・橋本，2017）．すなわち，学習内容とその子供の理解は分けて分析する必要がある．「学び，理解したフリをする」可能性を含めて，学びを「機能」ではなく「実践」と捉え，現実の中で，子供等が，何をどのように学び，そ

*2　筆者は「学習のおままごと化」と表現するが，学習者が当該の授業や内容を「学んだフリ」をする可能性を踏まえ，学びや「理解の過程」をデザインする必要がある．

れをどのように自身へ内在化させるかを，丁寧に検討する必要がある．

　社会的レリバンスを踏まえた場合，公民科は社会の現実を授業へ取り込む必要がある．しかも，その現実は子供が直面している認識論的現実である．彼らが実態として捉えている現実社会の中身と文脈を捉え，それが仮にオトナが捉える社会と異なった場合であっても，子供が実態的に捉える社会的現実を丁寧に捉え，授業化する．これは，学びと社会の関係を，形式ではなく実態的に変化させる．

第3節　公民領域におけるカリキュラム・デザインの考え方

1.　カリキュラム・マネジメントの理論

　では，カリキュラムはどのようにデザインすれば良いのか．その内容と順番，構造をどのように考えたら良いのか．多くの学校現場では，このカリキュラムを教科書と同一視することが多いが，目標に応じたカリキュラムとは，教科書のみをさすものでは無い．例えば，社会諸科学の成果としての知識は常に変容し続けている状況下において，現時点で教科書に記載されている情報としての知識は，将来的に変わる可能性がある．特に，公民系の学びは現実社会をその対象とする．高校政治・経済については，国内外の諸課題を基盤とした学習を行うことから，扱うテーマや視点・観点も日々変化をする．また，各々の課題に対する子供の捉え方や切実性を一般化することは難しい．岐阜県や大阪府に追加される世界文化遺産は，他府県にとってその重要性は必ずしも高いとは言えない可能性もある．したがって，教師は教科書を基準にしながら，継続的に変化・変容が可能な視点や観点，及び学び方の育成を目指し，目の前の子供，または地域社会の文脈に応じて，教科書の内容を調整し，授業毎に学級に応じた選択と配列を考えることが求められる．カリキュラムは，教師が子供や社会の文脈を取り込みながら，意図的・計画的に創造する主体的な教育課程である．

　その際，カリキュラムは，授業だけでなく学習環境に関わる施設・設備，予算，組織文化（学校の教員によって共有されているものの見方や考え方），等様々なものにより支えられ，動かされていく．カリキュラム・マネジメントとしての授業設計は，それらを全て含み込み，子供に育成したい力，教育活動や方略，その活動のための各種条件を丁寧にデザインしていく（田中，2016，2017）．それは，学校や子供の文脈を無視した「理想的な」指導案開発を目的とはしない．自身が所属する地域や学級，目の前の子供のニーズや文脈を捉え，それらを巻き込む形で社会科授業の目標・内容・方法・評価を一貫的に設計し，指導案，板書計画等をデザインしていく．

　カリキュラムをマネジメントする要素は主に6点である（田中，2017）．それらの関係を示したものが，図5-1である．第1の要素は，社会諸科学の研究成果である．政治学，経済学，社会学，歴史学，地理学などの社会諸科学の知識や成

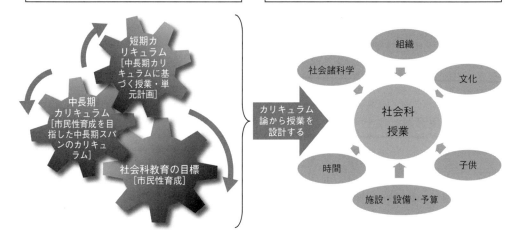

図5-1　カリキュラム・マネジメントとしての授業デザイン

果は，社会科教育の重要な要素の一つである．各領域が蓄積してきた多くの知見は，様々な社会事象を分析する一つの枠組みとして一定程度有効である．例えば，経済領域の授業で「ものの値段（価格）」に関する授業を設計する場合，扱う対象により異なるが，価格決定へ影響を与える政策レベルの政治的決定はもちろん，消費者が行う消費行動の分析は不可欠である．各々は，政治学，経済学，社会学，心理学，場合によっては歴史学の知見をも必要とする．授業は目標・内容・方法に基づき，社会諸科学の一部を取捨選択し，適宜各学問を複合的に扱い，事象の理解・分析・批判を行う．

　第2は子供である．すでに指摘した通り，子供は各々が固有の知識・価値観を持ち，社会に対する様々なイメージを持っている．それは必ずしも一般化出来るものではなく，共通の土壌を持たない場合も多い．家庭教育や地域教育等の影響により，個々人が持つ社会認識や市民的資質は異なっている．そのため，授業は教師が一方的に一定の知識や技能を教授するだけでは成立しない．子供が持つ既存の知識や認識を踏まえ，子供と共にその発展・深化・応用を目指す．

　第3は文化である．個々人の見方・考え方は所属する文化や社会に基底され，各々はそれを基準に固有の視点や解釈を構成する．特定の伝統文化が根付き，発達する地域の子供は，その維持・保存を当然のものと考えるかもしれない．これは，地域社会の文化や家庭内の言説が巧みに絡まることで伝統文化に対する特定の認識が形成されているためである．しかし，他地域や，他国の視点から分析すると，その特定の文化を「維持・保存」する姿勢を批判的に捉える可能性もある．このような状況は，自身が所属する社会に応じて頻繁に見られる現象である．子供たちが日々接している様々な文化は，彼らの価値形成・価値判断に大きな影響

を与えている．カリキュラムや授業の設計は，このように子供の認識や価値観へ意識的・無意識的に影響を与える文化の作用（田中，2011）を考慮する必要がある．

第4は施設・設備・予算等のハード面である．教室は，学級によって環境が大きく異なっている．例えば，電子黒板，タブレット等，教室における設備の充実度もその一つである．これは，市政や県政における予算上の政策決定が大きく影響しているものでもあるが，ハード面の充実度は，授業展開を大きく変化させる．各学校・学級に何があり，どのように使うことができるのか．また，学校や学級，各々の教員による外部機関との連携も重要である．政治（選挙）の学習では，県や市の選挙管理委員会，地方自治の学習では所属する自治体の市政担当機関や担当者と連携し，子供が立案した政策を市町村へ提案・検討・実現する制度化も可能である．すでに制度的に構築されている場合はもちろん，このような学校の資源はカリキュラムや授業の目標・内容・方法へ影響を与え，学校と社会の関係を変化させる [*3].

第5は時間である．学校カリキュラムにおいて，社会科は理科や数学，音楽，体育等，様々な教科の中の一つである．社会科授業の時間は限られている．例えば，授業の計画・実施・分析・評価の一連の流れをモデル化し，誰でもが利用可能なデータベースを構築する（村川他，2013）．各教員が作成した指導案・ワークシート・評価のルーブリック等を，教科や単元毎に校内のデータベースへストックされ，いつでも閲覧・利用可能なプラットフォームを構築する．教師は，自身が担当する単元をデザインする際，このデータベースへアクセスし，それを実施時期や社会の状況，及び実施する学級に応じて改変していく．これはすでに日本の複数の自治体や，英国（イングランド）でも取り組まれている．このような協働体制は，基礎的な教材研究の時間を短縮するだけでなく，蓄積された授業研究の成果を教師が自身の関心で批判的かつ応用していく可能性を大きく広げる．多忙な教師の教材研究を効率的かつ発展的に深化させることを可能にする．

第6は組織（文化）である．学校は固有の組織文化を持つ．日々の授業，研究授業，部活動，常識，モラル，伝統など，重視する中身は各々異なる．また，意思決定過程も管理職中心とした上意下達型学校，中堅教師の同僚性が学校を引っ張る文化を持つ学校等，様々である．この学校文化は，往々にして教員の働き方へ大きな影響を与えるため，各々の授業研究の考え方はもちろん，日々の社会科授業へも影響を与える．

学校固有のカリキュラム開発は，すでに示した通り新学習指導要領の特徴の一つである．しかし，それは，学校組織を基盤とした学校システムが影響し，実施と評価に関しては同僚性の調和と関係が大きく影響を与える．学校全体で大きな目標を設定・共有し，そのためのカリキュラムを組織文化の中で見出し，計画・実施・検証していくことが求められる．

例えば，中学校3年生の一定の時期に京都・奈良への修学旅行が計画されてい

るとする．子供たちは現地で様々な場所をフィールドワークに訪れることを想定し，当該地域の歴史だけでなく，社会政策も分析可能であろう．町並み保存，世界遺産登録に関わる様々なイシューの存在，当該地域が行うインバウンドの活用方法など，事前に地方自治や街づくりの学習，及び政策決定過程の分析などをふまえておくことで，修学旅行が「フィールドワークに基づく実態的な政策分析学習」へと深化していく．また，地域で大々的なスポーツイベントなどの開催が決定していれば，その時期に合わせて，地方自治の学習を当て，従来の観光客数，及び地域の公共交通機関やホテルの数などを調べ，当該イベントに来場が想定される人数や期間を前提にイベントをよりよく実施するための企画や政策を検討することも可能である．「教科書の内容・配列（順序）」を基本にしながらも，学習指導要領が掲げる目標を踏まえながら学校・学級固有のカリキュラムを想定することは，公民科の学びを大きく展開・深化することが出来る．重要な点は，目標に応じた学習内容の選択と配列を行う，教師による主導的なカリキュラム・デザインである．当該学校・学級で社会科（公民科）を担当する教員が，最低基準としての学習指導要領をふまえた上で，様々な学校行事や地域・社会の実態に応じて内容を選択し，設定した目標に適した順序でそれらを配列する必要がある．

2．公民領域におけるカリキュラム・マネジメントの実際

　上記の考え方を社会科公民領域へ応用した事例とし，フェアトレードを扱った授業を取り上げる．本事例は消費者教育に関わる授業を構想し，高等学校の社会科系教科と家庭科のカリキュラムの中で実施したものである[*4]．契約や消費などの授業は，高校の家庭科と公民科の両方で扱われている．本事例は，両教科の教員の同僚性を基盤に，消費者市民社会をキーワードとしてそれぞれ異なる論理で授業を作成した（田中，2018）．

　消費者市民とは，個人のニーズを求めて消費生活を送るだけでなく，その消費行動や，社会生活，政策形成過程などを通じて国際・国内・地域など各社会の改善と発展などに積極的に取り組む人々を指す．（消費者教育推進会議，2012）．これは，より良い社会を創り出す主体として，社会へ積極的にコミットしていく人々のことである．消費者市民社会とは，そのような市民が主体的に創り出す社会であり，社会を創り出す主権者として，市民一人一人が位置付く社会を指している．

　まず，家庭科は，フェアトレードを事例に個人の意識・行動を再検討することで消費者市民社会について考え，行動し，個々人がその実現を目指す授業を展開した．問いは「買い物にはどんな意味があるか—買い物の視点を通して考える—」である．本授業は，「個々人の消費」という視点から，より良い社会を目指すために自身が出来ることを考える授業を展開した．これは，消費者市民社会を個々人の消費行動へ還元し，個人のレベルから社会を考える授業である．

*4　家庭科と社会科は，多くの領域で連携した授業が可能である．両方の教科領域の性質（内容的な一致と，方法的な不一致）を踏まえ，学びを実質化したい．

続いて，公民科「現代社会」では，課題を「消費者市民社会の実現に向けて私たちはどうあるべきかを考える」とし，家庭科同様フェアトレードを事例に授業を展開した．なお，公民科では，Philosophy for Children（以下，p4c[5]）という授業原理を採用した．これは，マシュー・リップマンによって提唱されたもので，英米などをはじめとして展開されている対話に基づく授業の方法である．方法は，国や地域，学校によって違いはあるが，大枠としては，① 対話する全員が輪になって座る，② 教材について話し合いたい問いをそれぞれが考えて出し合い，みんなで決定する，③ 選ばれた問いについて様々な角度から意見を出したり，疑問を投げかけたりしながら対話を進める，④ 対話の満足度や，思考の深まりについて自己評価する，という4段階で進めていく．なお，授業では特に「子供たち自身が対話の問いを考えること」や「子供たちの対話によって問いを掘り下げていくこと」を条件とする．また，有意義な対話を展開出来る様，仲間は発言者をせかしたり，否定したりすることなく，耳を傾ける．このようにして，誰もが安心して発言できる環境（セーフティー）を作り出す．（p4cみやぎ出版企画委員会，2017，田中・Amber，2018）

今回公民科を担当した授業者は，大学・大学院にて社会科教育学を専門に学んでいる．また，彼は当該学級の生徒が議論を行う素地があることを経験的に踏まえており，度々授業内で議論や対話を行なっていることから，本授業はp4cを用いた授業を展開した．

授業は，まずフェアトレードの概略を説明した上で，本時の活動（対話を通してフェアトレードを考える）ことを提示．その後，各自がフェアトレードに関して探究する問いを作成した．例えば，「日本はどうしたらフェアトレードの市場規模を拡大できるか」「どうすれば日本での売り上げは向上するか」など，様々な問いが設定された．

次に，問いを班ごとに対話を通して検討した上で，その内容を発表し，クラス全体で共有した．例えば，「（フェアトレードを）国規模で行うためには」という問いを考えた班は，フェアトレードの目的と方法を調べた上で，当該の政策が貧困をなくすという有効需要が含まれていることを指摘．その上で，フェアトレードが広まらない理由を考え，価格が高いという問題を指摘した．その後，価格を下げる方法として，「関税をなくす」「生産者への前払い制度を確立」など，制度を変更するための国レベルの対応を検討した．

また，「生産者はフェアトレード無しで十分な利益を得ることはできるのか」という問いを設定した班は，チョコレートの市場規模が1100億ドルであるにもかかわらず，カカオ農家の収入は0.6ドル以下であり，アフリカ全体の農家の平均収入を大きく下回っていることを指摘．この理由は，チョコレートの価格の半分は小売店やスーパーの利益，そのほかは製造費や輸送費であり，農家に入る割合が3％である現状を踏まえ，カカオの国際価格を上げていく必要性を指摘．そ

*5　p4c:Philosophy for Children（子供のための哲学）の略．授業は，問いの設定から解釈，議論，解決策の検討まで全てを探究過程と位置付け，対話をベースに展開する．これは，民主主義を実態的に機能させるために子供と教師が学校で民主主義を体験する機会を持つべきだとするデューイの思想に基づいている．

のため，国際的な機関（Organization Cacao Exporting Countries）を設立し，適正価格で取引を行う必要があることを訴える．国際的な価格の安定は，世界で問題となっている児童労働の解決にも繋がることを説明した．他の班も同様に，資料やスマートフォンを活用しながら，様々なデータを見つけ，分析した上で，各々が立てた問いを対話を用いて考えていった．

　教師は，最後にフェアトレードの重要性を示しつつ，生徒へ「では，フェアトレードを知っていた人？」「その中で，商品を購入したことがある人？」と投げる．その後，後者の問いに対してほとんど手が上がらなかったことを受け，「これが現実です．大事なことはわかっているが，行動に起こせないことが多い．確かに，個人の意識を変えることは大事だが，それだけで消費社会が変わるわけではない．これは個人の消費行動を変えるための社会を考える必要がある」と指摘した．その後，「自分で疑問を持ち，問いを立て，それを探究していく必要がある．授業で出来ることは限られていて，今回の授業はあくまでもスタートです．社会を考え，そして考え続けることが重要である」と整理をした．

　本カリキュラムの特徴は以下3点である．第1は，高校（教員）が持つ資源を最大限に活用したことである．今回，本実践の準備を行う際に両教科を専門とする大学教員，消費相談の専門家である消費生活相談員，弁護士らを交えた授業開発の会議を行った[*6]．新学習指導要領は「社会に開かれた教育課程」も提起する．これは，特に公民領域において重要である．例えば，今回取り上げた消費者に関わる問題であれば，消費者トラブルの手口は日々変化している．フェアトレードが解決を目指す（場合によっては生み出している）グローバル社会上の諸問題の傾向は多岐に渡っており，知識は日々アップデートし，その上，実社会で活かすことが可能な総合的な資質の育成が求められている．多様な価値観が乱立し，様々な情報を吟味・検証することが求められる現代社会において，学校・地域・企業・消費者団体などの様々な専門領域を巻き込み，協同的に授業をデザインしていくことは重要であろう．今回，このようなカリキュラム開発が可能になった要因は，両科目の教員が日常的に構築してきた関係性をベースとしている．

　第2は，当該高校の同僚性を活用して教科横断的な目標を設計し，組織として連携的な授業を行なったことである．日常的に同じテーマを扱っていることに「気が付いていた」両科目の教員が，既存のカリキュラム（時間）の中で教科の特性を生かして行ったことである．本カリキュラムは，家庭科において個人レベルで捉えたフェアトレードを，公民科で消費者市民社会そのものを社会のレベルで捉え直すことを試みた．同じテーマを，別の教科領域を用いることですなわち，複線的に目標を達成出来るように仕掛けた．その結果，家庭科ではフェアトレードの実現という，ある意味無批判に受容したフェアトレードという政策を，公民科では「ブランディングとしてのフェアトレード」という視点が表出されるなど，当該政策を根源的に批判・検討する対話が展開した．違いの教科の性質を踏ま

*6　外部機関と連携する際は，外部講師の講演・講義とならぬよう注意したい．授業は，あくまでも教師がマネジメントする必要がある．教師は，各々の授業論・学習論をデザインした上で，その目的に合致するような外部機関・外部講師の活用を心がけたい．

て授業の構想を提案することで，あえて異なる授業の構造を作り出すことが可能となった．

　第3は生徒の実態，及び彼らの価値観・文化を活用した授業であることである．両科目ともにフェアトレードに対する生徒の日常経験や感覚を重視した．例えば，公民科では，まず当該問題に対する彼らの認識を捉えることからスタートし，それを活用する展開をデザインした．具体的には，ほとんどの生徒は，フィアトレードの商品が高い故に購入出来ないという，日常的な視点を表出した．これは商品によっても大きく異なることから現実とは異なる部分も見受けられるが，彼らの実態を前提（条件）とし，p4cを用いてその原因や結果，導かれる社会を検討した．生徒が日常的に接している認識論的現実からスタートしたことで，理想状態の社会を前提とはせず，彼らが捉え，「所属している現実」を考え，分析する授業が展開された．以上が示す通り，本カリキュラムにみられる特徴は，「各教科等の教育内容を相互の関係で捉え，学校の教育目標を踏まえた教科横断的な視点」（文部科学省，2018）を基盤に実践したカリキュラム・マネジメントの実際である．

第4節　おわりに─教師による主体的なカリキュラム・デザイン─

　社会科公民領域の目標は，民主主義社会の主体的形成者の育成である．そこでは，子供たちのシティズンシップ育成を行うため，社会を追究する視点や方法としての見方・考え方を働かせることが求められている．しかし，公民科が育成する資質・能力は，各発達段階での活用・応用のみを目指すものではなく，子供がその後社会で生きていくために必要なものとなっている．そのため，新学習指導要領は，再度教科の構造を検討し，社会とのつながりを重視する，社会的レリバンスに着目したものとなっている．

　この社会的レリバンスを重視した教科論は，学習の意味を大きく変化させる．現実社会を授業へ取り込むだけでなく，子供が直面している認識論的現実をその対象とする．そのため，学習は子供の認識や価値観に寄り添いながら，それらを取り込む形で構成する．なお，その際は学校や学級が所属する文化的状況を踏まえたオリジナルなカリキュラムをデザインする．学習内容の選択と配列は，教師が学校・学級の状況を踏まえて自身がデザインし，目前の子供に適したカリキュラムを開発することが求められている．

　公民系領域は，社会系教科目の中でも扱う内容は現実社会に近いところにある領域である．そのため，単発的に現実社会の事象を授業へ導入するだけで，教科の目標を達成した雰囲気が生まれてしまう．しかし，すでに示した通り，学習と理解の実体は異なる．教師が想定する学習が子供個々人の理解へと接続していない場合も多く，その場合，子供は「演じる」ことになる．すなわち，それだけでは目標を達成することは難しい．すでに多くの学校・教員がこれまでも取り組ん

できたことではあるが，従来以上に目の前の子供を分析した上でゴール（目標）を設定し，それを達成するための内容（選択）と方法（配列）を教師自身がデザインすることが求められよう[*7].

*7 カリキュラム・マネジメントは，教師による自由な授業づくり・実践を実現する思想である.

参考文献

佐藤学，秋田喜代美，志水宏吉，小玉重夫，北村友人編『社会のなかの教育』岩波書店，2016年.

須本良夫，田中伸編『社会科教育におけるカリキュラム・マネジメント』梓出版社，2017年.

田中伸，Amber Strong Makaiau「探究学習における対話の原理―グローバル時代における社会科教育研究方法論の提案を通して―」『社会科教育研究』134，2018年，pp. 72-85.

田中伸「シティズンシップ教育実践の多様性とその原理―学習環境を規定する市民性意識の解明を通して―」『教育方法学研究』36，2011年，pp. 39-50.

田中伸「社会科の授業づくりの理論を探る」原田智仁編『社会科教育のルネサンス―実践知を求めて―』保育出版社，2016年，pp. 68-71.

田中伸「社会科教育による社会的レリバンスの構築―コミュニケーション理論を用いた授業開発方略―」原田智仁，關浩和，二井正浩編『教科教育学研究の可能性を求めて』風間書房，2017年，pp. 105-114.

田中伸「カリキュラム・マネジメント」原田智仁編『平成30年度版　学習指導要領改訂のポイント　高等学校地理歴史公民』明治図書出版，2018年，pp. 58-61.

田中伸，橋本康弘「高等学校社会系教科目における価値学習の実態と課題」『法と教育』7，pp. 5-16.

東京大学教育学部『カリキュラム・イノベーション』東京大学出版会，2015年.

p4cみやぎ出版企画委員会著，野澤令照編『子どもたちの未来を拓く探究の対話「p4c」』明治図書出版，2017年.

マシュー・リップマン著／河野哲也ほか訳『探求の共同体』玉川大学出版部，2014年.

村川雅弘，野口徹，田村知子，西留安雄編『「カリマネ」で学校はここまで変わる！』ぎょうせい，2013年.

文部科学省『中学校学習指導要領』2017年.

文部科学省『高等学校学習指導要領解説公民編』2018年.

第6章

中学校社会科・高等学校公民科教育の授業分析・開発・評価

―授業はどのように見て，そこから何を学び，どのように授業づくりに活かすのか―

第1節　社会科の授業改善

　私たちは授業というものをどのように見て，そこから何を学び，次の授業づくりにどのように活かしていけばよいのだろうか.

　中学校においては平成29年3月に，高等学校においては平成30年3月に新しい学習指導要領が告示された[*1]. 新学習指導要領では，コンテンツ・ベースからコンピテンシー・ベースへとカリキュラム編成が転換され，何を知るかだけでなく，何ができるか，つまり，学習内容を人生や社会の在り方と結び付けて深く理解し，これからの時代に求められる資質・能力を身に付けることが求められている.

　中学校社会科では「平和で民主的な国家及び社会の形成者に必要な公民としての資質・能力の基礎」を，高等学校公民科では「平和で民主的な国家及び社会の有為な形成者に必要な公民としての資質・能力」を育成するという目標が示されている. 学んだ内容を社会生活の中で用いることのできる能力を育成するには，そうした力をつけることのできる授業を実践し，改善するための仕組みを用意することが必要である.

　本章では，目標の実現に向けて，生徒の学習状況を把握し，把握した情報を授業づくりに活かす方法について解説しよう.

*1　以下，新学習指導要領と表記する.

第2節　授業改善の実際

1. 授業改善情報の収集方法

　授業を改善するには，改善のための根拠資料の収集が必要である. 有益な情報を収集するには，授業の事実とその事実をつくり出す者が持つ学習成果に対する理想・期待や実態とを比較し，それらの間の離齬を見つけ出すことが必要であり，有用である. 授業改善を推進するための手順を踏むと，表6-1に示した ① から ③ の行為を実施することになる. 図6-1は，③ の行為を詳細に示したものであり，

授業改善情報を得るための対象間の関係を図化したものである．これらの図表を説明することで，まずは授業改善の取組みを俯瞰してみよう．

表6-1 授業改善の手順と行為

手順	行為
①授業者が自らの社会科教育観に基づいて授業を計画する段階	授業者が期待する学習成果の確定
②実際に生徒に向けて授業を実施する段階	授業の事実の確定
③実施した授業を改善するための具体的な情報を収集する段階	実際に生徒の中に生成された学習成果の確定 同僚から見た生徒の中に生成された学習成果の確定 上記二つと授業者が期待した学習成果との比較

(筆者作成)

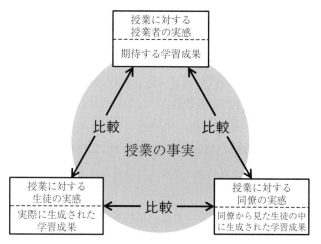

図6-1 授業改善情報の収集方法（筆者作成）

表中①は，授業を計画しながら，授業者自身が授業づくりに対する主張を言語化する段階である．（ⅰ）授業においてどのような人材を育成したいのか，（ⅱ）そのような人材を育成するために授業ではどのような内容を取り上げるのか，そして（ⅲ）取り上げた内容をどのように教えるのか．

（ⅰ）に答える過程は目標論，つまり授業者が持っている人材育成についての考えを表明することになり，（ⅱ）については内容論，つまり目指す人材を育成するためにどのようなテーマを取り上げるのかを説明することになる．（ⅲ）は方法論，つまり取り上げた内容を教える方法についての考えを明らかにすることである．授業づくりに対する主張を三つの視座に基づき言語化していけば，生徒が身に付ける社会のわかり方，社会事象に対する関わり方を授業者がどのように考えたのかが明らかとなる．授業を計画するという行為は，授業者自身が期待する理想の学習成果を確定することになる．

②は，①の計画に基づいて授業を行う段階である．実際の授業は，計画に沿う形で実施される．一方で状況に応じて実に多様な要素が複雑に絡み合いながら，またそれぞれが様々な影響を与え合って成立するのが授業である．計画通りに進むこともあれば，そうならないこともある．授業を実施するという行為は，授業者と生徒がともに生み出した授業の事実を確定することになる．

③は，実施した授業を改善するための具体的な情報を収集する段階である．授業に参加した生徒は，実施された授業に対してどのような実感を持ったのか，自身の中にどのような学習の成果が蓄積されたのかをメタ認知し，それを表明する．このような機会の確保は，実際に生徒の中に生成された学習成果を確定することになる．

　また同僚教師は，自身の教師経験と対比しながら授業を参観するに違いない．生徒が授業を通してどのような学習成果を得たのか，第三者として読み取ったことに対しての実感を表明する．このような機会の確保は，生徒の中に生成された学習成果についての別の見方を提供してくれる．

　授業者が期待する学習成果と実際に生徒の中に生成された学習成果及び同僚が読み取った別案としての学習成果との比較は，理想・期待と実態との距離を埋めるための有益な情報となるはずである．以下，授業改善の取組みを具体的に紹介しながら，この図式をさらに説明していこう．

2. 授業者が自らの社会科教育観に基づいて授業を計画する段階
－授業者が期待する学習成果の確定－
(1) 単元「バスの未来へナイスパス！」の計画案

　ここでは宮崎大学教育学部附属中学校の鬼塚拓教諭の実践に着目することとする．鬼塚教諭は宮崎大学に所属する附属小中学校教諭と大学教員で構成される附属大学共同研究のメンバーであり，着任以来継続的に授業改善の研究を行っている．本実践は新学習指導要領の趣旨を意識したものであり，先のフレームワークを説明し得る優れた実践である．授業計画案の抜粋を以下に示そう．

<授業計画案>

単元　「バスの未来へナイスパス！」

育成を目指す資質・能力

　(1)「この立場なら，どの視点から，これらの資料をどう読解して考えればよいか」を考えることを通して，自ら視点を設定して考えることの有用性を知り，社会について考え続けようとする意欲を高めることができるようにする．【主体的に学習に取り組む態度】

　(2) 宮崎市内のバス交通を事例としながら，様々な立場のもと，自ら視点を選び，その視点をもとに地域公共交通の問題や創造的な解決策を考え，発表するという，自分自身がたどった一連の思考過程を振り返り，そこから得られる「社会について考え続けるための方法（パターン）」をまとめることができるようにする．【思考力・判断力・表現力等】

　(3) 地域公共交通の問題や創造的な解決策を考えるなかで，次のような知識を身に付けることができるようにする．【知識及び技能】

・立場によって選ぶ視点が異なることがある．そのため，様々な立場の間で対立が起こりうる．その中で議論しながら，よりよい選択・決定について合意していくことが重要である．

・人間は様々なコミュニティの中で生きる社会的存在であり，誰一人として取り残されず，社会の中でよりよく生きていくことができるようにすることが重要である．

単元の指導計画（全6時間）

授業者の期待する学習成果	主な学習活動及び学習内容
諸資料をもとに宮崎市内のバス交通の現状を分析することができる	1. 宮崎のバス交通の歴史を紐解こう！ ○「民間知事」岩切章太郎（宮崎交通グループの創業者）の活動を知る ○宮崎のバス交通の現状を知る ・宮崎市内のバス路線図と利用状況　・コミュニティバスの運行状況
同じ立場のメンバーで議論し，「どの視点から考えるべきか」「どんな問題を構築すべきか」を考え，発表することができる	2. ＜立場×視点×資料＞で問題を構築しよう！ ○8つの立場のいずれかに立つ 　A: 車や免許を保有せず，バスへのアクセスが良くない高齢者 　B: 足腰が弱く，バスへのアクセスも良くないため，免許返納せずに運転を続ける高齢者 　C: 週に一度通院が必要だが，バスへのアクセスが良くないためタクシーを利用して通院する高齢者 　D: 運転を続ける高齢の両親を心配する会社員 　E: 通学や部活動に参加するためにバスを利用せざるを得ない中学生 　F: バスへのアクセスはよいが，自家用車で通勤する会社員 　G: 地域の未来を案ずる自治会長 　H: バス運営会社の社長 ○同じ立場のメンバーでグループをつくり，問題を構築するためにどの視点を使うべきかを議論し考える
多様な立場や視点のもと，「私の問題」だけでなく，「私たちの問題」として問題を構築していくことの重要性を語ることができる	3. 5つの立場で議論し，問題を構築しよう！【本時】 ○8つの立場が混在するグループ（仮想的なコミュニティ）をつくり，「私たちが解決すべき問題は何か」を議論し，問題設定について合意する ○各グループ（仮想的なコミュニティ）が構築した問題を発表し合う ○議論の体験をもとに，＜合意のつくり方＞を考え，パターン・カードとして記録に残す
グループで構築した問題を解決するためのアイデアを創造し，発表することができる	4. 構築した問題を創造的に解決しよう！ ○各グループが構築した問題を批判的に検討し合う ○問題を解決するためのアイデアを，これまでに学習したフレームワークを活用してまとめる
決定方法について学び，「決定方法についての決定」の必要性を実感した上で投票することができる	5. 宮崎交通グループに提案するアイデアを選ぼう！ ○各グループから出されたアイデアを発表し合い，宮崎交通グループに提案するアイデアを決定する ○決定方法について学び，決定方法についての決定を行った上で投票を行う

学習経験を根拠に「社会について考え続けるための方法（パターン）」を創造することができる	6. 社会について考え続けるための方法をまとめよう！ ○本単元での学習経験をもとに「社会について考え続けるための方法（パターン）」を創造する ○各自が創造した方法（パターン）を紹介し合い，共有する ○「効率や公正」「対立や合意」という枠組みについて振り返る

(2) 単元計画の概要

　鬼塚教諭が計画をつくる過程で述べたことを筆者が授業改善の視点からカテゴリー化してまとめると，目標論，内容論，方法論に関しては，以下のように言語化することができる.

a. 目標論：授業においてどのような人材を育成したいのか

　本単元において，鬼塚教諭が語る「育成を目指す人材像」は三つ．ひとつは，これまでに習得してきた社会的な見方・考え方を働かせながら，「現代社会を分析して問題を発見したり，解決したりするためのアイデアを考え出すことができる」人材．もうひとつは，選択する視点によって社会の捉え方は多様でありうることを理解し，多様であるからこそ「議論を通じて合意を目指し社会をつくっていく意思のある」人材．そして，「まだ他にも『考え方』はあるはずだ」「自分自身でも『考え方』を創造できるはずだ」と考え，「社会について考え続けることのできる」人材である．彼はこのような目標を「コミュニティづくり」や「住民参画による民主主義の実現」と表現し，授業計画に盛り込んでいる.

b. 内容論：そのような人材を育成するために授業では何を取り上げるのか

　設定した人材像に向けて生徒を成長させるために，鬼塚教諭が用意したテーマは「宮崎県におけるバス路線廃止問題」である．地域公共交通を支えるバス交通は，近年，路線の減少や廃止が相次ぎ，地域の人々の生活に大きな影響を与えている．「車がなければ生活できない」という理由から高齢ドライバーが免許返納を躊躇うことで生じる交通事故，バス停に近い者と遠い者との間で移動の機会についての格差が拡大することで生じる医療難民の存在が典型である．バス路線廃止問題は，「生徒たちが対立や合意，効率や公正等，社会的な見方・考え方を働かせながら，自分たちが生活するコミュニティにおける問題を発見したり解決したりする上で絶好の教材」であると鬼塚教諭は語る.

c. 方法論：取り上げた内容をどのように教えるのか

　本単元は，宮崎市におけるバス交通の現状を知った上で，多様な立場からの意見をもとに，宮崎市が解決すべき社会問題を構築し，その問題を解決するためのアイデアを考え，これからのバス交通の在り方を提案するという流れになっている．習得した社会の見方・考え方の中から適切なものを選択したり，自ら社会の見方・考え方を働かせたりしながら，問題を発見したり解決するためのアイデアを考えたりする学習が組まれている.

3. 実際に生徒に向けて授業を実施する段階―授業の事実の確定―

　　本単元の3時間目の授業が，2019年6月に公開された．以下の資料は，ビデオで記録した授業を逐語録により再現したものである．授業中の発言については，流れがわかるように本質を損なわない程度に整え，かつ，抜粋して示している．「主な学習活動及び学習内容」の欄は筆者が授業の過程を要約して示したものである．授業の時間は50分間であった．

発言の事実	主な学習活動及び学習内容
T：まず，今日の流れについて確認をします．最初10分で今日やることについての説明をします．次の20分が議論です．その後の10分が発表です．最後，振り返りをして終わりです．今日の振り返りは，パターン・カードを書いてもらいます．書く内容は，「合意をつくる意義や方法」です．合意をつくることは大切ですか？大切だとすると，合意をつくる方法にはどのようなものがあると思いますか？20分の議論のうちに，自分たちで答えを見出してもらいたいと思います．―中略―	見通しをもって授業に臨むことができるように，時間配分を確認する
T：この時間は，色々な立場が混ざり合う環境をつくります．集まったメンバーで「私たちが一緒になって解決すべき問題は何か」について議論します． 　実際の「社会」には，色んな立場の人が入り混じっています．色んな立場で色んな考え方を持っている人同士が集まって，話し合いを通して，みんなが納得できる「答え」や「合意」を見つけていくというのが，よりリアルな，大人社会に近いものだと思います．―中略― 　社会の問題を見つけたり，解決したりするときに，色んな立場からの主張がぶつかりあうはずです．それを「対立」と呼ぶことにしましょう．その「対立」について議論を通してみんなが納得できる，つまりコミットできる形の合意をつくっていきましょう．これからの20分は，「宮崎県におけるバス路線廃止問題」について，どんな対立があるのか，そして話し合いを通して，どんな合意がつくれるのか，それをみんなで考えていきます．―中略―【以後，20分の議論をする】	様々な立場にある人々の主張を鑑みながら，「私たちがみんなで解決すべき問題を構築する」という学習目標を確認する
T：はい，そこで終わりましょう．では，どんな視点で，どんな問題があると考えたのかを発表してもらいます．―中略― T：5班は最初なかなか話し出せない様子でしたが，そのあとうまく合意まで行きましたね．まずは5班がどんな問題を考えることに合意したのか説明してもらいます． S：解決すべき問題は，「ある範囲に路線やバスが集中しているけれど，本当に必要とされるところにはあまりない」という問題です．「サービスの不充実」という考えと「個々の車の方が速い」という考えから，みんなが乗用車を利用することで排気ガスが出るという環境問題が解決すべき問題です． T：どうして最初，話し出せずにいたのかということについて話してみて． S：全員が恥ずかしがっているということと，僕と僕以外の4人の意見が対立したということで，最初は話が進まずにいました． T：なぜその後，上手くいったの？ S：その後，ちょっと僕が引っ込んで，そうしたら急に意見がまとまりだして，上手くいきました． T：我慢した？ S：意見を通したかったです．でも，まとまったからよかったと思います． ―中略―	各グループの主張を分類・整理する．コミュニティが異なれば，構成員の考え方や対立の仕方，合意の仕方が異なり，結果的に構築される問題も異なることがあることに気づく

T：4班はちょっと特殊な話をしています．まずどんな問題を設定することに合意したのかを説明してもらっていいですか． S：4班が考えた「私たちが解決すべき問題」は，「バス停まで歩かなければならない高齢者の不自由」という問題と，バスの本数について，「郊内に住む人は利用できるバスの本数が多いのに使わない人が多く，逆に郊外に住むよく使う人には利用できる本数が少ない」という現状です．あとは面白い意見だったのが，バス停があることによって効率が悪いのだから，バス停をなくせばいいという意見が出ました．あとは，Society 5.0 の時代に合っていないアナログな仕組みだということが問題かなと思いました． S：バス停をなくすということについて，具体的に言えば，Society 5.0 の時代はネット社会なので，誰もが持っているスマホを利用して，何時何分にどこに停まってほしいとネットで予約しておけば，バスが停まることができます．そこで大事なのはルール関係で，決まった時間にそこにいたら停まるけれども，そこにいなかったら停まらないというルール関係を適用します．そうすることで，車の邪魔にもならないし，バス停をつくらないという効率も得ることができます． T：この時間の問いは「私たちが解決すべき問題は何ですか？」でした．でも，4班は解決策まで考えている．何で解決策まで考えたの？ S：話し合いの途中で，自分たちが当事者になった時にはどのように適応すればいいだろうか，ということになったので，問題を出した後に，解決策まで発展させて考えました． T：はい，ありがとうございました．今日は問題をつくりました．―中略―最後に振り返りをして終わります．みんなが話し合いの20分のなかで発見できた「合意をつくるコツ」や「合意をつくることの大切さ」をパターン・カードに整理してください．【パターン・カードをつくる】	
T：では2人発表して終わりたいと思います．―中略― S：話し合いをしているときに，いくつか問題が出ると思うのですが，みんなで何を話し合うべきかを決めれば，ある程度目標を定めることができると思います．共通の問題を把握することで対応がしやすくなると思いました． T：今話してくれたのは，合意をつくることの意義だね．なぜ合意をつくることがいいのか，について話してくれました． S：私の班では，バス会社社長とそれ以外の人たちで対立が起こりました．バス会社社長は，ドライバーが少ないから，バスの本数やバス停を増やしたくても増やせない．でも他の人たちは不便だから増やしてほしいという点で対立が起きました．元はと言えば，バス会社が少ないことが問題です．バス会社が多ければ競争が起こって，サービスの企画は増え，バス停も増える．バス停が増えれば使いやすくなって，使う人たちも増えて収入も上がりドライバーも増える．使う人も営業する人もどっちもいい方向に向かっていくと思います．話を掘り下げていくと対立の根本が一緒だったので，根本的なところまで掘り下げて対立している考えが一致する場所を見つけることで合意につながると思いました． T：今の発表は，合意をつくる方法について話をしてもらったと思います．今日はここで終わります．次の時間は自分たちのつくった問題に基づいて，それをクリアするアイデアを出していくことになります．	議論の過程をふりかえり，「私たちの問題」を構築することの重要性とその方法を理解する．「合意のつくり方」をパターン・カードにまとめる

　本時の核は，集団としてどのような問題を立ち上げたのかについて，生徒自らが説明している場面である．どの班も「みんなで一緒に考えるべき問題は何か，を合意する」ことが授業の目標であることは認識できている．立場の異なる人物になりきり，この人物ならばこのような問題に立ち会うのではないか，それを集

団に共通する問題にしてよいか，を考えている．

　5班が構築した問題は，「バス路線の範囲と本数についての不均衡」問題であった．不均衡の認識が「サービスの不充実」を認識させることとなり，さらに人々の採った対応策が「排ガスによる環境問題」を引き起こしていると説明している．問題設定についての合意の仕方は，「ちょっと僕が引っ込んで」であった．現実社会では「よくある」合意の仕方なのかもしれないが，鬼塚教諭の設定した「人材像」と比較した場合，このような合意の仕方には課題が残ると言えるのかもしれない．

　4班の構築した問題は，「バス停の立地」問題であった．「バス路線の範囲と本数についての不均衡」問題にも触れているが，本質は「利用者に合わせたバス停の使い勝手」についての問題であると捉えている．問題設定についての合意の仕方は，「解決策が提案できるかどうか」であろう．実際，スマホを利用したネット予約によるバス利用とその運用ルールについて提案をしている．

　このように本授業は，「コミュニティが異なれば，構成員の考え方や対立の仕方，合意の仕方が異なり，結果的に構築される問題も異なることがあることに気づく」授業であったということが事実として確定できる．

4. 実施した授業を改善するための具体的な情報を収集する段階
―事後検討会による振り返り―
（1）生徒による事後検討会―実際に生成された学習成果の確定―

　宮崎大学教育学部附属中学校では，授業公開した直後に，生徒による事後検討会が開かれる．「実際に授業を受けてみて，今，何を感じているか」を生徒が授業参観者に対して率直に語る会である．授業に関することなら何を言ってもよいことになっており，実際に毎回，要望・課題が素直に語られている．

　今回の鬼塚教諭の授業についても，事後検討会が企画された．授業参観者と生徒との間で語られたことを以下に示そう．「学習状況の把握」の欄は，＜授業計画案＞にある「育成を目指す資質・能力」の観点に合わせて筆者が位置付けたものである．

授業参観者からの質問／生徒の回答	学習状況の把握
Q：議論の場面では，与えられた立場で色々考えなければならなかったと思うが，実際にどれくらい状況に入り込めただろうか？「対立」を感じた時に葛藤は生じたか？感情が入ることもあったか？ A：最初は自分事ではなかったが，授業を受けるうちに自分のことのように思えるようになった．最後の方は感情も盛り上がった．	「主体的に学習に取り組む態度」についての語り
Q：思いついたアイデアが，これまで蓄積してきたパターン・カードの中に無かった場合，無理に他のパターン・カードの記述に自分の考えを当てはめたりしないだろうか？ A：そういう時もある．しかし，当てはまらないときは自分でパターン・カードをつくっていいことになっているし，実際につくったものもある．	「思考力・判断力・表現力」についての語り

授業参観者からの質問／授業者の回答	学習状況の把握
Q：カードとして溜めてきた見方・考え方は，社会科の授業以外にも使えるか？ A：総合的な学習の時間でも使っているし，日常生活でも使えるようになってきた．当てはめることのできる場面は，社会科の授業だけではない．	「知識及び技能」についての語り

　以上の質疑を見る限り,「授業者が期待した学習の成果」と「生徒の実態や実感」は近いものであったと言える．授業改善のための情報としては得られたことが少ないと言えるかもしれないが，逆に生徒の満足度が高いことが分かったという点において，次の授業づくりの方向性を得ることができたと捉えることも可能であろう．

（2）教師による事後検討会
—同僚から見た生徒の中に生成された学習成果の確定—

　生徒による事後検討会の後，教師による事後検討会が開かれた．授業参観者と授業者との間で語られたことを以下に示そう．

授業参観者からの質問／授業者の回答	学習状況の把握
Q：今日の授業で，当事者意識がどれくらい育ったと考えているか？話し合うこと自体に満足感を感じてしまい，提案性が弱くなったりしてはいないか？ A：立場に対する当事者意識はまだ弱いと思っている．仮想のコミュニティという設定で議論したが，これが現実の社会という設定だとさらに当事者意識は高まるのではないかと思う．普段バス通学している生徒にとっては，まさに自分事のように感じてもらえたと思うが，それ以外の生徒については，今回の授業が当事者意識が高まるきっかけになってくれればと思う．	「主体的に学習に取り組む態度」についての語り

　質疑のほとんどが「主体的に学習に取り組む態度」に焦点化したものであった．生徒による検討会では満足度の高さが目立ったが，教師による検討会では当事者意識についてさらなる改善を求める声があがった．「授業者が期待する学習成果」と「生徒の実感」とを比較した結果と，同じく「同僚の実感」とを比較した結果は異なっていることが明らかとなった．

第3節　収集した情報の活かし方—発見した齟齬の目標化—

　冒頭の問いに戻ろう．私たちは授業というものをどのように見て，そこから何を学び，次の授業づくりにどのように活かしていけばよいのか．

　一般的に教師は，普段，学校生活全般において，あらゆる場面で，生徒の学習状況を把握しようと努めている．授業を計画するにあたり，彼らがすでにできることは何か，未だできないことは何かを探っているわけである。

　すでにできるようになったことを再び授業で取り上げる必要はない．すでに知っている，資質がある，能力があるのだから，そのような資質や能力を再び授業化する必要はないと教師は考えるべきであろう．しかし，知らない，資質がない，能力が足りないことを発見した場合は，それらを積極的に課題として設定し，

目標化して授業にする必要がある.

　本章では，授業計画段階において，目標論，内容論，方法論という三つの視座で期待する学習成果を確定し，授業の実施段階において，授業の事実を確定することを提案した．また改善のための具体的情報を収集する段階において，質の異なる二者から意見を集め見解の違いを把握することで，より多面的に生徒の学習状況を把握する方法について紹介した．

　授業の見方は「目標論，内容論，方法論」として，そこから学ぶことは「比較により明らかとなった『授業者の期待する学習成果』と『生徒・同僚からみた学習成果』との齟齬」として，次の授業づくりに活かす方法は「生徒が未だできないことの目標化」としてまとめることができるだろう．一方で，このような仕組みを研究授業だけではなく，普段の授業運営にも活用できるようにしていくことが今後の課題であると言うこともできよう．

参考文献

棚橋健治『社会科の授業診断』明治図書出版，2012 年.

奈須正裕『「資質・能力」と学びのメカニズム』東洋館出版社，2017 年.

東山紘久『教育分析の実際』創元社，2007 年.

宮崎大学教育学部附属中学校『宮崎大学教育学部附属中学校研究紀要—新学習指導要領が目指す資質・能力を育成するための指導方法の構築（2 年次・最終年次）—』2019 年.

文部科学省『中学校学習指導要領（平成 29 年告示）解説　総則編』東山書房，2018 年.

文部科学省『高等学校学習指導要領（平成 30 年告示）解説　公民編』東京書籍，2019 年.

第7章

中学校社会科地理的分野の学習活動・評価
—実際に授業を単元で構想してみよう—

第1節　資質・能力の育成をめざす社会科地理的分野

　2017年版学習指導要領における趣旨の一つが「資質・能力」の育成である．内容教科としての性格が強い社会科において，知識・理解はもとより，知識をいかに使うことができるかが求められることになった．このことは，「主体的・対話的で深い学び」に向けた授業改善の要請と相俟って，社会科授業における比重が知識の習得から知識の活用へと，そして，教師主体の講義解説から生徒主体の探究活動へとシフトしていく契機となるであろう．

　元来，中学校社会科地理的分野の学習は，世界や日本についての細かな事象を取り上げ，それらの暗記をもたらしかねないという側面で，浅い知識の定着に終始する恐れが指摘されてきた．現代世界のトピックや生徒の活動を取り入れたとしても，「深い学び」となっていかない危険性がある．今次改訂で社会的事象に対して思考・判断し，表現する姿として，社会的事象についての知識理解に加えて，「考察」し，「構想」するような授業実践が求められる．

　考察とは，「社会的事象の特色や相互の関連，意味を多面的・多角的に考察する力」を指す．構想とは，「地域に見られる課題の解決に向けて，複数の立場や意見を踏まえて選択・判断する力」を指す．

◎社会的事象の地理的な見方・考え方
・位置や空間的な広がりとの関わりに着目して社会的事象を見出し
・環境条件や他地域との結び付きなどを地域等の枠組みの中で人間の営みと関連付けて

| 考察 | 社会的事象の特色や相互の関連，意味を多面的・多角的に考察する力 |
| 構想 | 地域に見られる課題の解決に向けて，複数の立場や意見を踏まえて選択・判断する力 |

図7-1　社会科地理的分野における思考力・判断力
出典：教育課程部会高等学校の地歴・公民科目の在り方に関する特別チーム資料
（2016年6月27日）より引用

第2節　地理的な見方・考え方を働かす

*1 「社会的な見方・考え方」とは，小・中・高等学校の社会科・地理歴史科・公民科で育む見方・考え方の総称であり，社会的事象等の意味や意義，特色や相互の関連等を考察したり，社会に見られる課題を把握してその解決に向けて構想したりする際の「視点や方法」である.

さて，上述したとおり，社会的事象に対する考察・構想する授業において，同時に駆動することが求められるのが「社会的な見方・考え方」である[*1]．この社会的な見方・考え方は，さらに地理的分野，歴史的分野，公民的分野の3分野で細分化されている．地理的分野では「地理的な見方・考え方」を働かせることが要請されている．

この地理的な見方・考え方を起動点となるのが，社会的な事象をどのように見いだしていくかという「視点や方法」である．地理的分野においては下記の五つに視点が明示されている[*2]．

表7-1　視点を活かして考察や構想に向かうための問いの例

視点	考察に向かうための問い	構想に向かうための問い
(1) 位置・分布に関わる視点	・それは，どこに位置するだろう ・それは，どのように分布しているだろう	・それは，どこにあるべきなのだろう ・それはどのように広げるべきなのだろう
(2) 場所に関わる視点	・そこは，どのような場所だろう	・それはどのような場所とするべきなのだろう
(3) 人間と自然の相互依存関係に関わる視点	・そこでの生活は，まわりの自然環境からどのような影響を受けているだろう ・そこでの生活は，まわりの自然環境にどのような影響を与えているだろう	・それはどのような自然の恩恵を求めるべきなのだろう ・それはどのように自然に働き掛けるべきなのだろう
(4) 空間的相互依存作用に関わる視点	・そこは，それ以外の場所とどのような関係を持っているだろう	・それは他の場所とどのような関係を持つべきなのだろう
(5) 地域に関わる視点	・その地域は，どのような特徴があるだろう	・それはどのような地域となるべきなのだろう

(出典：教育課程部会高等学校の地歴・公民科科目の在り方に関する特別チーム資料（2016年6月27日）より引用)

*2 今次改訂の学習指導要領に示されている「地理的な見方・考え方」は，国際地理学連合地理教育委員会によって地理教育振興のためのガイドラインとして制定された地理教育国際憲章（1992）が提起した地理学研究の中心的概念である.

これらの五つの視点は，地理的分野の授業のなかで，すべてが同時に働かされるわけではない．教育目標や単元によってなじみやすい視点と，なじみにくい視点とがある．指導要領の内容を例にとって説明すると以下のようになる．

地理的分野のなかで最も多くの時間をかけて学習するのは，世界の諸地域，日本の諸地域である．ここではアジア州や九州地方といったような区分された地域を対象とする．これらのいわゆる地誌的な単元では，地域に関わる視点が働かされるのは当然である．他方で，地理的分野の導入として設定されている世界と日本の地域構成では，位置・分布に関わる視点を，それに続く世界各地の人々の生活と環境では，主に人間と自然環境との相互依存作用に関わる視点を働かせることが期待されている．

なお，地理的分野の学習では，これらの五つの地理的な視点などが中心となる

ことは確かではあるが，地理的な視点のみに限定されるべきか否かについては，大いに議論するべきことである．例えば，単元「中部地方」の学習では，中央高地における産業が製糸業から精密機械工業へと変化していったことを考察することがあり得る．このような学習では，当該地域における産業という事象に対して，推移や変化といった歴史的な視点を通して考察していっている．また，単元「南アメリカ州」の学習では，アマゾン盆地において展開する経済発展のための開発を対象にして，開発の在り方について構想することがあり得る．このような学習では，当該地域における鉱山開発や熱帯林の伐採という事象に対して，対立や合意，効率や公正，持続可能性などといった社会に見られる課題の解決を構想する視点が用いられることがある．このように，歴史的分野や公民的分野の学習指導要領に明記されている視点や方法を，地理的分野の学習において"横取り"あるいは"先取り"することについては，教師によって見解を異にするかもしれない．地理的分野ならではの独自性に重きを置くか，それとも社会科のなかで位置付く地理的分野という体系や融合を考慮するか．これこそ，授業づくりにおいて教師の個性が発揮されるべき点である．

表 7-2　学習指導要領における各内容と五つの地理的な視点の関係

学習指導要領における各項目	各項目に対応する地理的な視点の例
A　　　世界と日本の地域構成	位置・分布など
B-（1）世界各地の人々の生活と環境	人間と自然環境との相互依存関係など
B-（2）世界の諸地域	地域，空間的相互依存作用など
C-（1）地域調査の手法	場所など
C-（2）日本の地域的特色と地域区分	分布，地域など
C-（3）日本の諸地域	地域，空間的相互依存作用など
C-（4）地域の在り方	空間的相互依存作用，地域など

（出典：文部科学省『中学校学習指導要領（平成29年告示）解説 社会編』東洋館出版社，2018年より）

第3節　地理的事象について考察する単元と授業

　ここからは，地理的事象について考察する単元と授業の姿について，具体的な学習指導例を用いて検討していくことにする．

　先述の通り，考察とは，「社会的事象の特色や相互の関連，意味を多面的・多角的に考察する」ことを指す．この型にあてはまる学習指導の例として，徳島県中学校社会科教育研究会[*3]が推進している「社会的認識力」を習得させる授業理論にもとづいて実践された第2学年の単元「中部地方」（授業者：鳴門教育大学附属中学校教諭・大谷啓子先生）を取り上げる．

　なお，ここでいう社会的認識力とは，社会的事象に関する「事実」（記述的知識）を基礎にして，事実と事実の「関係」について説明できること（説明的知識），

*3　各都道府県では，中学校社会科教員を中心に構成されている研究組織がある．これらの組織では，県内での統一研究大会や各都・市レベルでの研究会を定期的に開催している．教員志望の学生にも大会への参加が認められている場合もあるので，各大学の社会科教育学の教員に問い合わせてみるとよい．

事実の関係から導かれる「理論や法則」（概念的知識）に照らして事象を説明できることとしてとらえられている[*4].

*4　徳島県中学校社会科教育研究会は,「社会認識力」と「社会的判断力」をテーマにした授業改善に取り組んでいる. その研究理論は, 基本的には森分孝治の説く「知識の構造図」に依っている. 詳しくは, 森分孝治『社会科授業構成の理論と方法』明治図書出版, 1978年を参照せよ.

表7-3　社会的認識力の育成を図る地理的分野の単元計画～単元「中部地方」の場合～

単元目標：中部地方は, 気候や地形などの違いから東海・中央高地・北陸の三つの地域に分けられる. 東海では, 繊維工業を土台に自動車などの輸送機械工業がさかんとなり, 温暖な気候や大都市に近い位置をいかした農業が行われている. 中央高地では製糸業から果樹栽培がさかんであり, 水資源をいかした精密機械工業, 近年では電気機械工業が行われている. 北陸では豊富な雪どけ水を利用した米づくりがさかんで, 古くから行われた副業は地場産業として発展している. このように, 中部地方はそれぞれの自然環境を生かしたり克服したりし, 時代の変化に合わせ, 発達した交通網を利用しながら特色のある産業が発達したため, 地域によりさかんな産業にちがいがある.

		小単元	各時の問い
【単元を貫く問い】中部地方はなぜ三つの地域で異なる産業が発達しているのだろう.	1	中部地方の自然環境	日本の中央部に位置し, 高い山々がある中部地方には, 気候や地形にどのような特徴があるのだろう.
	2	中央高地でさかんな産業	海からはなれた内陸で標高が高い中央高地では, どのような産業が発達しているのだろう.
	3	北陸でさかんな産業	雪が多い自然環境の北陸では, どのような産業が発達しているのだろう.
	4	東海でさかんな産業①	東海ではなぜ自動車などの輸送機械工業がさかんになったのだろう.
	5	東海でさかんな産業②	東海地方ではなぜ農業がさかんなのだろうか.

（出典：大谷啓子「中部地方」徳島市・名東郡中教研社会部会授業研究会（平成30年9月27日：鳴門教育大学附属中学校）の資料より）

表7-4　第5時の学習指導案

(1) 目標
○東海で農業がさかんである理由を, 諸資料から気候や地形の特色, 大都市との位置, 交通網の発達などとの関わりから考えることができる.
○産業からみた中部地方とはどのような地域であるかを理解し, 記述することができる.

(2) 展開

時間	学習活動	指導の手立てと評価
5	1　前時の振り返りをし, 学習課題を把握する.	○スライドを用いて, 本時までの学習を分かりやすく提示し, 学習内容が想起できるようにする.
	〈学習課題〉東海地方ではなぜ農業がさかんなのだろうか.	
25	2　ジグソー学習を行う.	○説明の仕方のフォーマットに基づき, 班員にわかりやすく説明させ, 班員にはメモを取らせる. ○班内で個々の説明に対し互いに質問をさせ, 活動内容が深まり, 知識量が増えるようにする.

			○位置や分布・場所などの見方・考え方を掲示し，見方・考え方を働かせてまとめるよう指示する．
10	3	班でまとめた意見を発表する．	○発表の仕方のフォーマットに基づき，発表者にわかりやすく発表させる．
10	4	産業からみた中部地方とはどのような地域かについて記述し発表する．	○意図的指名を行い，生徒数名に意見を発表させ，内容を共有させる． ○自分の記述に足りない内容は青ペンで補足して書かせるようにする． 【評価】 ・中部地方は，東海・中央高地・北陸の三地域に分けられ，それぞれ特色のある産業が発展している．中部地方はそれぞれの地域の位置関係や気候などの環境を生かしたり克服したりすることで様々な産業が発展してきた地域であることについて適切に記述できている．（知識・理解）

（出典：大谷啓子「中部地方」徳島市・名東郡中教研社会部会授業研究会（平成30年9月27日：鳴門教育大学附属中学校）の資料より）

第4節　地理的事象について構想する単元と授業

この節では，地理的事象について構想する単元と授業の姿について，具体的な学習指導例を用いて検討していくことにする．

先述の通り，構想とは，「地域に見られる課題の解決に向けて，複数の立場や意見を踏まえて選択・判断する」ことを指す．この型にあてはまる学習指導の例として，同じく徳島県中学校社会科教育研究会が推進している「社会的判断力」を育成する授業理論にもとづいて実践された第1学年の単元「南アメリカ州」（授業者：徳島市立徳島中学校教諭・坂東重樹先生）を取り上げる．

なお，ここでいう社会的判断力とは，先述の社会的認識力を基礎にして，社会的事象の在り方をめぐって対立している「価値」をよりどころにして，自分の主張を根拠にもとづき構成する力，または事象についての他者の主張や言説を吟味する力としてとらえられている．

表7-5　社会的判断力の育成を図る地理的分野の単元計画〜単元「南アメリカ州」の場合〜

単元目標：開発は，国の経済を発展させ国民生活を豊かにする一方，経済格差や生物の多様性の損失などの問題が起こることから，持続可能な開発が求められる．

		小単元	各時の問い
【単元を貫く問い】アマゾンの開発をこのまま進めてもよいのだろうか	1	南アメリカ州の自然環境	動植物の宝庫といわれる南アメリカ州には，どれだけ自然が残っているのだろうか．
	2	南アメリカ州の多様な民族と人々の生活（1時間）	南アメリカ州に，多種多様な人が住んでいるのはなぜ．

【単元を貫く問い】 アマゾンの開発を このまま進めても よいのだろうか	3	南アメリカ州の大規模化する 農業（1時間）	アマゾンの熱帯林が減少しているのはなぜ． （農林業の面から）
	4	南アメリカ州の産業の発展と 開発にともなう問題	アマゾンの熱帯林が減少しているのはなぜ． （工業の面から）
	5	南アメリカ州の地域的特色	南アメリカ州とはどのような地域だろうか．
	6	南アメリカ州の開発の是非	アマゾンの開発をこのまま進めてもよいのだ ろうか．

（出典：坂東重樹「南アメリカ州」徳島市・名東郡中教研社会部会授業研究会（平成30年7月18日： 徳島市立徳島中学校）の資料より）

表7-6　第6時の学習指導案

(1) 目標

　アマゾンの開発をこのまま進めてもよいのだろうかについて，様々な立場や資料をもとに根拠をあ げて分かりやすく説明できる．

(2) 展開

時間（分）	学習活動	指導の手立てと評価
5	1　学習課題を把握する．（全） アマゾンの開発をこのまま進めてもよいのだろうか．	
10	2　学習課題について，自分の考えに近い 人物を選び，その人物を選んだ根拠を発 表する．	○学習課題について，トゥールミンモデル の「根拠（裏付け）」の部分を発表させる．
10	3　問い直しの資料を提示し，4人班で学習 課題について意見交換を行う． ［資料］ ・ブラジルによる自然災害発生状況	○洪水対策だけでなく，干ばつ対策，土砂 災害対策にもなるということで，ダム建 設を進めている面もあることを理解させ る．
12	4　学習課題について，資料をもとに根拠 をあげてワークシートに自分の意見をま とめる．	【評価①】 資料から読み取ったことを自分の考えを 説明する根拠にし，理由を挙げて説明す ることができているか．
3	5　資料を提示する ・アマゾンの熱帯林伐採面積の推移	【思】（ワークシート） ○環境保全の取り組みがあるのにも関わら ず熱帯林の伐採が進んでいるのは，「持 続可能な開発」を行っていることに気づ かせる．
5	6　南アメリカ州とはどのような地域かに ついて漢字1文字でまとめ，その理由も ワークシートに書く．	【評価②】 「持続可能な開発」という視点から南ア メリカ州の地域認識を行い，表現するこ とができているか．
5	7　単元のまとめをする．	【思】（ワークシート）

（出典：坂東重樹「南アメリカ州」徳島市・名東郡中教研社会部会授業研究会（平成30年7月18日： 徳島市立徳島中学校）の資料より）

第5節　地理的分野の学習評価

1. 説明的知識

社会的事象について考察させる授業の場合，生徒が社会的な見方・考え方を働かせながら，事象の特色や相互の関連，意味について多面的・多角的にとらえていくことになる．この型の授業の場合，個別の社会的事象についての正確な知識習得が前提となっているために，事象についての認識の正誤も評価対象の一部になる．しかし，授業の本来の趣旨を考慮すれば，より大きく評価すべきことは，① 適する見方・考え方を働かせているか，② 事象の特色や相互の関連，意味についてのとらえ方は，多面的・多角的であるか，である．

これらの認識について評価するには，生徒に口頭あるいは記述で説明させてみるほかはない．この説明的知識を同定するために，多くの場合は期末試験などで論述形式の出題をすることになるが，総括的評価だけにゆだねるのではなく，授業中の発言やワークシートへの記入を随時確認しながら，次の学習指導へと活かしていく形成的評価との併用が望まれる．

2. 価値判断の合理性

一方，社会的事象の在り方について構想させる授業の場合，生徒が重きを置く価値にもとづいて望ましいと思う選択を選んでいくことになる．その際，評価すべきことは，どの選択肢を選んだかではなく，その選択肢を選んだことに関わる合理性である．価値判断の合理性を評価するために便利なツールとして，トゥールミン図式がある．この図式は，自分自身の価値判断を，結論（主張），事実（証拠），理由付け，価値（裏付け）に分けて明晰化して示すことができるため，その価値判断が適した事実に基づいたものであるか，事実と結論の関連付けや，結論と価値のつながりに矛盾や乖離がないかを確認することができる．この図式を生徒が用いるワークシートなどに採用することで，価値判断が理にかなったものであるかを評価するのに有用である．

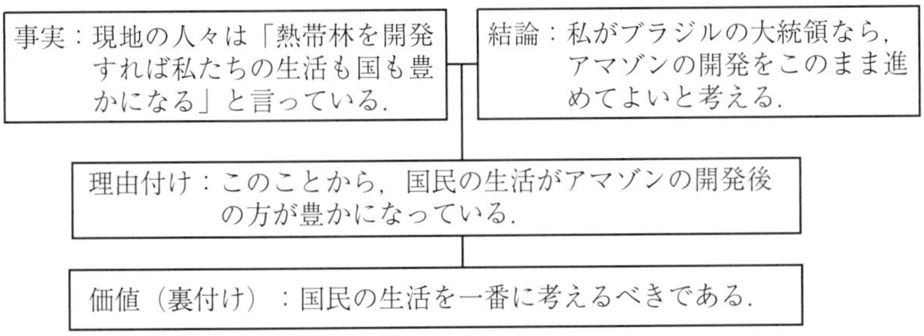

図 7-2　開発賛成という判断をした生徒のトゥールミン図式記入例
（坂東重樹教諭より資料提供）

② 開発反対という判断

事実：アマゾンの開発が進むと，熱帯林に住んでいる多くの生物の住みかが破壊され，地球温暖化にもつながる．	結論：私がブラジルの大統領なら，アマゾンの開発を進めてはいけないと考える．

理由付け：このことから，アマゾンを開発し，熱帯林を伐採することは地球環境を破壊することとも言えるから．

価値（裏付け）：経済発展のために熱帯林を伐採して環境破壊するのはよくない．

図 7-3　開発反対という判断をした生徒のトゥールミン図式記入例
（坂東重樹教諭より資料提供）

事実：ダム建設地の先住民は立ち退きをさせられ，動植物も減少してしまう．	結論：私がブラジルの大統領なら，アマゾンの開発を進めるが，動植物の保護や先住民の保護に力を入れる．

理由付け：このことから，国民の生活が豊かになると先住民が苦しくなり，先住民の生活を優先すると国の発展が進まなくなってしまう．

価値（裏付け）：国民の生活も，先住民の生活も豊かにするべき．動植物の保護にも力を入れるべき．

図 7-4　持続可能な開発という判断をした生徒のトゥールミン図式記入例
（坂東重樹教諭より資料提供）

参考文献
(1) 動態地誌的な学習の授業開発のためには，授業者自身の地域解釈を研鑽することも重要である．その際，以下のような地誌に関するシリーズ本が入門編として適している．
　菊地俊夫編『世界地誌シリーズ　1．日本』古今書院，2011 年．
　丸山浩明編『世界地誌シリーズ　6．ブラジル』古今書院，2013 年．
(2) 社会科としての有意義な授業開発のためには，授業構成のための理論を把握しておく必要がある．ここでは，徳島県中学校社会科研究会の I 型理論と深く関係しているものとして下掲の①を，II 型理論と深く関係しているものとして下掲の②と③とを，それぞれ紹介しておく．
　①森分孝治『社会科授業構成の理論と方法』明治図書出版，1978 年．
　②森分孝治「市民的資質育成における社会科教育：合理的意思決定」社会系教科教育学会『社会系教科教育学研究』13，2001 年，pp. 43-50.
　③吉村功太郎「社会的合意形成能力の育成をめざす社会科授業」全国社会科教育学会『社会科研究』59，2003 年，pp. 41-50.

第8章
中学校社会科歴史的分野の学習指導・評価
―実際に授業を単元で構想してみよう―

第1節　歴史的分野の改訂の要点

　『中学校学習指導要領（平成29年告示）解説　社会編』によれば，歴史的分野の改訂の要点は次の5点である.

　ア　歴史について考察する力や説明する力の育成の一層の重視

　イ　歴史的分野の学習の構造化と焦点化

　ウ　我が国の歴史の背景となる世界の歴史の扱いの一層の充実

　エ　主権者の育成という観点から，民主政治の来歴や人権思想の広がりなど
　　　についての学習の充実

　オ　様々な伝統や文化の学習内容の充実

　これらの5点は，社会科という枠の中に位置する歴史学習を，一層意識したものと考えられる.「現在・未来のよりよい姿を構想する歴史学習」を歴史学習の在り方と考え，改訂の要点5点を活かした単元開発，実践をされた宮本真人先生（愛媛大学教育学部附属中学校教諭：実践当時）の単元開発と本時の指導，学習指導・評価からみていきたい.（筆者が，評価の観点等を一部改変している.）

第2節　単元開発と本時の指導

　宮本先生は,「過去の事実の分析や解釈を通して，現代社会の特色や自分の立ち位置を認識し，それを踏まえて未来社会を予見し構想できる力」が育つことを歴史学習においてするべきであると考えている. 第1学年対象，全6時間の「室町幕府の弱体化と民衆の成長を背景とした社会や文化」という単元を開発された. その概要は，次ページ以降に示している.

　その中で，単元のうち2次（単元全体の4時間目）にあたる授業を本時の指導の例として示している.「室町文化の謎に迫ろう　－祇園祭が蘇った背景を捉えよう－」の主題のもと,「焼け野原となった京都で，なぜ，町衆たちは，祇園祭を蘇らせることができたのだろうか.」との学習課題を，生徒が解決していくよ

うに指導を行った.

社会科（歴史的分野）　学習指導案

指導者　宮本　真人

1　学年　時間（場所）　1学年　11:10 ～ 12:00　（教室）

2　研究テーマ

　現在・未来のよりよい姿を構想する歴史学習の創造

3　研究テーマ設定の理由

　歴史的分野の学習は基本的に「過去」のできごとを扱うものである．したがって「現在」と「将来」の二つの視点を軸にして論じられる「持続可能な社会」の形成に資するためには，「過去の事実の分析や解釈を通して，現代社会の特色や自分の立ち位置を認識し，それを踏まえて未来社会を予見し構想できる力」が育つ学習が大切だと考える．このためには，授業において，歴史的事象やそこで見られる課題について「熟考」しながら，現代社会との類似性を見いだしたり，そこから，持続可能な社会の形成に参画する手掛かりを得たりできることが必要である．また，時間的・空間的な視野を持って多面的・多角的に考察する「熟考」は，論理的に思考し表現し合う生徒同士の学び合いを通してこそ，具現化できるものである．教科領域研究テーマに資するためには，このような学びを積み重ねることが必要であると考え，本研究テーマを設定した．

4　単元名　　室町幕府の弱体化と民衆の成長を背景とした社会や文化

5　単元目標

○室町時代の産業の発達に着目し，民衆の成長が社会に与えた影響を多面的・多角的に考察し，民衆の成長を背景とした社会や文化が生まれたことを理解することができる．

○この時期の政治や社会，文化の特色を考察することから得た理解を根拠に，「持続可能な社会に生きる私たちが学ぶべきこと」について，考察し表現することができる．

〔本質的な問い〕

　15世紀以降，我が国の社会はどのように推移していったのだろう．

〔永続的な理解〕

　室町幕府は次第に弱体化し，それはやがて下剋上の風潮および戦国の動乱へとつながっていく．一方で，農業や商工業などが発達したことを背景に，畿内を中心とした都市や農村に自治的な仕組みが成立したり，民衆の成長を背景とした社会や文化が生まれたりした．

6　本単元と研究テーマとの関わり

（1）生徒について

　本学級の生徒は，社会科の授業に対する興味・関心が高い．また，授業中に間

違いを恐れず進んで自分の意見を発表できる生徒が多く，支持的な雰囲気の中で学習を進めている．本校の研究主題や上記の個人研究テーマの具現化に向け，本学級の生徒に「社会科の授業に関するアンケート」を実施（11月）したところ，次の結果を得た．

① 社会科で表現するときは，うまく伝わるように話の組立を工夫している． 「できている：40%　どちらかといえばできている：53%　どちらかといえばできていない：7%」
② 社会科で学んだことを活かして，現在や将来のよりよい社会を考えようとしている． 「できている：48%　どちらかといえばできている：42%　どちらかといえばできていない：10%」

　今年度，これらについて，「できている」と自信を持って回答できる生徒を，①を40%（5月末24%），②を60%（同44%）とすることを数値目標に取り組んでいる．本単元でも，生徒一人一人が前述①②を具現化することができるよう学びをデザインする．

　また，本学級の生徒の78%が，小集団や全体の場で自分の意見や考えを述べることも他者の意見や考えを聞くことも好きだと答え，全員の生徒がその両方の有用性を感じている．さらに，タブレットPCを活用した他者との関わり合いも93%の生徒が好きだと回答している．このような学級の特性を伸ばしながら追究に向かうことのできる問いを設定するとともに，ICTを活用した効果的な学び合いの場面を設定し，充実した対話的な学びを構想したい．

（2）単元について

　本単元は，室町後期から戦国期を題材とする．この時期は，波乱・争乱の時代であったと言える．政治においては，次第に武家政権の機能不全が顕著となり，経済においては，貨幣の価値が不安定な中で商品経済が発達していくという，政治的にも経済的にも不安定な時期となる．また，この時期を襲った大凶作，その結果としての日本史上有数の極めて厳しい大飢饉があった時期でもある．これらの時代の様相はやがて応仁の乱へとつながっていき，この戦は，国家の支配構造を決定的に変化させ，「戦国乱世」を生み出すターニングポイントとなる．

　しかし一方で，このような時期に民衆は団結し，諸産業の発達とともに成長し，それらを背景にした社会や文化が創出されていく．また，室町期は近代に続く「村」のはじまりであり，その「自治」は現代につながる．文化においては日本の伝統文化の代表とされる能，狂言，茶の湯，生け花など，多くが中央・地方を問わず，武家・公家・庶民の別なく愛され，洗練されながら，その基盤を確立していく．本単元では，これら室町後期の波乱・争乱を生き抜いた人々が，先行き不透明な混沌とした時代の中で，どのように社会の中に居場所を確保してきたのか，また，このような時期に産業や民衆が「成長」した要因は何だったのかを明らかにして

いく．このような学習を通して，「歴史を振り返ってよりよい未来の創造を思考する」ことにつなげられると考える．

（3）指導について

　本単元では，単元を貫く学習問題として「産業の発達による民衆の成長は，社会や文化にどのような変化をもたらしたのだろうか」を捉えさせていく．また，単元構成については，「時代の特色の理解を，文化の面について図る」ことを具現化するため，社会の変化と文化の特色を理解する学習を組み合わせて構成する．

　追究に当たっては，生徒一人一人が，毎時の学習を積み重ねるごとに，民衆が成長したこと，及び，それを背景とした社会や文化が生まれたことを捉えて自らの言葉で説明できることに着実に向かっていかなければならない．そこで，毎時の学習で深い学びを実現できるよう，この時期の農業や商工業の発達に着目して人々の様子や社会状況を捉える「学習課題」と，そこで得た習得した知識を活用して思考・判断する「理解深化課題」の二つの「問い」を柱に授業を構成する．

　学習課題の追究に当たっては，生徒同士の関わり合いによる対話的な学びを充実させるために，タブレットPCや思考ツール等の活用について工夫する．また，そこでの関わり合いが「論理的に思考し表現し合う学び合い」となるよう，スピーチや問答ゲームの型を随所で活用させるとともに，室町文化に関わる「なぜ」の追究成果や「洛中洛外図屏風（上杉本）」などの資料を効果的に活用させる．これらにより，すべての生徒が自他の根拠や考察結果の異同に気付きながら，アクティブに思考を働かせる学び合いを具現化する．

　追究過程においては，ジグソー学習の手法を取り入れたり（第2次），自己の追究状況を客観的に見取らせたりすることにより，生徒一人一人が多面的・多角的に追究できるようにする．思考の広がりや深まり，研究テーマに掲げた力の育ちについては，毎時における学習課題に対する成果や単元の終末でまとめさせた文章，及び，パフォーマンス課題における作詞原稿から見取る．なお，パフォーマンス課題については，その一部を音楽科の授業で取り組ませる．

7　評価目標と評価方法

評価目標（観点）	評価方法（視点）
① 室町時代の民衆の成長と新たな文化の形成に関心を持ち，意欲的に追究している． （主体的に学習に取り組む態度）	◎パフォーマンス課題 　あなたは，時代劇の脚本家から，室町時代の民衆をテーマにした日本版「民衆の歌」の作詞を依頼されました．学習のまとめで記述したことを基にして作詞するとともに，現代社会に生きる者にどのようなメッセージを伝えるものであるかを解説文に記述しなさい．
② この時期の農業や商工業の発達に着目し，この時期の民衆の成長が社会に与えた影響について考察し，その過程や結果を適切に表現できる． （思考・判断・表現）	
③ 民衆の成長に関して，収集した資料から有用な情報を適切に選択して，読み取ったり図表などにまとめたりすることができる．（技能）	○課題追究状況　○ワークシートの記述 ○作成したプレゼン資料 ○「学習のまとめ」の記述 ○ペーパーテスト

| ④ 農業などの諸産業の発達，都市や農村における
自治的な仕組みの成立，多様な文化の形成，応
仁の乱後の社会的な変動などを基に，民衆の成
長を背景とした社会や文化が生まれたことを理
解し，その知識を身に付けている．（知識） | |

8 指導計画（全6時間）

次	学習内容	◇評価規準（観点）	時間
1	○社会の変化と応仁の乱 ○武士の文化の成長 ○民衆への文化の広がり	◇応仁の乱の原因や経過について，室町幕府の弱体化や その戦渦の広がりと関連付けて説明している． （知識） ◇東山文化の代表例を取り上げ，その文化の特色を考察 し表現している．　　　　（思考・判断・表現） ◇室町時代の文化が，様々な面で現代に伝統として残さ れていることに関心を持っている． （主体的に学習に取り組む態度）	2
2	○産業の発達と民衆の生活 ○戦国大名の登場と城下町	◇自ら立てた問いのもと，プレゼン資料の作成に意欲的 に取り組み，祇園祭が蘇った背景の説明として適切な 資料を選択し，まとめている． （主体的に学習に取り組む態度）（技能） ◇この時期の民衆の成長を捉え，よりよい未来の創造の ために必要なことを見いだしている． （思考・判断・表現） ◇民衆の成長を背景とした社会が生まれ，広がっていっ たたことを理解している．　　　　（知識） ◇戦国大名の領国支配について，分国法等の資料を活用 してその特色をまとめている．　　　（技能）	3 本時 （その2）
3	○学習のまとめ ○パフォーマンス課題	◇この時期の民衆の成長が社会や文化に与えた影響つい て多面的・多角的に考察し，具体的な事象を例に挙げ て説明している．　　（思考・判断・表現）（知識）	1

9 本時の指導（4／6時間）

（1）主　題　　室町文化の謎に迫ろう　－祇園祭が蘇った背景を捉えよう－

（2）ねらい

　○民衆の成長に着目して，学習課題の解決を図ることができる．

　○この時期の民衆の姿から，よりよい未来の創造のために必要なことを見いだ

　　すことができる．

（3）展　開

学習活動（形態）	時間	○教師の働きかけ・予想される生徒の反応	○指導の工夫　◇評価（方法）
1　前時までの学 　習内容を確認す 　る． 　　　　（個人）	5	○これまでの学習内容を確認しよ 　う． ・1467年以降，京都が焼け野原に 　なったのは，応仁の乱が起こった 　ため　等	○これまでの学習状況を把握する．

学習課題		焼け野原となった京都で，なぜ，町衆たちは，祇園祭を蘇らせることができたのだろうか．		
2 学習課題について考察し，表現する．		○「資金」・「つながり」・「権力」・「人々の願い」の面から追究したことを発表しよう		○学習活動①においては，各自の追究成果を共有しやすくするため，「パラグラフによるスピーチ」の型で作成したプレゼン資料を活用させる．
① 各自のテーマに沿って追究したことを発表し合う．（小集団）	15	・「資金」…座の特権を生かしたり，特産物の販売で得た資金を活用したりした．		
② 学習課題の解決に直結するキーワードを考察し，それを活用して表現する． (小集団) ↓ (全体) ↓ (個人)	15	・「つながり」…町組の形成から，連帯感や共同体意識が生まれた．自分たちの町を自分たちの手で守る意識と体制を作り上げていった． ・「権力」…幕府も政治の安定をアピールする目的から，祇園祭の開催を後押しした． ・「人々の願い」…町の復興を誓うと共に，山鉾巡業は町の自治・団結の象徴となった		○学習活動②において論理的な思考を促すため，「問答ゲーム」の手法を活用した対話場面を設定する． ○各自が考察した根拠を可視化する． ◇導出したキーワードを適切に用いて，学習課題について自分の言葉で表現している． (ワークシート)
		⇩ キーワード…（例）民衆の団結 自治 等		
理解深化課題		キーワードに掲げた状況がこの時期に見られるのはなぜだろうか．また，この時期の民衆の姿から私たちはどのようなことが学べるのだろうか．		
3 理解深化課題について考察し，表現する． (全体) ↓ (個人)	15	・幕府には頼れなくなり，民衆は自分たちの町は自分たちで守らなければならなくなった．そのために団結を強めた． この時代に生きた民衆から，私が学んだことは二つある．一つ目は…二つ目は…		○思考の結果を共有化しやすくするため，音声言語文字化システムを活用する． ◇この時期の民衆の姿から，よりよい未来の創造のために必要なことを見いだしている． (ワークシート)
授業研究の視点		○本時におけるICT等の活用は，生徒同士の学び合いを促進するという観点から，効果的・効率的なものであったか． ○理解深化課題は，「歴史を振り返ってよりよい未来の創造について思考する」ための「問い」として効果的なものであったか．		

　生徒の思考の流れを可視化できるようワークシートを用意している．それらを次ページ以降に示している．「武士の文化の成長」のワークシートは，単元のうちの1次2時間分のものである「応仁の乱と社会の変化1」のワークシートが本時の指導において用いるものである．特に，「焼け野原となった京都で，なぜ，町衆たちは，祇園祭を蘇らせることができたのだろう．」の課題に答えていくところは，本時の展開（2　学習課題について考察し，表現する．）に当たるところである．「応仁の乱と社会の変化2」のワークシートは，本時の終結（3　理解深化課題について考察し，表現する．）から単元のまとめの学習で使用するものである．

　生徒がワークシートに記載した内容を，当然ながら，宮本先生はチェックしている．評価の基礎資料としているのである．それらにもとづいて，評価目標，評価方法，評価規準により，評価をしている．

　学習指導においては，生徒同士の関わり合いによる対話的な学びを充実させるために，タブレットPCや思考ツール等の活用を心がけている．学習活動としては，生徒同士の関わり合いが「論理的に思考し表現し合う学び合い」となるよう，スピーチや問答ゲームの型を随所で活用させようとしている．また，室町文化に関わる「なぜ」の生徒自身の追究成果を効果的に活用させるようにしている．これらにより，すべての生徒が自他の根拠や考察結果の異同に気付きながら，アクティブに思考を働かせる学び合いを学習のスタイルとしている．

　授業実践を振り返るための「授業研究の視点」では，「本時におけるICT等の活用は，生徒同士の学び合いを促進するという観点から効果的・効率的なものであったか．」「理解深化課題は，「歴史を振り返ってよりよい未来の創造について思考する」ための「問い」として効果的なものであったか．」これら2点のついて吟味することを，学習指導案の本時の指導において示している．PDCAサイクルを意識した授業研究を進めている．

参考文献

社会認識教育学会『新社会科教育学ハンドブック』明治図書出版，2012年．

原田智仁編『平成29年版中学校新学習指導要領の展開　社会編』明治図書出版，2017年．

文部科学省『中学校学習指導要領（平成29年告示）解説　社会編』2018年．

工藤文三編『平成29年改訂中学校教育課程実践講座　社会』ぎょうせい，2018年．

15世紀後半からの文化の特色を短い言葉でまとめてみよう

室町時代の生活文化

なぜ、現代につながっているものが多いのか

応亡の乱と社会の変化　1

追究課題：応亡の乱で途絶えた文化がよみがえったのはなぜだろうか？

【15世紀半ばの文化に大きな影響を与えた「応亡の乱」とはどのような乱なのだろう？　ーその背景と推移ー】

［15世紀半ば～6代将軍　（　　）の政治］＝強大い権力を振るう

その後・・・幕府では
［8代将軍　（　　）のとき・・・］

将軍のあとつぎ問題　⇒　管領の（　　）氏と「守護大名の（　　）氏」の対立

（1467～）

○京都から全国に広がる
○11年間続く、大規模な戦乱

武士の文化の成長

学習課題：東山文化は、どのような特色を持つ文化だろうか？

（　　）の頃の文化

↱　京都の東山に・・・（　　）を建設

1　銀閣は、足利義満が建てた金閣と比べてどのような特色があると言えるだろう？

2　どうして1のような特色が現れたのだろう？

□　銀閣は、この時代の何を象徴しているのだろう？
□　足利義政は、「銀閣」で何を示したかったのだろう？

3　東山文化の代表例を一つあげ、「なぜ、そのような文化が」「なぜ、この時期に」「なぜ、それらの人々の間で」流行した（広がっていった）のかを明らかにしよう！

選んだ代表例：

追究成果：①どのような文化か？

②どのような人々に広がったのか？

③なぜ、そのような文化が、それらの人々の間で、この時代（15世紀後半）に広がったのか？

応仁の乱と社会の変化　2

④ 室町時代に生きた民衆の姿から、私たちはどのようなことが学べるだろうか？

[空欄]

→　グループでの意見交流をふまえて

[空欄]

→　クラスでの意見交流をふまえて

[空欄]

11年も続いた応仁の乱は、京都を見るも無惨な姿に変えました……。しかし、1500年、応仁の乱で停止していた山や鉾が、豪華な町に蘇り、京都の町々をめぐりました。

① 何と呼ばれる人たちが祇園祭を蘇らせたのかな？　_____

② なぜ、蘇らせることができたのかな？

予想される仮説：

② 焼け野原となった京都で、なぜ、町衆たちは、祇園祭を蘇らせることができたのだろう。

追究の視点【　　　　　　】

[空欄]

「　　　　　」　＋　「　　　　　」

キーワード

[空欄]

第9章

中学校社会科公民的分野の学習指導・評価
―実際に授業を単元で構想してみよう―

　　　本章の目的は，公民的分野の授業を単元で構想することによって，中学校社会科公民的分野の学習指導・評価のあり方を具体的に明らかにすることである．そこで，この目的を達成するために本章を次のように構成する．最初に，公民的分野の授業を単元で構想することが必要な理由を説明する（第1節）．次に，単元で構想した公民的分野の授業の実際を提示する（第2節）とともに，その授業づくりの方法を明らかにする（第3節）．最後に，公民的分野の授業を単元で構想する意義と課題について述べる（第4節）．

第1節　公民的分野の授業を単元で構想する必要性―社会問題学習としての公民的分野の授業づくり―

1. 2017（平成29）年告示の学習指導要領に関わる理由

　　　公民的分野の授業を単元で構想することが必要な理由は大きく分けて二つある．一つ目の理由は2017年告示の学習指導要領と関わっている．二つ目の理由は，公民的分野の授業づくりの現状と関わっている．本項1. では，一つ目の理由について詳しく見ていこう．2008（平成20）年及び2017年告示の学習指導要領で示された分野目標を示すと，次頁の表9-1の通りである．

　　　二つの学習指導要領に示された公民的分野の目標構成には共通点がある．いずれの学習指導要領においても一つ目の目標は，公民的分野の基本的性格を示す総括的全体的目標であり，二つ目以降の目標は，その総括的全体的目標を達成するための個別的部分的目標である．しかしながら，公民的分野の授業を単元で構想するという本章の目的に基づいてこれら二つの目標群を比較すると，大きく分けて二つの相違点がある．

　　　第1の相違点は，2017年告示の学習指導要領では，分野固有の学習活動を組織することがめざされている点である．2008年告示の学習指導要領では，「個人の尊厳と人権の尊重の意義，特に自由・権利と責任・義務の関係を広い視野から正しく認識させ，民主主義に関する理解を深める」という分野固有の学習内容を示すことによって，公民的分野の基本的性格が表現されている．それに対して，

表 9-1 公民的分野の目標比較—2008 年及び 20017 年告示の中学校学習指導要領—

要領\次元	2008 年告示中学校学習指導要領	2017 年告示中学校学習指導要領
総括的全体的目標	(1) 個人の尊厳と人権の尊重の意義, 特に自由・権利と責任・義務の関係を広い視野から正しく認識させ, 民主主義に関する理解を深めるとともに, 国民主権を担う公民として必要な基礎的教養を培う.	(柱) 現代社会の見方・考え方を働かせ, 課題を追究したり解決したりする活動を通して, 広い視野に立ち, グローバル化する国際社会に主体的に生きる平和で民主的な国家及び社会の形成者に必要な公民としての資質・能力の基礎を次のとおり育成することを目指す.
個別的部分的目標	(2) 民主政治の意義, 国民の生活の向上と経済活動とのかかわり及び現代の社会生活などについて, 個人と社会とのかかわりを中心に理解を深め, 現代社会についての見方や考え方の基礎を養うとともに, 社会の諸問題に着目させ, 自ら考えようとする態度を育てる. (3) 国際的な相互依存関係の中で, 世界平和の実現と人類の福祉の増大のために, 各国が相互に主権を尊重し, 各国民が協力し合うことが重要であることを認識させるとともに, 自国を愛し, その平和と繁栄を図ることが大切であることを自覚させる. (4) 現代の社会的事象に対する関心を高め, 様々な資料を適切に収集, 選択して多面的・多角的に考察し, 事実を正確にとらえ, 公正に判断するとともに適切に表現する能力と態度を育てる.	(1) 個人の尊厳と人権の尊重の意義, 特に自由・権利と責任・義務との関係を広い視野から正しく認識し, 民主主義, 民主政治の意義, 国民の生活の向上と経済活動との関わり, 現代の社会生活及び国際関係などについて, 個人と社会との関わりを中心に理解を深めるとともに, 諸資料から現代の社会的事象に関する情報を効果的に調べまとめる技能を身に付けるようにする. (2) 社会的事象の意味や意義, 特色や相互の関連を現代の社会生活と関連付けて多面的・多角的に考察したり, 現代社会に見られる課題について公正に判断したりする力, 思考・判断したことを説明したり, それらを基に議論したりする力を養う. (3) 現代の社会的事象について, 現代社会に見られる課題の解決を視野に主体的に社会に関わろうとする態度を養うとともに, 多面的・多角的な考察や深い理解を通して涵養される, 国民主権を担う公民として, 自国を愛し, その平和と繁栄を図ることや, 各国が相互に主権を尊重し, 各国民が協力しあうことの大切さについての自覚などを深める.

2017 年告示の学習指導要領では,「現代社会の見方・考え方[*1]を働かせ, 課題を追究したり解決したりする活動」を組織するという分野固有の学習活動を示すことによって, 公民的分野の基本的性格が表現されている. 生徒が「現代社会の見方・考え方」を働かせて,「課題を追究したり解決したり」できるようにするためには, 1 時間単位の授業づくりでは難しい. なぜなら, そのような学習活動を組織するためには, 数時間の学習のまとまり, つまり単元を単位にした授業づくりが必要になるからである. 2017 年告示の学習指導要領のもとでは, 分野固有の学習活動のあり方を総括的全体的目標で示すことによって, 公民的分野の授業を単元で構想することが求められているわけである.

第 2 の相違点は, 2017 年告示の学習指導要領では, 社会問題の解決に関する思考力・判断力・表現力の育成をめざしている点である. 2008 年告示の学習指導要領では, 目標の (2) で「社会の諸問題に着目させ, 自ら考えようとする態度」の育成を掲げることによって, 社会問題の解決に関わる態度の育成がめざされて

*1 2017 年告示の中学校学習指導要領では, 現代社会の見方・考え方の基礎となる概念的な枠組として「対立と合意, 効率と公正など」, 経済・政治・国際社会に関わる概念として「分業と交換, 希少性など」「個人の尊重と法の支配, 民主主義など」「協調, 持続可能性など」が示されている.

いる．それに対して，2017年告示の学習指導要領では，目標の (3) で「現代社会に見られる課題の解決を視野に主体的に社会に関わろうとする態度」という社会問題の解決に関わる態度の育成をめざすだけではなく，(2) で「現代社会に見られる課題について公正に判断したりする力，思考・判断したことを説明したり，それらを基に議論したりする力」という社会問題の解決に必要な思考力・判断力・表現力の育成もめざしている．社会問題の解決に関わる態度だけでなく，その解決に必要な思考力・判断力・表現力を育成しようとすれば，社会問題を学習課題として取り上げ，その原因を考察させ対策を構想させ説明・議論させる必要があるため，公民的分野の授業を単元で構成しなければならない．2017年告示の学習指導要領のもとでは，社会問題の解決に必要な思考力・判断力・表現力の育成を個別的部分的目標で示すことによって，公民的分野の授業を社会問題学習の単元として構想することが求められているわけである．

　以上のように，2017年告示の学習指導要領は，2008年告示のそれとは異なり，「現代社会の見方・考え方を働かせ，課題を追究したり解決したりする活動」を組織することによって，「現代社会に見られる課題について公正に判断したりする力，思考・判断したことを説明したり，それらを基に議論したりする力」を育成するとともに「現代社会に見られる課題の解決を視野に主体的に社会に関わろうとする態度」を育てることをめざしている．今次改訂の学習指導要領のもとでは，公民的分野の授業を社会問題学習の単元として構想する力量を高めることが社会科教師に求められているわけである．次項2. では，公民的分野の授業を単元で構想することが必要な二つ目の理由について見ていくことにしよう．

2. 授業づくりの現状と課題に関わる理由

　公民的分野の授業を単元で構想することが必要な第2の理由は，公民的分野の授業づくりの現状と課題に関わっている．中学校社会科の授業づくりは，分野を問わず，教科書の記述を教えることを目的にして，その指導の工夫を検討するという授業方法研究として行われることが多い．そのため，授業づくりの中心は，教科書の記述をよりよく教えるために，① 生徒の興味・関心を高める写真やグラフなどの資料を集めること，② それら資料に関する発問を考え配列すること，③ 板書計画を立て教科書記述の要点を端的に整理すること，という三つの点に集約される．中学校の教育現場で広く見られる社会科授業づくりは，資料を集め，発問を考え配列し，板書計画を立てることによって，教科書の記述をよりよく教えることをめざす授業方法研究の手順に基づいて行われているわけである．

　しかしながら，このような授業づくりの方法では，「なぜ政治・経済の詳細を事細かに学習しなければならないのか」「なぜこの時間にこの内容を学習しなければならないのか」という生徒が我々教師に突き付ける根本的な問いかけに答えることができない点で課題があるのではないだろうか．なぜなら，このような授

業づくりでは，教師は「どのように教えるのか」という授業の方法に関心を寄せることはできても，「何のために何を教えるのか」という授業の目標や内容について考えを巡らすことはできないからである．その結果，生徒の根本的な疑問に対して，「学習指導要領で決められているから」「高校受験に必要だから」「日本の国民として必要な教養を身に付けるため」といった学校外の権威に頼る返答しかできず，生徒に公民的分野の学習意義を実感させることができない．授業方法研究としての授業づくりの方法は，教科書の記述を教えることを目的視し授業の目標や内容について検討させることができないため，生徒に公民的分野の学習意義を実感させることができないという課題に直面してしまうわけである．

　それでは，生徒に公民的分野の学習意義を実感させるためには，教師は，どのような授業づくりの方法を身に付ければよいのだろうか．この問いに答える一つの手立てが，公民的分野の授業を社会問題学習の単元として構想する授業づくりの方法である．社会問題学習の授業づくりの方法とは，生徒に社会問題の原因と対策を学習させることを中心にする社会科授業づくりの方法であり，そのため，教科書記述を教えることを目的視しない授業づくりの方法である．したがって，この方法に基づいて社会科授業を構成すると，教師は，授業の「目標」「内容」「方法」を自ら組織しなければならないため，生徒に公民的分野の学習意義をよりよく実感させることができると考えられる．

　以上のように，公民的分野の授業を単元で構想することが必要な第2の理由は，授業方法研究に基づく中学校社会科の授業づくりでは，生徒に公民的分野の学習意義を実感させることができないからである．こうした現行の中学校社会科が直面する課題を克服するためには，公民的分野の授業を社会問題学習の単元として構想する力量を高めることが社会科教師に求められるわけである．次節では，社会問題学習として構想した公民的分野の単元「健康格差について考える」の授業の詳細について説明することにしよう．

第2節　社会問題学習としての公民的分野の授業づくりの実際―単元「健康格差について考える」の場合―

1. 単元設定の理由

　健康格差とは，所得や学歴，職業階層などに関わる社会的経済的格差が人々の寿命や健康に大きな影響を与えることによって生じる命の格差問題である．この問題を教材に公民的分野の単元を構成する理由は次の二つである．

　一つ目は，健康格差を教材にすることによって，現代社会の見方・考え方を働かせて，「C　私たちと政治」の「人間の尊重と日本国憲法の基本原則」を学習させる単元を構成できるからである．民主主義社会を形成していく上で，あらゆる人々の健康を等しく保障することは極めて重要である．なぜなら，一旦健康を損ねると，人々は自由に生きる権利を等しく行使できなくなってしまうからであ

る．そのため，健康格差を教材に取り上げ，その原因を考察させれば，すべての国民の自由と平等を確保するという民主主義の基盤を徐々に崩壊させている格差社会の現実に気づかせることができる．さらに，健康格差の対策を構想させ，その対策の有効性や実現性を「効率」*2 と「公正」*3 の視点に基づいて検討させれば，法に基づく政治を通してあらゆる人々の基本的人権を保障することが重要であることを実感させることができる．健康格差を教材にすることによって，「効率」と「公正」という現代社会の見方・考え方を働かせることができるとともに，基本的人権の尊重や法に基づく政治の重要性をよりよく学習させることができると考えられる．

二つ目は，健康格差を教材にすることによって，生徒に公民的分野の学習意義をよりよく実感させることができると考えられるからである．健康格差は，上述の通り，民主主義の根幹を揺るがす重大な社会問題である．にもかかわらず，私たちの多くは，この問題についてよく知らないし，それどころか，健康格差という現実の再生産に寄与している可能性さえある．なぜなら，私たちは，日常生活の中で「健康問題の原因は個人の不摂生だ」「健康を維持するためには個人の自己管理が重要だ」といった健康問題に関わる考えや見解を形成しているため，人々の健康に影響を与える社会的要因よりも個人的要因に目を向けることが多いからである．その結果，健康格差を社会の問題として考えることができず，健康格差の現実を再生産してしまう．そのため，健康格差という現実の再生産に自分自身が関わっていることに気付かせ，その現実のよりよい作り方について検討させようとすれば，健康格差の問題を教材に授業を開発する必要があるし，そうすることによって生徒に公民的分野の学習意義をよりよく実感させることができるのではないだろうか．

健康格差を教材に取り上げ単元を設定する理由は以上のように整理できる．次項2．では，このような問題意識に基づいて開発した単元「健康格差について考える」の授業計画について詳しく見ていくことにしよう．

2．単元構成の実際

単元「健康格差について考える」の授業計画は，次頁の資料1の通りである．本単元は，大きく二つの段階で構成されている．

第1段階は，生徒に健康格差の原因を考察させる第1次の学習である．導入では，まず，個人の生活習慣のあり方が心筋梗塞などの発症に2割程度しか関係しないという事実を提示することによって，健康問題に関わる自分の考えや見解が必ずしも正しくないことを自覚させる．そして次に，図9-1（p.96）を示して，健康を決定する要因が「生物としての個体」「個人の社会経済的因子」「環境としての社会」という三つに分類できることを確認させ，「健康を決定する三つの要因について詳しくなろう」という第1次のめあてを設定する．

*2 「効率」は，社会全体で「無駄を省く」という考え方．「より少ない資源を使って社会全体でより大きな成果を得る」という考え方であると言うこともできる．

*3 「公正」は，「みんなが参加して決めているか，だれか参加できていない人はいないか」といった手続きの公正さや「不当に不利益を被っている人をなくす」「みんなが同じになるようにする」といった機会の公正さや結果の公正さなど様々な意味合いがある．

資料1　単元「健康格差について考える」の授業計画（全4時間）

1．単元の位置付け

中学校社会科公民的分野の「C　私たちと政治」の「(1) 人間の尊重と日本国憲法の基本原則」

2．単元の授業目標

(1) 人々の健康に悪影響を及ぼす要因には，三つの種類（「生物としての個人」「個人の社会経済的因子」「環境としての社会」）があることを把握できるとともに，その悪影響を取り除く取組が国内外でなされていることを理解できる【知識・技能】．

(2) 人々の健康に悪影響を及ぼす要因を多面的・多角的に考察するとともに，「効率」と「公正」という視点に基づいて様々な対策の実現性や有効性を検討し表現できる【思考力・判断力・表現力】．

(3) あらゆる人々が等しく自由に生きることを難しくしてしまう健康格差の問題に関心をもつとともに，その原因の考察や対策の構想に関わる学習活動に真剣に取り組むことができる【主体的に学習に取り組む態度】．

3．単元の授業展開

第1次「健康格差の原因を考察する」（2時間）

過程	教師の主な発問・指示	資料	予想される生徒の反応 及び習得させたい知識
導入	・個人の生活習慣の在り方は，人々が病気になったりならなかったりする上でどのくらい影響するのだろうか．	①	・喫煙や運動不足など個人の生活習慣の在り方は，狭心症や心筋梗塞などの発症を説明する上で2割程度の影響しか見られないという海外の研究がある．
	・次の資料を見てみよう．健康寿命の長短を決める要因には，何種類あるだろうか．	②	・人々の健康を決める要因には，「生物としての個体」「個人の社会経済的因子」「環境としての社会」という大きく3種類の要因に関わるものがある．
	○健康寿命の長短を決める三つの要因について詳しくなろう．		・「個人の社会経済的因子」「環境としての社会」は健康寿命にどう関わっているのだろうか．
展開1	・人々の生活習慣は，これら3種類の要因のうちどれに関わりが深いだろうか． ・次に「個人の社会経済的因子」について見ていこう． ・所得や教育年数と死亡率は，どのような関係になっているだろうか． ・なぜ教育年数が短かったり，所得が低かったりすると死亡率が高くなるのだろうか．	③	・人々の生活習慣や健康行動は，「生物としての個体」に関わる要因である． ・この要因には「学歴・所得」「家族・婚姻状況」「社会的ネットワーク・サポート」がある． ・所得が少ないほど死亡率は高い．教育年数が短いほど死亡率が高い． ・(例) 学歴がないと所得が高い仕事に就けないから，所得が低いと医療費を払いたくないため健康を害しやすいから．

過程	教師の主な発問・指示	資料	予想される生徒の反応及び習得させたい知識
	・婚姻状況は，人々の健康にどのような影響を与えるだろうか．	④	・夫婦関係の満足感が低位の人は男性で4人に1人，女性で3人に1人がうつ状態．男性は妻に先立たれふさぎ込む傾向にあるが，女性は夫がいなくなって元気になる人もいる．
	・毎日誰かと会話をしたり連絡を取ったりしている人と，そうではない人ではどちらの死亡率が高いだろうか．また，どのような人々に多いだろうか．	⑤	・誰かと会話をしたり連絡を取ったりする人と比べて，そうしない人々は死亡率が約2倍高くなる．周囲との接触が少ない高齢者の割合は，所得や教育年数が低い人ほど高くなる．
展開2	・次に「環境としての社会」について考えていこう．		・この要因には，「国」「職場・コミュニティ」「地球環境」「国際関係」がある．
	・A国とB国の所得分布や平均年収は，どのように異なっているだろうか．	⑥	・A国の平均年収は700万円であなたの年収は600万円．B国の平均年収は400万円であなたの年収は500万円．
	・どちらの国に住んだ方が，健康寿命が長くなるだろうか．それはなぜだろうか．		・B国．絶対所得はB国よりもA国に住んだ方が高いが，相対所得はA国よりもB国がいいから．格差が大きい社会では心理的ストレスが大きいため人々の健康を害する可能性が高まる．
	・地域に対する信頼度と主観的な健康感は，どのような関係になっているだろうか．	⑦	・人々に対する信頼感が厚い地域（ソーシャルキャピタルが豊かな地域）ほど，自分のことを健康だと感じている人々が多い．
	・所得格差が大きいとソーシャルキャピタルが乏しくなるという研究があるが，これはなぜだろうか．		・所得格差が大きくなるとお互いを同類と思えず不信感が強まってしまうため，人々の健康を害する可能性が高まってしまうから．
まとめ	・人々の健康寿命を決定する要因には，どのようなものがあるだろうか．また，この問題のことを何というだろうか．		○人々の健康寿命は，「生物としての個体」「個人の社会経済的因子」「環境としての社会」という三つの要因で決まる．健康格差という．
	・健康格差の問題によって，どのような基本的人権が侵害される可能性があるだろうか．		・平等権や自由権（表現の自由や職業選択の自由など），生存権や勤労の権利など，様々な人権を行使できなくなってしまう恐れがある．

第2次「健康格差の対策を構想する」（2時間）

過程	教師の主な発問・指示	資料	予想される生徒の反応及び習得させたい知識
導入	・前回の授業に関するみんなの感想を読もう． ○健康格差を縮小して人々の人権をよりよく保障するためには，どのような対策を実施すればよいだろうか．		・（例）健康寿命の長短に，人々を取り巻く社会環境が関わっていてびっくりした． ・（例）人々の生活習慣を見直すだけでなく，健康格差を生まない社会環境を整備する必要があるのではないだろうか．
展開1	・これまでに学習したことやテレビや新聞で見聞きしたことをもとにすると，どのような対策を考えることができるだろうか．個人で考えよう． ・各自で考えたアイディアを班で意見交流しよう． ・各班で考えたアイディアを短冊に書いて黒板に貼ろう．		・（例）①子供食堂を増やして子供の食生活をサポートする．②教育の無償化を進め教育格差を小さくする．③同一価値労働同一賃金を実現し非正社員と正社員の所得格差を小さくする．④残業時間を削減してワークライフバランスを実現する．⑤高齢者が集まる地域行事を定期的に開催して住民同士の結びつきを強める．

	・各班で考えたアイディアは，健康格差を引き起こす三つの要因のいずれと関わっているだろうか．	・（例）①は個人の生活や身体のあり方を改善する上で役立つ．②や③，④や⑤は，個人を取り巻く社会環境を改善する．
展開2	・資料を読もう．実際には，どのような対策が行われているのか確認しよう． ・みんなが考えた対策は，実際に行われている対策のどれと似ているだろうか．また，あなたが「なるほど」と思った取組はどれだろうか． ・「効率」と「公正」の視点に基づくと，いずれの対策が最も評価できるだろうか．それはなぜだろうか．	⑧
		・（例）①中高年に注意を促すポスターを作成するなどの取組を行う秋田県の減塩運動，②貧困地域に進出する生鮮食品店には税の優遇措置を行うニューヨークの取組，③パンに含まれる塩分量を消費者に気付かれないよう減らす英国の減塩政策，④野菜の摂取量を増やすよう飲食店に協力を求める東京都足立区の取組，⑤正社員と非正社員の待遇格差の是正をめざす日本郵政の取組，⑥教育の無償化を実現しているスウェーデンの取組，⑦高齢者の交流を促す「憩いのサロン」を定期的に開催する愛知県武豊町の取組など，様々な取組が行われている． ・（例）②教育の無償化は⑥のスウェーデンの取組，③同一価値労働同一賃金は⑤の日本郵政の取組に近似．③や④の英国や足立区の取組は，消費者の無理のない健康的な食生活を支援する点でユニーク． ・（例）同一価値労働同一賃金．社員間の競争を刺激して経済的な効率性が高まると同時に，正社員と非正社員の待遇格差を縮小できると考えられるから．
まとめ	・健康格差を縮小して人々の人権をよりよく保障するためには，どのような対策を実施すればよいだろうか．	○「生物としての個体」の在り方だけでなく，「個人の社会経済的因子」や「環境としての社会」の在り方を改善する政策を実施することが必要である．

4. 単元の授業資料

① 文章「生活習慣（病）では2割しか説明できない」（近藤克則『「健康格差社会」を生き抜く』朝日新聞出版，2010年，pp. 64-66），② 図「健康を決定する要因の構造」（近藤克則『健康格差社会—何が心と健康を蝕むのか—』医学書院，2005年，p. 150），③ 相関図「社会経済的因子と死亡率」（近藤克則『「健康格差社会」を生き抜く』朝日新聞出版，2010年，p. 23），④ 文章「夫婦間関係満足度とうつ」（近藤克則『「健康格差社会」を生き抜く』朝日新聞出版，2010年，pp. 72-76），⑤ 文章「人は1人では生きていけない」（近藤克則『「健康格差社会」を生き抜く』朝日新聞出版，2010年，pp. 77-82），⑥ グラフ「どちらが幸せか？所得の分布と平均．あなたの年収」（近藤克則『「健康格差社会」を生き抜く』朝日新聞出版，2010年，p. 131），⑦ 相関図「ソーシャルキャピタルと主観的健康感」（近藤克則『「健康格差社会」を生き抜く』朝日新聞出版，2010年，p. 138），⑧ 文章・写真等「様々な健康格差対策」（NHKスペシャル取材班『健康格差—あなたの寿命は社会が決める—』講談社，2017年などをもとに作成）

5. 単元の学習評価

　本単元の教育効果を測定するために事前・事後調査を実施する．事前・事後調査では，「健康寿命は人によって異なります．それはなぜだと思いますか」「健康寿命を延ばすために必要なことは何だと思いますか」という二つの質問に回答させる．これら二つの質問に対して，人々の健康を決定する要因には「生物としての個体」だけでなく「個人の社会経済的因子」や「環境としての社会」に関わる要因があることを踏まえて回答できるかどうかを確かめることによって，本単元の教育効果を吟味・検討する．

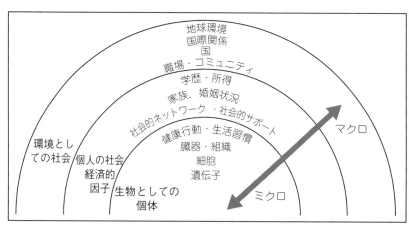

図 9-1　健康を決定する要因の構造（出典：近藤克則『健康格差社会—何が心と健康を蝕むのか—』医学書院，2005年，p. 150）

展開1では，三つの要因のなかでも「生物としての個体」及び「個人の社会経済的因子」，とりわけ「個人の社会経済的因子」とは何かを理解させるパートである．まず，「健康に大きな影響を及ぼすとみんなが考えた個人の生活習慣は，これら3種類の要因のうちどれに関わりが深いだろうか」という問いの答えを考えさせ，個人の生活習慣や健康行動は「生物としての個体」に関わる要因であることを把握させる．次に，死亡率と教育年数，死亡率と所得状況の関係や，夫婦間関係の満足度とうつに関する資料などを使って，「所得や教育年数と死亡率は，どのような関係になっているだろうか」「なぜ教育年数が短かったり，所得が低かったりすると死亡率が高くなるのだろうか」「婚姻状況は，人々の健康にどのような影響を与えるだろうか」などの問いの答えを考えさせる．そして，教育年数や所得状況，婚姻状況などの「個人の社会経済的因子」が異なると人々の健康状態に大きな差異が生じることを把握させる．

　展開2では，三つ目の要因である「環境としての社会」とは何かを理解させるパートである．まず，仮想のA国とB国の所得状況を示したグラフを使って，「A国とB国の所得分布や平均年収は，どのように異なっているだろうか」「どちらの国に住んだ方が，健康寿命が長くなるだろうか．それはなぜだろうか」という問いの答えを考えさせることによって，所得格差が大きい国や地域ほど心理的ストレスが大きくなるため[4]，その国や地域に住む人々の健康を害してしまう恐れ

*4　貧困などの絶対的な所得の水準だけでなく，他の人と比べた相対的な所得の水準も人々の健康に影響を及ぼす．これを相対所得仮説という．

があることを把握させる．次に，ソーシャルキャピタル（社会関係資本）[5]と主観的健康感に関する相関図を使って「地域に対する信頼度と主観的な健康感は，どのような関係になっているだろうか」「所得格差が大きいとソーシャルキャピタルが乏しくなるという研究があるが，これはなぜだろうか」という問いの答えを考えさせることによって，所得格差が大きくなるとお互いを同じ仲間と思えず不信感が高まるため，その地域に住む人々の健康を害してしまう恐れがあることを把握させる．展開2では，所得格差が大きくソーシャルキャピタルが乏しい国や地域に生まれ暮らすという個人の自助努力では改善できない「環境としての社会」が人々の健康に影響を及ぼすことを把握させる．

終結では，第1次のめあてを再提示して人々の健康に影響を与える3種類の要因を確認するとともに，健康格差が拡大すればするほどあらゆる人々が等しく自由に生きることが難しくなってしまうことを理解させる．第1段階である第1次では，健康格差の原因について学習させることによって，健康問題に関わる自分の考えや見解に固執し人々の健康に影響を及ぼす社会的要因に目を向けないことが健康格差の現実を再生産してしまうことに気付かせる．

第2段階は，健康格差対策を構想させる第2次の学習である．導入では，「健康格差を縮小して人々の人権を保障するためには，どのような対策を実施すればよいだろうか」という第2次の学習課題を設定する．

展開1は，生徒たちに健康格差対策を立案させるパートである．まず，「これまでに学習したことやテレビや新聞で見聞きしたことをもとにすると，どのような対策を考えることができるだろうか」「各自で考えたアイディアを班で意見交流しよう」「各班で考えたアイディアを短冊に書いて黒板に貼ろう」という学習活動を組織する．そして，例えば，「子供食堂を増やして子供たちの食生活をサポートする」「教育の無償化を進め教育格差を小さくする」「同一価値労働同一賃金を実現し非正社員と正社員の所得格差を小さくする」「残業時間を削減してワークライフバランスを実現する」などの健康格差対策を立案させる．次に，「各班で考えたアイディアは，健康格差を引き起こす三つの要因のいずれと関わっているだろうか」という問いの答えを考えさせることによって，自分たちが立案した対策が第1次で学習した三つの要因のいずれと関わりが深いか確認させる．

展開2は，生徒が立案した健康格差対策を検討させるパートである．まず，「実際には，どのような対策が行われているのか確認しよう」という学習活動を組織することによって，貧困地域に進出する生鮮食品店に税の優遇措置を行うニューヨークの取組やパンに含まれる塩分量を消費者に気付かれないよう減らす英国の減塩政策，教育の無償化を実現しているスウェーデンの取組や高齢者の交流を促す「憩いのサロン」を定期的に開催する愛知県武豊町の取組など，世界や日本で行われている10の健康格差対策を紹介し把握させる．次に「みんなが考えた対策は，実際に行われている対策のどれと似ているだろうか．また，あなたが『な

*5 地域やコミュニティに備わる結束力やまとまり，信頼感や安心感のこと．ソーシャル・キャピタルが豊かな国や地域ほど，そこで暮らす人々の健康にもよい影響があるという報告がある．

るほど』と思った取組はどれだろうか」という学習活動を組織することによって，自分たちが考えたものとは異なる対策も多様に考案され実施されていることを理解させる．最後に，「『効率』と『公正』の視点に基づくと，いずれの対策が最も評価できるだろうか，それはなぜだろうか」という学習活動を組織することによって，様々な健康格差対策の実現性や有効性について意見交換させる．

終結では，第2次の学習課題を再提示し，健康格差を縮小して人々の人権をよりよく保障するためには，「生物としての個体」の在り方だけでなく，「個人の社会経済的因子」や「環境としての社会」の在り方を改善する政策を実施することが必要不可欠であることを確認させる．第2段階である第2次では，健康格差の対策について学習させることによって，健康格差を縮小して人々の人権をよりよく保障する社会の作り方について検討させる．

以上のように，単元「健康格差について考える」は，第1次で健康格差の原因を考察させ，第2次でその対策を構想させるように授業が構成されている．このような二つの段階に基づいて授業を構成すると，健康格差という現実の再生産に自分自身が関わっていることに気付かせ，その格差を縮小して人々の人権をよりよく保障する現実の作り方について検討させることができるため，生徒に公民的分野の学習意義をよりよく実感させることができると考える．次節では，本単元の授業を構想するために依拠した社会科授業づくりの方法について考察することにしよう．

第3節　社会問題学習としての公民的分野の授業づくりの方法—社会問題に関わる考えや見解の再構成—

単元「健康格差について考える」は，社会問題学習の授業づくりの方法に基づいて構想した．この授業づくりの方法を図示すると，次頁の図9-2の通りである．

第1の留意点は，単元の目標設定に関すること．単元の目標は，社会問題に関わる生徒の考えや見解を再構成させるように設定するというものである．生徒は，社会問題に関わる考えや見解を日常生活の中で形成することによって，民主的な社会形成を妨げる現実の再生産にしばしば関わっている．そのため，その考えや見解をよりよく再構成させようとすれば，民主的な社会形成を妨げる現実の再生産に自分自身が関わっていることに気付かせ，その現実のよりよい作り方について検討させる必要がある．例えば，本単元で言うと，生徒の多くは，「健康問題の原因は個人の不摂生だ」「健康を維持するためには個人の自己管理が重要だ」といった健康問題に関わる考えや見解を日常生活の中で形成し，健康格差社会の現実をいつの間にか受容しその再生産に関わっている．本単元では，こうした生徒の考えや見解を再構成させるために，「人々の健康に悪影響を及ぼす要因には，三つの種類があることを把握できるとともに，その悪影響を取り除く取組が国内外でなされていることを理解できる」「人々の健康に悪影響を及ぼす要因を多面

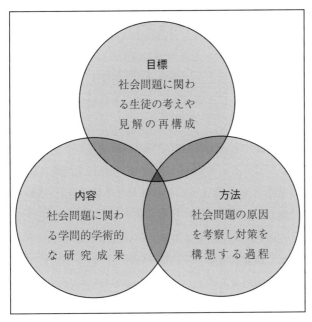

図 9-2　社会問題学習の授業づくりの方法（筆者作成）

的・多角的に考察するとともに，「効率」と「公正」という視点に基づいて様々
な対策の実現性や有効性を検討し表現できる」「あらゆる人々が等しく自由に生
きることを難しくしてしまう健康格差の問題に関心をもつとともに，その原因の
考察や対策の構想に関わる学習活動に真剣に取り組むことができる」という三つ
の目標を設定した．これら三つの目標を設定して単元を構成すれば，健康格差と
いう現実の再生産に自分自身が関わっていることに気付かせ，その格差を縮小し
て人々の人権をよりよく保障する現実の作り方について検討させることができる
と考える．単元の目標は社会問題に関わる生徒の考えや見解を再構成させるよう
に設定するという第１の留意点に依拠することによって，社会科という教科は，
民主的な社会形成を妨げる現実の再生産に自分自身が関わっていることに気付か
せ，その現実のよりよい作り方について検討させる教科であることを理解させる
ことができるため，生徒に公民的分野の学習意義をよりよく実感させることがで
きよう．

　第２の留意点は，単元の内容構成に関すること．社会問題に関わる生徒の考え
や見解をよりよく再構成させるためには，社会問題に関わる学問的学術的な研究
成果を参考にして単元の内容を構成するというものである．社会問題に関わる生
徒の考えや見解は，彼らの経験や体験を主な基盤にして形成されているため不正
確であったり正しくなかったりすることが少なくない．そのため，社会問題に関
わる生徒の考えや見解をよりよく再構成させようとすれば，社会問題に関わる学
問的学術的な成果に基づいて単元の内容を構成することによって，その考えや見
解の確かさや正しさを絶対視させないことが必要となる．例えば，本単元では，

人々の健康を決定する社会的要因の解明に取り組む社会疫学の研究成果（近藤克則『「健康格差社会」を生き抜く』朝日新聞出版, 2010年など）を参考にして, 人々の健康は「生物としての個体」の在り方だけでなく「個人の社会的経済的因子」の在り方によって決定されることを学習させるとともに, さらに個人の自助努力では改善できない「環境としての社会」の在り方に規定されることを学習させる単元内容を構成した. このような単元の内容構成を行うことによってはじめて, 健康問題に関わる生徒の考えや見解だけでは健康格差の要因が説明できないことを実感させることができると考える. 単元の内容は社会問題に関わる学問的学術的な研究成果を参考にして構成するという第2の留意点に依拠することによって, 社会問題に関わる生徒の考えや見解の確かさや正しさを絶対視させないことができるため, その考えや見解をよりよく再構成させることができよう.

　第3の留意点は, 単元の授業方法に関すること. 社会問題に関わる生徒の考えや見解をよりよく再構成させるためには, 生徒が社会問題の原因を考察しその対策を構想する過程として単元の教授・学習過程を組織化するというものである. 社会問題に関わる生徒の考えや見解は, 民主的な社会形成を妨げる現実の認識枠組みであると同時に, その現実を再生産する手段でもある. そのため, 社会問題に関わる生徒の考えや見解をよりよく再構成させようとすれば, 社会問題の原因を考察させるだけでなく対策を構想させることによって, その考えや見解に基づく現実の作り方を絶対視させない必要がある. 例えば, 健康格差対策について考えさせる本単元の第2次では, 「同一価値労働同一賃金を実現し非正社員と正社員の所得格差を小さくする」「残業時間を削減してワークライフバランスを促進する」などの対策を立案させたり, 教育の無償化を実現しているスウェーデンの取組や高齢者の交流を促す「憩いのサロン」を定期的に開催する愛知県武豊町の取組など国内外の取組について理解を深めさせたり, 健康格差対策の多様な可能性を検討させる学習活動が組織されていた. そして, このような学習活動を組織することによってはじめて, 健康問題に関わる生徒の考えや見解に基づく対策だけでは健康格差の拡大を食い止めることができないことを実感させることができると考える. 単元の教授・学習過程は生徒が社会問題の原因を考察しその対策を構想する過程として組織化するという第3の留意点に依拠することによって, 社会問題に関わる生徒の考えや見解に基づく現実の作り方を絶対視させないことができるため, その考えや見解をよりよく再構成させることができよう.

　以上のように, 単元「健康格差について考える」の授業は, 社会問題学習の授業づくりの方法に基づいて構成されている. この授業づくりの方法に基づけば, 社会科という教科は, 民主的な社会形成を妨げる現実の再生産に自分自身が関わっていることに気付かせ, その現実のよりよい作り方について検討させる教科であることを理解させることができるため, 生徒に公民的分野の学習意義をよりよく実感させることができるのではないだろうか.

　本章では,「公民的分野の授業を単元で構想しなければならないのはなぜか.それは具体的にどう構想すればよいか」という問いに答えるために,単元「健康格差について考える」の授業を開発することによって,公民的分野の授業を社会問題学習として構想する方法を明らかにした.公民的分野の授業を社会問題学習として構想する意義と課題は次の通りである.

　意義は,民主的な国家・社会の形成者を育成する社会科授業づくりの方法であるという点である.授業方法研究としての社会科授業づくりの方法は,教科書の記述を教えることを目的視してしまうため,民主的な社会形成を妨げる現実の再生産に自分自身が関わっていることに気付かせ,その現実のよりよい作り方について検討させることができず,民主的な国家・社会の形成者を育成することができなかった.それに対して,本章では,健康格差という社会問題の教材化を図り,健康格差という現実の再生産に自分自身が関わっていることに気付かせ,健康格差を縮小して人々の人権をよりよく保障する現実の作り方について検討させる公民的分野の授業を開発することによって,社会問題学習の授業づくりの方法に基づくと民主的な国家・社会の形成者をよりよく育成できることを明らかにした.

　課題は,開発した単元の投げ込み方・組み入れ方を工夫する必要があるという点である.開発した単元を日頃の授業実践のどこに位置付け実施するかによって,その教育効果には大きな違いが生じると考えられる.例えば,今回開発した単元「健康格差について考える」の授業は,「人間の尊重と日本国憲法の基本原則」の学習のまとめとして位置付け実施することが最も効果的なのではないだろうか.なぜなら,様々な基本的人権が日本国憲法で保障されていることを教科書の記述に基づいて学習させる場合,生徒の多くはきっと「我が国は人権保障が充実した国だ」「我が国は戦前と異なり民主的な国だ」といった思いを強くすると考えられるからである.そのため,開発した単元を「人間の尊重と日本国憲法の基本原則」の学習のまとめに位置付け実施すれば,生徒の思いに揺さぶりをかけることができるため,最も効果的であると考えられる.開発した単元の効果を最大限引き出すためには,日頃の授業実践の「どこで」「いつ」実施するかしっかりと考える必要がある.

　公民的分野は,地理的分野や歴史的分野に比べて,社会問題を教材化しやすい.社会問題学習としての公民的分野の授業づくりに挑戦し,民主的な国家・社会の形成者を育成するために必要な技量を高めるとともに,生徒が社会問題について熱心に議論し互いの意見を認め合う空間を教室に創り出してほしい.

参考文献

池野範男「教科教育の研究と実践」日本教科教育学会編『今なぜ，教科教育なのか―教科の本質を踏まえた授業づくり―』文溪堂，2015年，pp. 99-102.

『社会科教育』編集部編『平成29年版 学習指導要領改訂のポイント 小学校・中学校 社会』明治図書出版，2017年.

原田智仁『中学校 新学習指導要領 社会の授業づくり』明治図書出版，2018年.

藤瀬泰司・坂田秀一・黒岩義史・小鉢泰平・相良眞由・山本奎祐「自己責任論の相対化を図る社会科学習の授業開発―健康格差問題を教材にして―」熊本大学教育学部『熊本大学教育学部紀要』67，2018年，pp. 47-56.

森分孝治『社会科授業構成の理論と方法』明治図書出版，1978年.

第10章

高等学校公民科「公共」の学習指導・評価

―実際に授業を単元で構想してみよう―

第1節　新科目「公共」とは何か

1. 公民科系の科目構成の変遷

　高等学校の新科目「公共」は，教科構成の位置的には従来の科目「現代社会」に代わって創設されたものだと言われている．科目「現代社会」は，知識伝達至上主義に陥っていた当時の高等学校の社会科系各科目に対するような現代的で広領域な社会的課題だけでなく，青年期の生き方を追究する「現代社会と人間の生き方」をも包摂する科目として，1978（昭和53）年版の学習指導要領から導入されたものである．以来，40年にわたって環境問題や国際問題などを包摂しながら発展してきた．1989年に高等学校社会科が解体され「地理歴史科」「公民科」が成立し，「地理歴史科」の各科目がAとBに分かれたものの，公民科系の各科目構成は，そのまま維持された．それが今回，公民科の大幅な科目構成の改編とともに，「現代社会」を廃して導入されたのが「公共」である．

表 10-1　近年の高等学校社会科系の科目構成

1978 年版	教科名	社会	
	科目名	現代社会，日本史，世界史，地理，倫理，政治・経済	
1989 年版	教科名	地理歴史	公民
	科目名	世界史 A，世界史 B，日本史 A，日本史 B，地理 A，地理 B	現代社会，倫理，政治・経済
1998 年版	教科名	地理歴史	公民
	科目名	世界史 A，世界史 B，日本史 A，日本史 B，地理 A，地理 B	現代社会，倫理，政治・経済
2002 年版		（一部改訂）	
2008 年版	教科名	地理歴史	公民
	科目名	世界史 A，世界史 B，日本史 A，日本史 B，地理 A，地理 B	現代社会，倫理，政治・経済
2011 年版		（一部改訂）	
2017 年版	教科名	地理歴史	公民
	科目名	地理総合，地理探究，歴史総合，日本史探究，世界史探究	公共，倫理，政治・経済

2018（平成30）年に改訂された学習指導要領における公民科は，「公共」（2単位）「倫理」（2単位）「政治・経済」（2単位）の三科目からなる．このうち「公共」は「入学年次及びその次の年次の2か年のうちに全ての生徒に履修させる」（高等学校学習指導要領『公民編』p. 26）ことを原則とし，その履修後に「倫理」や「政治・経済」を学ばせる導入的な役割の科目とされている．この点も，一見，「現代社会」の代替のように見えるし，実際，指導要領の解説においても「（「現代社会」では）優れた実践が多く生まれ．新科目「公共」においては，この財産を継承し」（同，p. 29）とも書かれている．それなら新教科「公共」は，単純にこれまでの「現代社会」を継承したものであると考えることができるのだろうか．

2.　「現代社会」を特徴づけてきたもの

　1978（昭和53）年に学習指導要領に導入された「現代社会」は，大きく「（1）現代社会の基本的な問題」と「（2）現代社会と人間の生き方」から成り立っていた．オイルショックや地域社会の崩壊などの社会不安，校内暴力などの青年期の問題が生じていた時代に，「現代社会」は生まれ，新しい言葉であった「自己同一性（アイデンティティ）の確立」が「現代社会」のひとつのキーワードとなっていた．失われた文化の再発見，青年期の自己追究，現代社会における新たな倫理観に基づく人間像などが，この科目において必要とされた．

　1989（平成元）年版においては「（1）現代社会における人間と文化」「（2）環境と人間生活」「（3）現代の政治・経済と人間」「（4）国際社会と人類の課題」の四つからなる内容項目になり，青年期の自己形成は（1）の内容項目の一部となった．1998（平成10）年版では，再び「（1）現代に生きる私たちの課題」「（2）現代の社会と人間としての在り方生き方」の二部構成になり，2008（平成20）年版では「（1）私たちの生きる社会」「（2）現代社会と人間としての在り方生き方」「（3）共に生きる社会を目指して」と，（3）の内容に含まれる多文化共生や持続可能な社会づくりの要素が加わったものの，一貫して現代社会や文化の中での青年期の自己確立が大きなテーマとなっている．

3.　学習指導要領に示された「公共」の内容項目

　一方「公共」の内容の大項目は，「A　公共の扉」，「B　自立した主体としてよりよい社会の形成に参画する私たち」，「C　持続可能な社会づくりの主体となる私たち」の三つからなる．このうち「A　公共の扉」は，「地域社会などの様々な集団の一員として生き，他者との協働により当事者として国家・社会などの公共的な空間を作る存在であることを学ぶ」もので，「社会に参画する際の選択・判断するための手掛かりとなる概念や理論などや，公共的な空間における基本的原理を理解」（同，p. 28）させ，つづく大項目B及びCの学習の基盤を養うものとされている．

つづく「B　自立した主体としてよりよい社会の形成に参画する私たち」については，学習指導要領は以下のような問題例を列記している．

表10-2　内容項目Bに見られる「公共」の学習対象の具体例

法や規範の意義及び役割／多様な契約及び消費者の権利と責任／司法参加の意義／政治参加と公正な世論の形成，地方自治／国家主権，領土（領海，領空を含む.）／我が国の安全保障と防衛／国際貢献を含む国際社会における我が国の役割／職業選択／雇用と労働問題／財政及び租税の役割，少子高齢社会における社会保障の充実・安定化／市場経済の機能と限界／金融の働き／経済のグローバル化と相互依存関係の深まり（国際社会における貧困や格差の問題を含む.）など

（高等学校学習指導要領『公民編』2018年，pp. 28-29.）

さらに大項目の「C　持続可能な社会づくりの主体となる私たち」は，「これまでに鍛えてきた社会的な見方・考え方を総合的に働かせ，その課題の解決に向けて事実を基に協働して考察，構想し，妥当性や効果，実現可能性などを指標にして，論拠を基に自分の考えを説明，論述する．これらを通して，現代の諸課題について多面的・多角的に考察したり，解決に向けて公正に判断したりする力や，合意形成や社会参画を視野に入れながら構想したことを議論する力，社会的事象等を判断する力などを身に付けることを意図したのである．」と解説されている．ここでは「小学校社会科における位置や空間的な広がり，時期や時間の経過，事象や人々の相互関係など，中学校社会科地理的分野における位置や空間的な広がりなど，歴史的分野における推移や変化など，公民的分野における対立と合意，効率と公正など の多様な視点を踏まえた上で」（同，p. 30）とあるように，これまでの学びを総合して，現代社会の諸課題について情報を収集し，判断し，意思決定を行う．その中で子供たちは，「倫理的主体，法的主体，政治的主体，経済的主体」（同，p. 31）として「現代社会に生きる人間としての在り方生き方についての自覚や，公共的な空間に生き国民主権を担う公民として」（同，p. 33）の行動が求められるのである．

　このような点から見ると，一貫して不安定な青年期の自己確立を内包していた「現代社会」とは異なり，「公共」は文字通り「公共的な空間」における主権者としての確立を目指している科目であることが分かろう．

第2節　小中学校の授業とどのように違うか

　周知のように日本においても2016年から18歳選挙権が施行され，高等学校に通う生徒への主権者教育の必要性がより高まったと言われた．しかし，実際に提案された授業を見ると，模擬選挙などの「投票者教育」であることが多い．政治的参画は，何も投票行動だけでなく，日常のあらゆる場面を通してなされている．それと同時に，選挙権年齢の者のみが主権者ではなく，より幼い年齢の者でも日

本国民である限りは主権者であることを忘れてはならない.

　では, 主権者教育を指向した場合に陥りやすい授業は何か. 近年の小中学校社会科教科書は, 政府機関以外のNPOの活躍や, 中学生に地域の諸問題を調べさせて政策提案をさせるアクティビティを取り入れている. しかし, これまでの小中学校での学習は, 主としてフォーマルな立法・行政の基本的しくみの理解に力点が置かれてきた. その結果, 多くの子供たちは「政治的行為は市役所職員や議員が行うもの」と考え, 自分たちはそこに「要求する存在」と考えがちである. 多くの場合, このフォーマルな立法・行政の基本的しくみの知的理解で終わってしまうが, 一部, 熱心にアクティビティを導入した授業も, 場合によっては自分たちで話し合った提案を「市役所の担当職員に提案しに行く」等のパフォーマンスに終結する実践に陥ってしまうことになる.

　一方, 「公共」で指し示すところの「公共的な空間」とは, 子供たちが「政治的主体」「経済的主体」「法的主体」「情報発信の主体」など様々な主体として「家族・家庭や地域等にあるコミュニティ」に支えられながら, 自立した個人として社会と関わって活動する場所である. そのような「公共的な空間」は, 私たちの周りにフォーマルな立法・行政のしくみ以外のものとして多層的・多元的に広がっている. それゆえに小中学校で学んできた立法・行政のしくみなどは, そのような多様な公共空間において考察したり判断したりする情報の一部でしかない. 例えば, 小学生が授業の中で「子供たちのための公園が欲しい」という「自分たちの意見」を形成したとしよう. 小学校では, このような「自分たちの意見」を, 地方自治における「みんなの意見」にするには, 投票や請願という行動があると教えられる. その結果, 先にあげたような議員や行政職員に意見を提出する「パフォーマンス型」の授業となるわけである. しかし実際は, 自治会単位の住民の意見の集約や, 利害関係者との調整, 関連する諸団体との協働や情報発信などがなければ公園は生まれない. もし子供たちが公園建設を実現したいと思うなら, 自分たちが「政治的主体」「経済的主体」「法的主体」「情報発信の主体」として社会とどのようにつながり, どのような基本原則にのっとって行動していくかを考える必要がある. このような「公共」の考え方を, 筆者なりにまとめてみると以下のようになる.

> 1) 公共的な空間は多層的・多元的であり, フォーマルな立法・行政のしくみ以外の様々な政治的参画の場が私たちの周りに広がっている.
> 2) 公共的な空間は「役所や議員に要求する」という公と私の二極対立ではない. 私たちはフォーマル, インフォーマルな様々な集団への参画を通じて意見を形成・集約をしている.
> 3) 「自分たちの意見」を「みんなの意見」にして社会に働きかけるには, 集団内外の対立する意見と調整・合意する有効な方法とともに, 他者の尊重や幸福の追求などの基本原則とともに身につける必要がある

1．多層的・多元的な公共的空間

　では，このような新教科「公共」の考え方を授業にすると，どのようなイメージになるのであろうか．小中学校の授業や，これまでの高等学校の授業と大きく異なるのは，第一に多層的・多元的な「公共的な空間」において子供たちが社会につながっていることからスタートする点にあった．子供たちは，仮定や地域社会のコミュニティに支えられ社会につながっているが，もっともイメージしやすいのが自分たちの高等学校である．私たちも「学校地域連携」と簡単に口にするが，その際の「地域」の多層性・多重性をほとんど意識できないである．ここから「公共的な空間」にアプローチしたい．

　なお，主体的で対話的な学びを基本とする「公共」の授業は，従来の指導案スタイルでは表現しにくいため，指導案と各アクティビティのための教材を相互に配置し，シナリオを進めるように表記した．そのほうが授業の進め方全体をイメージしやすいと考えたからである．

【展開1】学校地域連携の「地域」とは誰のことか？

導入	○資料提示 ・「地域とあゆむ○○」など，企業のキャッチフレーズやHP，チラシを提示する． ○導入発問「これらのキャッチフレーズにおける『地域』とは誰のことか？」「会社の目の前の住民か？」「○○市の全員か？」「その会社の取引先の企業や商店だけか？」「誰とあゆむのか？」 ・以上の発問を投げかけた上で，クラスで自由に発言させる．
展開1	○発問「私たちの学校も『学校地域連携』を大事にしている」「では，学校地域連携の『連携先』は誰を指すのか？」 ・以上の発問を投げかけた上で，クラスで自由に発言させる． ・一通り話が出た後で，【教材1】をグループに配布する． ・グループで「連携場面」を考えさせた上で，連携の度合いを5段階で評価させる．

【教材1】学校地域連携の「地域」とは誰のことか？

この人たちと高校はどれくらい連携していますか？	←している／していない→
1．校門の目の前に住んでいる家族	5 ・ 4 ・ 3 ・ 2 ・ 1
2．高校のある場所の町内会長さんや民生委員さん	5 ・ 4 ・ 3 ・ 2 ・ 1
3．高校の近くにある商店や会社	5 ・ 4 ・ 3 ・ 2 ・ 1
4．高校のある場所を管轄する市町村役場の人	5 ・ 4 ・ 3 ・ 2 ・ 1
5．高校のある地区の議員さん	5 ・ 4 ・ 3 ・ 2 ・ 1

展開 1	○発問「なぜ，同じ地域社会に住んでいても，高校との連携度合いに違いがあるのか？」「これらの人とは，高校とどのような相互関係にあるのか？」「どのような人を『連携の度合いが強い』『連携の度合いが弱い』と判断したのか？」 ・以上の発問を投げかけた上で，クラスで自由に発言させる． ○展開 1 まとめ ・これらで言う「地域」とは，一定の地理的広がりや行政区域のことではないこと． ・高校という社会に影響を与えたり，協働して行動したりするのは，必ずしもフォーマルな組織関係だけではないこと．

2. 公共的な空間を通じた集団への参画・貢献を通じて意見集約

　次に多層的・多元的な「地域」の中で，学校がそれぞれのチャンネルから選び，学校教育への参画や貢献を期待し，地域の意見を集約しようとしてお願いした学校評議員に着目する．そして，これらの人々と高校生は，家庭や地域，卒業生を通じて接点があり，ゆえに高校生が高校という社会に参画したり，意見集約したりする時の一つの大きなチャンネルになりうる存在でもある．

【展開 2】高校と私たちの様々なつながり

展開 2	○学校評議員について調べてみよう① ・学校評議員とは何で，高校にどのような影響を与えているのか？ ・自分たちの高校の学校評議員は，地域のどのような人が選ばれているのか？ ○グループ・ディスカッション ・高校は，どのような協力を得ようと期待して【教材 2】のような地域の人たちを学校評議員に選んだのだろうか？

【教材 2】高校は，学校に対するどんな協力を得ようと，以下の人たちを「学校評議員」としたのだろう？

保護者の人	
近隣の学校の先生	
大昔の卒業生	
町内会長さん	
NPO やボランティアの人	
その他	

展開 2	○学校評議員について調べてみよう ② ・学校評議員会の議事録（家庭に配布されるもの）では，誰がどのような発言や要求をしているのか？ ・もし私たちが，校則について，地域イベントについて，部活の活動資金について高校に要望しようとすれば，誰と協力して高校に伝えると効果的か？ ・また地域の人たちは，私たち高校生にどのような期待を持っているのか．そのうちで実現可能なものはどれか？

	○「自分たちの意見」と「みんなの意見」
	・自分たち高校生が，または，その一部が「自分たちの意見」を述べても，な
	ぜ高校は聞くことが難しいのか？
	・なぜ「自分たちの意見」を，生徒会を通じて「みんなの意見」にする方が，
	効果が大きいのか？
	・なぜ，高校生「自分たちの意見」だけでなく，高校に協力する様々な人と協
	力して意見形成する方が，効果が大きいのか？
	・高校全体で，高校に協力する多様な人と意見集約する際の難しさとは何か？
	○展開2まとめ
	・高校という社会と自分たちの間には，家庭や地域社会，卒業生など多様な社
	会や集団を通じたつながりがある．
	・多様な意見を集約する困難さがあるが，個人としての自分の意見を述べた
	り，自分たちだけの思いで参画や貢献をしたりするだけでなく，多様な集団
	と協力し「自分たちの意見」を「みんなの意見」にしていく方が，より効果
	的な社会参画や意見表明ができる．

3.「自分たちの意見」を「みんなの意見」に

　これまでは高校生という立場から高校という社会へのつながりを見てきた．子
供たちはここまでの経験をふまえて，ここからは自分たちが「政治的主体」「経
済的主体」「法的主体」「情報発信の主体」として自立し，どのように社会とつな
がり，どのような基本原則にのっとって行動していくかをイメージする必要があ
る．

　【教材4】の各カードは，子供たちが「公共的な空間」の社会的な主体として
自立した場合，どのような「政治的主体」「経済的主体」「法的主体」「情報発信
の主体」としてふるまえるかをシミュレートしたものである．

　それと同時に，これらの集団は，自分たちとは異なる特性を持った集団かも知
れないが，自分たちが社会的な合意形成をする場合に利害関係の一致や影響力の
面で協力するであろう集団でもある．

【展開3】自立した社会的主体としての私たち

	○自立した社会的主体としての私たち
	・これまでは「高校生」という立場から議論をしてきました．
	・卒業し，これから社会人となった時には，みなさんは法的にも，政治的にも，
展開	経済的にも，これまで以上の影響力を持ち，力強い意見の発信もできます．
3	・これらの集団の一員となれば，より強力な社会的活動が可能となるし，他の
	集団と協力すれば「みんなの意見」の価値は上がります．
	○アクティビティ①
	・【教材3】の「ミッション」を読み上げ，クラス全員で確認する．
	・【教材4】の裏返した16枚のカードから，各グループ2枚を引く．
	・その2枚のカードについて，以下のディスカッションをする．

	・「Q1：どうすれば，そのグループの一員となれるか？」グループで話し合ってみよう．
	・「Q2：どのようにすれば，その集団に自分の意見を代弁してもらえるか？」グループで話し合ってみよう．
	・各グループの話し合いの結果を発表し，クラスでシェアしましょう．

【教材3】 ミッション・カード(読み物)

【ミッション】
学校に「危ないので通学路に歩道を付けてください」と言っても学校にはできません．市役所に「うるさいので家の隣に保育園はいりません」と言っても，それを必要とする人はいます．市役所の人も議員さんも，いろいろな意見の人を納得させないと，何もできません．「自分たちの意見」を「みんなの意見」にするためには，① 自分がその一員となり，②自分の意見をその集団の意見として認めてもらい，③ その上で，政治や経済法律を実現するために必要な他の集団にも意見を認めてもらう必要があります．

【教材4】「自分たちの意見」を「みんなの意見」に (アクティビティカード)

町内会や近所の人たち	PTAや子育てサークル	勤めている会社と同業グループ	同じ被害にあった人たちのグループ
学校の先生や教育委員会の人	趣味のサークルの集まり	市役所や県庁に務めている人たち	国会議員や地方の議員さん
弁護士さんや法律の専門家	ある目的で作られたNPO法人の人たち	クラスメイトや近隣校の高校生	家族や親せき同じ家系の人たち
同じ政治的立場のグループの人たち	同じ地方出身の人たちの集まり	同じ職業の人たちの集まり	ネットで賛同してくれる人たち

【展開3】前頁からの続き

展開3	○効果的な社会参画のストラテジー ・【教材4】の16枚のカードについてクラスでシェアしたところで，再び，高校生の私たちが【教材5】のA～Cのような社会的課題を解決するために，どのような効果的な行動が考えられるでしょう？ ・高校生の「自分たちの意見」を，その社会的事象に影響力のある集団と協力して「みんなの意見」にする方法を考えてみよう． ○アクティビティ② ・【教材5】A～Cの事例を各グループで分担して，「自分は【教材4】の16枚のカードのどの集団(複数)の立場から発信できるか」「どのように，その集団内の意見をまとめるか」「他のどの集団に，どのような論理で呼びかければ効果的か」話し合いましょう． ・話し合った結果は，クラスでシェアしましょう．

【教材5】社会的課題の事例と自分たちが使えるカード（【教材4から選ぶ】）

A) 高校の前の道は埋め立て工事のためのダンプカーの近道になっています．私たちの通学にも危険ですし，まして小さな子供も安心できません．騒音がひどい上に多くの粉塵がまき散らされて健康被害を訴える人もいます．大型車が侵入できないよう指定した標識を設置したり，歩道を設置したりする必要があります．		
B) 私たちの住む地域には美しい森があって名水も有名で，貴重な生物も多く住んでいます．ところが，その森を切り開いてゴルフ場を建設する計画が持ち上がりました．景観だけでなく，その森を利用する産業や，水を利用する農家も多く，地域の誇りでもあるその森を保全するための法律の制定が急がれています．		
C) ある国では，戦争のために私たちと同じ年の人たちが学校にも行けずに貧しい生活をしています．私たちのクラスでは，少しでも役立つよう募金をしましたが，その効果は微々たるものです．同じ考えのNPOと協力したりするだけでなく，日本が国として援助したり，その国のものを少しでも買ってもらうよう企業に働きかける必要もあります．		
自分が使えるカード			
考えをシェアし協力できる集団			
どのような論理で他集団を説得するか	⬇	⬇	⬇

展開3	○展開3 まとめ ・私たちは投票や請願というフォーマルな方法だけでなく，「政治的主体」「経済的主体」「法的主体」「情報発信の主体」さまざまな社会的主体として，社会的課題に協力できる． ・また社会的課題の特性に沿った集団と協力することで，より効果的に社会的課題を解決できる．

4．「公共」の中の私たち

最後に，自分たちが自立した社会的主体として行動を起こした場合，それらの行動がどれほど有効か評価する．もちろん，社会的な課題の特性によって効果は変わってくるが，ここまでの段階でフォーマルな社会参画を中心に小中学校で学んできた子供たちが，多層的・多元的な社会参画の在り方を理解することで，それまで学んだ知識を相対化する段階でもある．

【終結】まとめのためのディスカッション

終結	○まとめのためのディスカッション ・これまでの話し合いやアクティビティを踏まえて，【教材6】の行動がどれぐらい社会的課題の解決に有効か，グループで話し合って評価しなさい（あえて社会的課題の特質を設定しないことで，その前提自体も話し合わせる）． ・子供から質問が出れば，社会的課題の特性により類型化させる． ・話し合いの結果をクラスでシェアする．

【教材6】次の行動はどれぐらい有効ですか？

次の行動はどれぐらい有効ですか？	←有効／有効でない→
・ひとりで市役所や議員さんに訴えに行く	5・4・3・2・1
・ネットで広く賛同者を集める	5・4・3・2・1
・近所の人たちや地域の人たちと協力して意見をまとめる	5・4・3・2・1
・さまざまな集まりに参加し普段から貢献をする	5・4・3・2・1
・同じ考えの人たちとだけ話し合って盛り上がる	5・4・3・2・1
・違う意見の人たちを説得できるように努力する	5・4・3・2・1
・選挙や投票のときだけでなく，さまざまな集団で活動する	5・4・3・2・1
・同じ立場の人を捜して協力する体制を作っていく	5・4・3・2・1
・専門家を味方につけたりアドバイスを受けたりする	5・4・3・2・1
・勤めている会社を通じて社会や経済に影響を与える	5・4・3・2・1

第4節　「公共」の授業をどう評価するのか

1.「正解のない問題」をどう評価するか

　「公共」の場合，アクティビティを多用して生徒に考えさせる授業が求められている．もちろん，記憶したことを再生させるテスト問題が作れないわけではないが，先の授業プランで行うような活動では，グループごとに扱う問題も異なるし，同じ問題を議論させても無数の提案がなされてくる．このような「正解のない問題」を評価する方法のひとつがルーブリックである．ルーブリックの良い点は，作る過程で教師が何を育てどこまで育ってほしいかと言う到達目標と評価規準（項目）が明確となると同時に，どのような筋道やステップで到達目標に達するかと言う評価基準（ものさし，段階）が明確になることである．

　このルーブリックを作るのは，それほど難しく考えなくてもよい．例えば，『高等学校学習指導要領における「公共（仮称）」の改訂の方向性（案）』2018（平成28)年では，「公共」で求められる資質・能力について次のように述べている．それを見てみると七つほどの知識理解，技能，態度に分けられる．

表10-3　「公共」で求められる資質・能力

○(1) 現代社会の諸課題を捉え考察し，選択・判断するための手掛かりとなる概念や理論の理解／及び(2) 諸資料から，倫理的，政治的，経済的，法的，様々な情報の発信・受信主体等となるために必要な情報を効果的に収集する・読み取る・まとめる技能
○(3) 選択・判断するための手掛かりとなる考え方や公共的な空間における基本的原理を活用して／(4) 現代の社会的事象や現実社会の諸課題の解決に向けて，事実を基に協働的に考察し／(5) 合意形成や社会参画を視野に入れながら構想したことを，妥当性や効果，実現可能性などを指標にして論拠を基に議論する力
○(6) 現代社会に生きる人間としての在り方生き方についての自覚／(7) 我が国及び国際社会において国家及び社会の形成に積極的な役割を果たそうとする自覚など
　　　　　　　　　　　　　　　　　　（（）の番号と／は筆者によるもの）

この「公共」で求められる資質・能力を基にルーブリックを作ってみると，「(1)現代社会の諸課題を捉え考察し，選択・判断するための手掛かりとなる概念や理論を理解している」を到達すべき資質・能力として「A」評価にする．そして，全くできていない状態を「C」評価とする．その中間の「B」評価は，C→Aに子供たちの発展途上の状態を想定して設定すればよいのである．例えば，先のアクティビティ①【教材3・4】の場合，議員や市役所の機能を思い出したり，NPOやボランティアの活躍を話題にしたりしてはいるが，グループ・ディスカッションにおいて「自分たちが議論している社会的課題の解決に，それらがどう使えるか」という議論になっていない場合，「B」評価を下すことになる．ルーブリックを使うと，議論が多様に展開していても評価が可能になる．

表10-4 「公共」で求められる資質・能力にもとづくルーブリック作成過程

	(1) 現代社会の諸課題を捉え考察し，選択・判断するための手掛かりとなる概念や理論を理解している	(2)略	(3)略	(4) 現代の社会的事象や現実社会の諸課題の解決に向けて，事実を基に協働的に考察している	(4)略	(5) 現代社会に生きる人間としての在り方生き方についての自覚している	略
A							
B	・小中学校で習った，現代社会の諸課題を考察しる基本的な概念や理論を想起しているが，それが選択・判断の基準とはなっていない．	略	略	・現代の社会的事象の諸課題の解決において事実を基づく議論をしているが，他集団の行動を理解したり協働の可能性を議論したりしていない．	略	・現代社会における他者の尊重や共同の利益の重要性は理解しているが，自分たちが社会的主体として関わる自覚はない．	略
C	・小中学校で習った，現代社会の諸課題を考察し，選択・判断するための基本的な概念や理論が理解できていない．	略	略	・現代の社会的事象の諸課題の解決において，事実を踏まえず議論したり，他の集団と協働したりしようとしていない．	略	・自分が現代社会の中で主体として生きている自覚がない．	略

（筆者作成）

2. 評価における「対外証明機能」と「指導補助機能」

さらに，この様に作成したルーブリックを公開し，生徒と共有することを提案したい．授業における評価には「あなたの点数は何点でしたよ」という「対外証明機能」とともに，「どの点が不足でがんばって欲しいか」という「指導補助機能」がある．例えば，先にあげたルーブリックを生徒と共有すると，「どのような点に着目して議論を進めれば高い点数が取れるか」がわかり，そのような議論に生徒を誘導することが可能となる．一般に「何をどのくらい知っているか」という認知的な尺度で測る評価規準を公開することは，その部分をねらってだけ勉強してくるという不都合を引き起こすが，このような「正解のない問題」への取り組み方を測る行為変容の尺度の場合，生徒のアクティビティの不足部分を意識させ

教師の意図する授業目標に近づける効果を生むことができる. 例えば, 教師とルーブリックを共有した子供は, 先の例で言うと「小中学校で習ったことを思い出して話題にする」だけでなく, 自分たちがアクティビティで直面している問題を判断するために, 習ってきたことを使って議論しないと「A」評価がもらえないとわかる. このようにルーブリックを共有することで, アクティブ・ラーニングでどこまでの到達点を求められているのかが子供たちにも自覚的に理解できるようになる.

3. 授業の裏返しとしての定期テスト

さらに実践的問題として,「公共」をはじめとして, アクティブ・ラーニングを多用して議論させるような授業では, 定期テストの問題を慣れ親しんだ記述式で出題すると, その効果は半減してしまう. 子供たちにすれば, いくら授業で熱心にアクティビティを行っても定期テストの点数に直結しなければ, 子供たちのインセンティブは低下する. では, どのようにテスト問題の作成が可能だろうか. 以下は, 本授業のアクティビティ ② に関する問題例である.

【テスト問題例】

問1：自分が関心のある社会的課題を A 〜 C から一つ選び, その理由を答えなさい.

A) 高校の前の道は埋め立て工事のためのダンプカーの近道になっています. 私たちの通学にも危険ですし, まして小さな子供も安心できません. 騒音がひどい上に多くの粉塵がまき散らされて健康被害を訴える人もいます. 大型車が侵入できないよう指定した標識を設置したり, 歩道を設置したりする必要があります.

B) 私たちの住む地域には美しい森があって名水も有名で, 貴重な生物も多く住んでいます. ところが, その森を切り開いてゴルフ場を建設する計画が持ち上がりました. 景観だけでなく, その森を利用する産業や, 水を利用する農家も多く, 地域の誇りでもあるその森を保全するための法律の制定が急がれています.

C) ある国では, 戦争のために私たちと同じ年の人たちが学校にも行けずに貧しい生活をしています. 私たちのクラスでは, 少しでも役立つよう募金をしましたが, その効果は微々たるものです. 同じ考えの NPO と協力したりするだけでなく, 日本が国として援助したり, その国のものを少しでも買ってもらうよう企業に働きかける必要もあります.

問2：つぎの 16 枚のカードの内, 自分が直接か関わるグループを 2 つ選び論じなさい.
  （1）それらのグループと自分がどのように関わっているか,
    （例：PTA →自分たちの保護者は高校の PTA に所属している）
  （2）それらが, どのように選んだ社会的課題と関わっているか,
    （例 C を選んだ場合：PTA →「クラスの集めに協力が得られる」「子育てにたいする関心が高く, 教育問題について活動している人もいる」）

町内会や 近所の人たち	PTA や 子育てサークル	勤めている会社と 同業グループ	同じ被害にあった 人たちのグループ
学校の先生や 教育委員会の人	趣味のサークルの 集まり	市役所や県庁に 務めている人たち	国会議員や 地方の議員さん

弁護士さんや 法律の専門家	ある目的で作られた NPO 法人の人たち	クラスメイトや 近隣校の高校生	家族や親せき 同じ家系の人たち
同じ政治的立場の グループの人たち	同じ地方出身の 人たちの集まり	同じ職業の 人たちの集まり	ネットで賛同して くれる人たち

問3：16枚のカードから，自分は直接的な関わりは薄いけれども，自分が選んだ社会的課題に影響力があるグループを2枚選び，どのように説得すれば同じ目標を共有して活動できるか論じなさい.

　　　（例Aを選んだ場合：PTA→小中学校のPTAは，自分たちより幼い子供を育てているので，より交通問題に熱心に関わってくれると思う.）

　　　（例Aを選んだ場合：議員さん→地域の多くの人の抱える問題を解決することによって，地域貢献ができる上に，次回の得票に結びつく.）

　一見，慣れていない子供には難しい問題に見えるかもしれないが，多くの場合，すでにクラス全体やグループでやってきた内容なので，テストでは確実に点数に結びつく. また，これを解答することで，表10-3であげたような資質・能力が個人に本当に身に着いたかを確認することができる.

第5節　おわりに

　新教科「公共」は，「現代社会」の焼き直しではない. 不安定な青年期の自己に重きを置いた「現代社会」とは異なり，「公共」は社会的主体としての確立を目指している. それは，何もフォーマルな政治的参画だけにとどまらず，あらゆる多層的・多面的な社会とのつながりを学習対象とするものとなっている.

　また私たちの社会生活は，「倫理」や「政治・経済」の教科書に書かれているものだけで成り立っているのではない. むしろ，それ以外の様々な場面で社会生活は営まれているというのが実感ではないだろうか. そのような多様な社会における社会的主体としての私たちは，まず新教科「公共」において，そのような社会における「公共の扉」を開くことが必要なのである. そのような「公共的な空間」での学習を充分に重ねることによって，後に続く「倫理」「政治・経済」で学ぶ概念や理論が生きてくる.

参考文献
教育課程部会高等学校の地歴・公民科科目の在方に関する特別チーム『高等学校学習指導要領における「公共（仮称）」の改訂の方向性（案）』（2016（平成28）年6月27日）.

第11章
高等学校公民科「倫理」の学習指導・評価
―実際に授業を単元で構想してみよう―

第1節　はじめに

*1　1956年版の高等学校学習指導要領社会編では，1947年版，1951年版の社会科の「一般社会」と「時事問題」について，総合的な内容の組織化が難しい点を指摘している．この課題を解決するため，「日本史」・「世界史」・「人文地理」に加え，新科目「社会」が必修科目として設定された．「社会」は「人生観や行為の基準となる道徳や思想について深く考えさせる機会をもたせる」科目であり，教科「社会科」の中心とされた．

*2　大谷いづみによる実践「ベビーM事件」では，「ベビーM」とされる子供の親権を巡り，代理母契約の有効性が争われた裁判(1986年)を扱い，生命や家族に対する根本的な問いを生徒と共に問い続ける授業構成となっている．このように，従来のあたり前を疑い，「答えのない問い」を問い続ける点が倫理の学習の特徴といえる．

　高等学校公民科「倫理」は，1978年の学習指導要領改訂の際，「現代社会」と共に設定された科目である．しかし，その内容の多くは，1947年の高等学校社会科の成立から，「一般社会」(1947年)，「社会」(1956年)，「倫理・社会」(1958年)といった「社会科」の必修科目の中に見ることができる．その意味で，「倫理」は高等学校社会科の中心的な位置付けであった[*1]といえる．

　このような「倫理」であるが，1978年に選択科目の一つとなって以来，その位置付けが変化している．つまり，より広範囲で総合的な学習を行う必修科目として設定された「現代社会」(1978年)，そして，「公共」(2018年)の学習を前提とした上で，より深く，生命，自然に関わる科学技術についての考察や先人の思想などについての倫理的考察を行う科目としての「倫理」へと比重が変化したのだといえよう．

　2018年度版の学習指導要領にある倫理の目標では，「社会にある規範を単に内面化するのではなく，相対化させる学習を通して，グローバル化する国際社会に主体的に生きる平和で民主的な国家及び社会の有為な形成者に必要な公民としての資質・能力の育成」が掲げられている．倫理では，社会にある規範を扱うがその内面化が目的とはされていない．むしろ，社会的存在としての人間の規範・原理を探究し，様々な規範の根拠について考える学習，例えば，「～は悪い／よい」，「～してはいけない／してもよい」，「～すべき／すべきではない」といった価値的な判断の理由を筋道立てて考えていく学習[*2]の設定が必要であると言えよう．

第2節　高等学校公民科「倫理」の特質

　高等学校公民科の学習指導要領における「倫理」の内容について2009年(告示)版と2018年(告示)版から抜粋したものである．

表 11-1 「内容」の比較

2009 年版	2018 年版
(1) 現代に生きる自己の課題 (2) 人間としての在り方生き方 　ア．人間としての自覚 　イ．国際社会に生きる 　　　　日本人としての自覚 (3) 現代と倫理 　ア．現代に生きる人間の倫理 　イ．現代の諸課題と倫理	A　現代に生きる自己の課題と 　　　　　　人間としての在り方生き方 (1) 人間としての在り方生き方の自覚 (2) 国際社会に生きる日本人としての自覚 B　現代の諸課題と倫理 (1) 自然や科学技術に関わる諸課題と倫理 (2) 社会と文化に関わる諸課題と倫理

　2009 年版では，科目の導入に位置付けられている内容「(1) 現代に生きる自己の課題」を通して，自己の生き方と現代の倫理的課題との結び付きに気づかせる．次に，内容「(2) 人間としての在り方生き方」において，先哲の思想や日本人としての自覚につながる基本的な考え方に触れ，内容「(3) 現代と倫理」につなげる．内容 (3) では，「ア．現代に生きる人間の倫理」について触れ，最後に，内容 (3)「イ．現代の諸課題と倫理」で，「生命，環境，家族，地域社会，情報社会，文化と宗教，国際平和と人類の福祉などの倫理的課題を自己の課題とつなげて探究する」という構成になっている．このように内容 (3) に向けて，導入，理解，探究という構成になっている．対して，2018 年度版では，大項目が二つに整理され，これらは「哲学に関わる対話的な手法などを取り入れた活動を通して，生徒自らが，より深く思索するための概念や理論を理解できるようにし，B の学習の基盤を養うように指導する」という関係と整理されている．これは，内容 A の「(1)人間としての在り方生き方の自覚」，「(2) 国際社会に生きる人間としての自覚」では，「知識及び技能」と「思考力・判断力・表現力」に関わる小項目がそれぞれ示されているが，内容 B の「(1) 自然や科学技術に関わる諸課題と倫理」，「(2)社会と文化に関わる諸課題と倫理」では，「生命，自然，科学技術などと人間との関わり」，「福祉，文化と宗教，平和など」についての「倫理的課題を見出し，その解決に向けて倫理に関する概念や理論などを手掛かりとして多面的・多角的に考察し，公正に判断して構想し，自分の考えを説明，論述すること」といった「思考力・判断力・表現力」に関わる内容のみが示されていることからも，内容 A の内容を基盤とした内容 B の学習を行うという二つの大項目の関係がうかがえる．

第 3 節　学習指導・評価の実際

　ここでは，倫理の導入に位置付く内容を取り上げる．2018 年学習指導要領に準拠すれば，内容 A(1) に対応する授業である．

1．学習指導例：単元「青年期の課題と自己の確立」の場合

　内容Ａの二つの中項目のうち，取り上げるのは「(1) 人間としての在り方生き方の自覚」に対応する内容である．(1) では，「人間の存在や価値に関わる基本的な課題について思索する活動」を通して，人間は自らの人生をどう生きればよいか，生きることの意味は何かなど，生きることについての根源的な問いを思索すること」が求められている．

　この内容に対応する事例として「青年期の課題と自己の確立」を取り上げる．

　「青年期の課題と自己の確立」は，倫理の導入において，扱われてきた内容である*3．子供から大人へと移行する重要な時期にいる生徒にとって，自身の葛藤の解決につながる概念や理論を持つことは非常に有効であり，「倫理」の導入において，自己の課題と倫理的課題をつなげる経験をすることは，その後の倫理全体の学習においても有効に働くことが期待されるからであろう．

　ここで扱う「青年期の課題と自己の確立」では，特に，心理学にもとづく知見（アイデンティティ，境界人など）が取り上げられることが多い．実験，検証を経て得られた青年期についての理論は，ともすれば，自身の課題に埋没しがちな生徒にとって，自身の課題を再構成し，その解決を模索するための枠組みとして有効に働くからであると言えよう．

ア．単元
　青年期の課題と自己の確立

イ．単元の目標：
　他者とともに生きる自己の生き方についての考察を通して，自己の生き方と現代の倫理的課題の結びつきについて，自らの考えを表現することができる．

ウ．単元の評価規準

知識・技能	思考・判断・表現	学びに向かう態度
○自己確立の基礎を培う時期としての青年期の積極的な意義を理解し，人格の完成に生かす知識として身に付けている． ○青年期の意義と課題に関する諸学問の成果や統計，調査資料，文学作品等の諸資料及び現代の倫理的課題に関する諸資料を収集している．	○自らの体験や悩みを振り返ることを通して，青年期における自己の生き方にかかわる課題を見出している． ○青年期の意義と課題について，自己の生き方に関わる課題とつなげて多面的・多角的に考察し探究して，それらの過程や結果を様々な方法で適切に表現している．	○青年期の積極的な意義と青年期における自己の生き方に関わる課題に対する関心が高まっている． ○青年期の意義と課題について，豊かな自己形成に向けて，現代の倫理的課題と結び付けて自己の課題として意欲的に探究している．

（筆者作成）

エ．単元の構成（全5時間）
　○第1次　青年期の特徴……2時間
　○第2次　自己理解のための枠組み……2時間
　○第3次　青年期の課題と自己形成……1時間（本時）

*3　この内容は，高等学校学習指導要領公民編の「倫理」において，2009年版では，「2　内容」の(1)に位置付く．また，2018年版では，「2　内容」Ａに位置付く．いずれも，「導入」に位置付けることが想定されている．

オ．単元の学習内容

　○第1次　青年期の特徴

　：青年期は子供から大人へと移行していく重要な時期であり，子供と大人の役
　　割の違いや対立から多様な変化が起こる時期であることに気づかせる．また，
　　青年期の置かれている状況について，多くの議論がなされていることを示し，
　　「第二の誕生」や「マージナルマン」や「心理・社会的モラトリアム」といっ
　　た青年期を捉える理論や概念があることを理解させる．

　○第2次　自己理解のための枠組み

　：青年期の発達課題として，「アイデンティティの確立」があり，段階的に欲
　　求を満たしていくことによって「自己実現」へ向かう過程であることを理解
　　させる．この課題がうまくいかない場合，「アイデンティティの拡散」状態
　　になるが，真摯に状態に向き合うことで，乗り越えることができるという考
　　え方があることを理解させる．

　○第3次　青年期の課題と自己形成

　：第1，2次での学習を踏まえ，「アイデンティティの確立」について，具体的
　　な事例に基づいて考察させ，これらを自身の倫理的課題として捉えることが
　　できるようにする．

カ．本時の流れ（5/5時間目）

	学習活動	指導上の留意点	資料
導入	1.「アイデンティティ」の定義について確認する． （1）前時の内容から自分の言葉で説明する． 　・同一性，自我同一性，主体性，自分とは何か？など （2）エリクソンの定義を確認する． （3）本時の学習課題を確認する．	1.アイデンティティとは何かについて，前時の内容を踏まえ，生徒の言葉で説明するように促す．さらに，アメリカ合衆国の心理学者エリクソンの定義「自分が常に同一の自分であるという，自分についての一貫した自覚を持つことであること」を確認し，具体的な事例を通して，「アイデンティティの確立」について考えることを提案する．	①
	「アイデンティティを確立する」とはどういうことだろう？		
	2.映像資料を通して，学習課題について考える． （1）映像資料「夢はどこまでおいかければいいんだろう」を視聴する．	2.Ｓさんの事例から，アイデンティティの確立について考えさせる． （1）Ｓさんの事例を視聴させる．その際，主人公のＳさんの姿に着目して視聴するよう，指示をする．	②

○Sさんの事例

お笑い芸人のSさんは，人気芸人への夢を11年間追いかけてきた．しかし，今，限界を感じている．今年を最後の年と決め，奮闘するSさんのすがたを追ったドキュメンタリーである．（NHK for school オンマイウェイ「夢はどこまで追いかければいいんだろう？」 より）

(2) 感想を交換する．
・Sさんの生き方は大変そうだ．
・この1年はSさんにとって大きな意味を持っている．

(2)「夢を追いかけるSさんの姿を見て，どう思いましたか？」など，Sさんの生き方に着目した感想を取り上げる．

3. これまでの学習内容を踏まえ，Sさんの選択について考察する．

(1)「マズローの欲求の構造」について確認する．

3. これまでの学習内容を振り返り，Sさんの選択について考える視点として，「マズローの欲求の構造」があったことに気づかせる．

(1)「マズローの欲求構造」とは，人間の欲求を五つの階層に分けて説明したものであり，ある階層の欲求はそれより下の階層の欲求が満たされなければ現れないという理論であることを確認させる．　③

(2) Sさんの決断に着目させ，それぞれの決断の段階で，五つの欲求の階層のどの点が満たされていた／いるのかについて考察する．その際，
　　○単独ライブを決める前
　　○単独ライブを決めたとき
の2つのタイミングでの考察を指示する．

(2) Sさんの葛藤を三つの段階に分け，それぞれの段階において五つの欲求のどの点が満たされているのかについて考察させる．基礎的な欲求についての意見は分かれないが，高次の「所属・愛情の欲求」，「承認・自尊心の欲求」について意見が分かれることが予想される．
なお，この判断は生徒のSさんの捉えに起因するものであるため，その根拠（アルバイトで生計を立てている，お笑いの仕事が評価されていないなど）を挙げるよう，指示する．

(3) (2)での判断についてグループで考察し，発表する．
・生理的欲求，安全の欲求は満たされているが，「お笑い芸人」としての実力が認められておらず，「人気芸人」になっていないことから，所属・愛情の欲求，承認・自尊心の欲求は満たされていないと予想される．

(3) 発表の際，具体的なSさんの状況から，欲求の段階についての考えを述べるよう，指示する．抽象的な判断ではなく，Sさんの事例に沿った判断となるよう，発表の際，指導等を行う．

(4) (2)の考察から，Sさんが単独ライブを決めた理由を考える．
・「自己実現の欲求」を追い続けた11年の間に，その下位の欲求が十分に満たされにくい状況になったため，今後の「自己実現」の実現可能性を自身が納得するための材料として，単独ライブをすることにした．

(4) これまでの考察を踏まえ，理由を考えるように指示する．

4. 「アイデンティティを確立する」とはどういうことだろうか？ について考えをまとめる	4. これまでの学習内容を踏まえ「アイデンティティを確立する」ことの意義についての考えをノートにまとめさせる.

（本指導案は，東京書籍「倫理」2016 年，pp. 6-20 を参考に作成したものであり，2018 年度版学習指導要領に準拠したものである）

[資料]
① アイデンティティの確立とは？

> 内的には自分自身の物語づくり，外敵には自分の居場所探しの問題である.
> （東京書籍『倫理』2016 年，p.12 より抜粋）

② S さんの事例　NHK for school
オンマイウェイ「夢はどこまで追いかければいいんだろう」
（NHK for school, https://www.nhk.or.jp/doutoku/onmyway/teacher/program/
2019 年 6 月 30 日取得)
③ マズローの欲求の構造（東京書籍『倫理』2016 年，p. 14 より抜粋）
[参考文献]
E.H. エリクソン著／小此木啓吾訳編『自我同一性—アイデンティティとライフサイクル—』誠信書房，1988 年.
A.H. マズロー著／小口忠彦訳『人間性の心理学』産業能率大学出版部，1987 年.

　本単元は，「アイデンティティ」についての定義を深める構成となっている. そのため，第 1 次，第 2 次においては，「第二の誕生」や「マージナルマン」や「心理・社会的モラトリアム」といった青年期，アイデンティティの確立と自己実現，自己実現のための欲求の特質についての理論や概念について，教科書の記述に沿った理解の確認が行う. アイデンティティは「自分が常に同一の自分であるという，自分についての一貫した自覚を持つことであること」と定義している. これを受け，本時では，これらの理論や概念を活用し，「「アイデンティティを確立する」とはどういうことだろうか？」について考えさせ，単元を終えている. 第 1，2 次の理論や概念の理解を前提としたうえで，自分の言葉で再構成させることを意図しているのである.

　自身の経験と照らし合わせやすいよう，今回は，映像教材「夢はどこまでおいかければいいんだろう」を取り上げた. この映像教材では，お笑い芸人の沢田純平さん（以下，S さん）を主人公とし，「夢」と「現実」とのはざまで悩みながら，自己実現を図ろうとする姿が描かれている[*4]. 本授業では，「アイデンティティ」の定義について，導入で，確認させた上で，映像資料の検討を通しながら，「アイデンティティ」についての自分なりに解釈させることをねらいとしている.

2. 学習評価例：単元「青年期の課題と自己の確立」を事例に

　この問いに対する授業で扱った，また，回答につながる内容との関係を整理し

*4　HP では，次のように解説されている「高月清司さんと「ジャウー」というコンビを組んでいる. 沢田さんの夢は，テレビでひっぱりだこの人気芸人になって日本中の人を笑わせること. しかし，芸人になって 11 年. 泣かず飛ばずの日々が続く中，年齢や周囲とのギャップに沢田さんの決意はゆらぎ始めている. 今年を芸人として最後の年にすると覚悟した沢田さん，まずとりかかったのは，3 ヶ月連続で行う単独ライブで，毎回新しいネタを披露すること. ネタ作りと稽古に奮闘し，ライブ本番をむかえる沢田さんの姿を追う.」
　なお，オンマイウェイは，幅広い校種を想定した道徳教育番組として位置付けられており，問いが投げかけられる場面も含まれる. 本授業では，沢田さんのドキュメンタリーの部分のみ抽出して使用した.

たものが図 11-1 である.

Ⅰ. 理論・概念	Ⅱ. 具体的事例	Ⅲ. 自分事
①アイデンティティの確立とは，社会と自己の認識が一致した状況である	同級生の友達は就職し，結婚し，家族を持っているがSさんはそうではない.	（個人の経験①）
②「自己実現の欲求」が人間の最高の欲求である	「人気お笑い芸人になりたい」という夢がある	（個人の経験②）
③自己実現の欲求を満たすためには，より低次の階層の欲求が満たされなければならない	アルバイトをしながら，夢を追いかけている	（個人の経験③）

（第1，2次）　　　　　　　　　　（第3次）

図 11-1　単元「青年期の課題と自己の確立」において想定される社会認識

　図 11-1 は，横軸に，本単元で想定している三つのレベルの認識（Ⅰ. 理論・概念，Ⅱ. 具体的事例，Ⅲ. 自分事）を位置付け，縦軸に，本単元で扱っている三つの内容（エリクソンの考えに基づいたアイデンティティの確立の定義（① アイデンティティの確立とは，社会と自己の認識が一致した状況である）とマズローの考えに基づいた自己実現と人間の欲求についての考え（②「自己実現の欲求」が人間の最高の欲求である，③ 自己実現の欲求を満たすためには，より低次の階層の欲求が満たされなければならない）を位置付けた．ここでは，三つの理論・概念を三つの異なるレベルで，捉え直すことを通して「青年期の課題と自己の確立」の考察と自身の倫理的課題の捉え直しをさせる構成となっている.

*5　事例に基づく「共感的質問」に加え，自己の考えとして聞く「直接的質問」，一般化して問う「間接的質問」を設定した.

　このような単元の構成から，本時における問い「4. アイデンティティを確立するとはどういうことだろうか？」に対し，異なる回答[*5]を想定した．表 11-2 は，問いの捉え方による回答の違いをまとめたものである.

表 11-2　回答のパターン

○パターンⅠ）理論の一般的な理解：どのような判断がなされるべきだと考えますか？	
問い	指導上の留意点
4. 一般的に「アイデンティティを確立する」とはどういうことだろうか？　について考える.	これまでの学習内容を踏まえ，アイデンティティについて定義し，「アイデンティティ」を確立する上で出てくるであろう葛藤を踏まえながら，「アイデンティティを確立する」ことの意義について自分なりの考えをノートにまとめさせる.
・「アイデンティティ」とは，「自己実現」したいという欲求と実際の自分とに折り合いをつけることである．人間にとって，「自己実現」は最も上位にある欲求である．しかし，それは，安全や生活，承認など基本的な欲求が満たされた上でのことであり，それらが十分に満たされない状況においては，「自己実現」の欲求を違ったものに変えていく必要がある．現実と理想のはざまで，「自分とは何か？」を自分なりに納得することが，「アイデンティティを確立する」ことである.	

○パターンⅡ）具体的事例に即した理解：Sさんはどのように判断すると考えますか？	
問い	指導上の留意点
4.Sさんにとって「アイデンティティを確立する」とはどういうことだろうか？について考える.	Sさんの状況, 立場を踏まえながら, アイデンティティについて定義し, Sさんが直面した葛藤を踏まえながら, Sさんはどのように, 「アイデンティティを確立」しようとしているかについてについて考察させ, 考えをノートにまとめさせる.
・Sさんにとっての「アイデンティティ」とは, 「お笑いライブで笑いを取りたい」という自身の夢と年齢が上がり, 生活も苦しくなり, 自身の夢から遠ざかっていく現実の自分との間に納得がいく形で折り合いをつけることである.「お笑いライブ」への挑戦は, 生のお客の反応から現実の自分と理想との葛藤に敢えて直面し, 1年間で, 「アイデンティティの確立」しようとするSさん自身の覚悟のあらわれであったといえる.	
○パターンⅢ）自分事としての理解：あなたはどう判断しますか？	
問い	指導上の留意点
4.あなたにとって「アイデンティティを確立する」とはどういうことだろうか？について考える.	今回の授業の内容を踏まえ, アイデンティティについて定義し, 自身の経験を踏まえながら, 今, 自分がどのように, 「アイデンティティを確立」しようとしているかについてについて考察させ, 考えをノートにまとめさせる.
自分にとって「アイデンティティ」とは, 「声優になりたい」夢とそれでは生活していけないのではないか？という不安を納得がいく形で折り合いをつけることによって得られるものだと思う. 声優になるには, 専門学校に行き, 勉強をする必要があるが, ほんの一握りの人しか, 生活していける声優にはなれないという話を聞くと, 不安も大きい. 友達や親, 先生に相談したりして, 情報を集め, 自身の納得いく答えを見つけられたとき, 現時点での「アイデンティティが確立した」といえるのではないだろうか	

(2018, 2019年に鳴門教育大学「公民科教育論」での実践資料から作成. 下線部は筆者)

　パターンⅠは, 第1次, 2次の理論・概念を一般的な説明としてまとめたものである. パターンⅡは, Sさんの具体的事例に即し, 彼の立場に立った説明である. パターンⅢは, 第1, 2次で学んだ理論や第3次の事例を自分なりに咀嚼し, 自分事として捉えた説明である. 単に, 「4. アイデンティティを確立する」とはどういうことだろうか？」と問えば, この三つのパターンが出てくると言えよう. また, この三つのパターンの違いを授業者が意識しようとすれば, それぞれの問いに, 「一般的に（パターンⅠ）」,「Sさんにとって（パターンⅡ）」,「あなたにとって（パターンⅢ）」のような言葉を加えることで可能となる.

　では, 「アイデンティティの確立と自己実現」というテーマに対し, 多感な時期の高校生に対する問いとして, この三つのパターンのうち, どれが妥当であろうか. パターンⅠからパターンⅢになるにつれ, 生徒自身の価値観の表明という意味が大きくなる. その意味で, パターンⅢの問いには慎重になるべきであろう. パターンⅢは, 「自己の倫理的な課題に向き合う」という意味では, 非常に有効な問いであるが, 「評価」という側面が強調されることによって, 自らの課題に向き合うという学習が成立しない可能性もある. また, 同様に, 生徒自身の価値観の共有ということにも十分な考慮, つまり, 人権感覚を持った対応が不可欠である[*6].

*6　価値についての考察を突き詰めることで, 生徒に過剰な負荷を与えることも考えられる. 人権感覚を持った問いの設定が必要である.「人権感覚とは, 人権の価値やその重要性にかんがみ, 人権が擁護され, 実現されている状態を感知して, これを望ましいものと感じ, 反対に, これが侵害されている状態を感知して, それを許せないとするような, 価値志向的な感覚である[第三次とりまとめ]」.

*7 倫理においては，自身の価値観に沿った具体的な場面を踏まえた考察が不可欠である．今回は，NHK for school の「オンマイウェイ」に挙げられている動画を活用した．他に，アメリカ ABC 放送による「What would you do？」（https://www.facebook.com/wwyd/）（2019 年 8 月 31 日確認）も参考になる．アメリカにおける事例であり，社会的・文化的な差異を考慮する必要はあるが，実際の場面において，様々な人の「あなたならどうする？」に対する対応が示され，「倫理」の教材として有効である．

「倫理」では，生命，自然，科学技術などのような自らの人生観，世界観，価値観に迫る問題が取り扱われる．これらを扱えば，自ずと，生徒に自身の人生観，世界観，価値観を表明させる場面が出てくることが予想される．多様な生徒の実態を踏まえれば，倫理で扱われるこのような問いとその問いを考える場の設定が生徒に与える影響を十分に考慮すべきである．「社会にある規範を単に内面化するのではなく，相対化させる学習」としての倫理を捉えた際，どこまで問い，また，その回答をどのように扱うのか，授業者の人権感覚と生徒の状況の見取りを踏まえた判断と対応が求められる[7]．

第 4 節　まとめ

今回の学習指導要領の改訂で，小・中学校では，「道徳」が教科として設定された．「道徳」では，学校教育の要となる教科として設定されており，小学校から中学校まで内容項目が体系的に整理されている．「道徳」が教科として設定されていない高等学校においては，「公共」や「倫理」での実践が期待されている[8]．では，高等学校「倫理」は，道徳にどのように位置付くのだろうか．

*8 2018 年版高等学校学習指導要領総則の第 1 章第 1 款の 2 の(2)では，「学校教育における道徳教育は，人間としての在り方生き方に関する教育を学校の教育活動全体を通じて行うことによりその充実を図るものとし，各教科に属する科目，総合的な探究の時間及び特別活動のそれぞれの特質に応じて，適切な指導を行うこと」とある．また，第 7 款の 1 の「道徳教育に関する配慮事項」では，「公民科の「公共」及び「倫理」並びに特別活動が，人間としての在り方生き方に関する中核的な指導の場面であることに配慮すること」とある．

倫理という科目の特質を考えれば，小・中学校で挙げられているような項目を再度，学習するのではなく，それらを社会的規範として相対化し，自身の価値観を振り返る学習となろう．その意味では，様々な事例や考え方の学習を通して，生徒自身の価値観形成に資することが，道徳における「倫理」では求められているのではないだろうか．

これまでの倫理の実践や，倫理で扱われていた内容はいずれも，人権に基づく普遍的な価値を巡る問題について，問い続ける姿勢を求めるものであった．この姿勢は今後も変わらないであろう．そして，そのような姿勢を，生徒に求めるのであれば，授業者もまた，自身の価値観に向き合い，ともに問い続けるべきであろう．

単に，教えるのではなく，ともに振り返り，社会の変化に伴い出てくる新しい社会的規範について考える場を楽しむこと，これが倫理の学習の面白さであり，醍醐味なのではないだろうか．

参考及び引用文献
文部科学省『高等学校学習指導要領（平成 30 年告示）解説 公民編』2019 年．
文部科学省『高等学校学習指導要領（平成 22 年告示）解説 公民編』2010 年．
人権教育の指導方法等に関する調査研究会議「人権教育方法等の在り方について［第三次とりまとめ］」2008 年，
http://www.mext.go.jp/b_menu/shingi/chousa/shotou/024/report/08041404.htm
（2019 年 6 月 30 日取得）

第12章

高等学校公民科「政治・経済」の学習指導・評価
―実際に授業を単元で構想してみよう―

第1節　はじめに：本章のつかいかた

　本章は，高等学校公民科に属する科目の一つである「政治・経済」の授業をどのように開発・実践すればよいか，という問いに，筆者なりに答えようとするものである．

　2018年告示の高等学校学習指導要領（以下，2018年版学習指導要領）で社会系教科の内容構成が大きく変容し，新たな名称の科目が成立した．例えば，地理歴史科は，「日本史Ａ／Ｂ」「地理Ａ／Ｂ」といった名称から「歴史総合」「日本史探究」…等へと一新した．公民科においても，1978年版から採用されてきた「現代社会」が廃止になり，新しく「公共」が採用されている．これに比べると「政治・経済」は，1960年（昭和35年）に初めて高等学校社会科に導入されて以来，名称が変わっていないこともあり，一見するとその位置付けや意味の変化が見えにくい．

　そのため，まず本章では，以前の指導要領や他教科・科目との比較を通し，2018年版「政治・経済」の特質を抽出する．次に，その特質を踏まえた上で，具体的な授業事例を示し，どのように学習指導や評価を構想するかを具体的に示す．その上で，作成のポイントを抽出する．なお，本章で示す方法は，一つの解釈であり正解ではない．自らの問題意識や，各々の対象となる学校や子供の状況を振り返り，批判的に読み解いた上で，実践につなげてもらいたい．

第2節　2018年版「政治・経済」の特質

1. 学校市民性教育としての公民科の位置付け [*1]

　2018年版学習指導要領は，2030年ごろに成人する子供たちを想定したカリキュラムである．2030年の社会は，これまでの社会構造や雇用環境が大きく変化（例：生産年齢人口の減少・グローバル化・AIなどの技術革新）し，予測不可能な社会になるだろうと想定されている．こうした社会において，より協働的かつ主体的

*1　第2節第1・2項の内容は，文部科学省『高等学校学習指導要領（平成30年告示）解説 公民編』東京書籍，2019年を再構成したものである．全体については「第1章　総説」を参照のこと．

な社会の担い手としての市民的資質の育成の重要性が指摘されている．

公民科は教科目標及び教科名からも明らかであるように，従来からこうした市民的資質の育成を重視してきた．ただ，今後の社会の大きな変化を想定すると，これまでの公民科は現代社会の理解・適用に重点が置かれすぎており，未来の社会を切り拓く資質の育成は不十分ではないかという批判があった．さらに，公職選挙法の改正に伴っての選挙年齢の引き下げなども相まって，主体的に社会に参加できる資質を育成することの重要性も指摘される．すなわち，生徒＝未来の市民，ではなく，生徒＝市民であると想定した上で，社会をより学校に取り込むような実践を行うことが求められている．

そのため，公民科の改訂にあたっては，① 生徒が主体となって社会的課題の解決をはかる学習を充実させること，② 教科の特性でもある「社会的見方・考え方」の育成を重視することが強調されている．特に，② については，上記でも述べたような変化する社会の対応する市民性育成において，公民科は中心的な役割を果たすものの公民科だけで応えるものではない．そのため，公民科として扱うからには，公民科こその「社会的見方・考え方」を育成し，その視点や方法を踏まえることもまた求められている[*2]．

2．公民科における「政治・経済」の位置付け

1989年版学習指導要領によって，高等学校社会科が解体されて以降，30年にわたり，公民科は「現代社会」1科目または「倫理」と「政治・経済」2科目のいずれかが必履修であるとされてきた．また，履修年度の指定もなかった．これに対し，2018年版学習指導要領では，「公共」が必履修科目とされ，入学年次または次の年次の2年間での履修が義務付けられた．「政治・経済」は，この「公共」を履修したのちの選択科目の一つとされた．

この科目編成の変化は，ただの履修基準の変化だけではなく，「政治・経済」という科目の位置付けや意味の変容も意味する．すなわち，「基礎」としての「公共」に対して「政治・経済」は「応用」「展開」科目として位置付けられる．また，小学校から開始された政治・経済に関わる学習の最後に位置付き，高校から社会へと繋げるための科目としての役割が与えられることになる．

こうしたことを踏まえ，「政治・経済」の科目の性格について，まとめたものが次の2点である[*3]．

- ・小中学校社会科及び「公共」で育成した社会的な見方・考え方を活用し，さらに専門的分野から現実社会の複雑な諸課題を探究する
- ・複雑化する現代の諸課題は，政治・経済それぞれで解決策を生み出すことが難しい．そのため，政治・経済などの側面を総合的・一体的にとらえ，広く・深く探究する．

*2　下線部で示すように，この改訂の特色は，公民科の目標にも反映されている．
＜2009年版＞広い視野に立って，現代の社会について理解を深めさせるとともに，人間としての在り方生き方についての自覚を育て，民主的，平和的な国家・社会の有為な形成者として必要な公民としての資質を養う．
＜2018年版＞人間と社会の在り方についての見方・考え方を働かせ，現代の諸課題を追究したり解決したりする活動を通して，広い視野に立ち，グローバル化する国際社会に主体的に生きる平和で民主的な国家及び社会の有為な形成者に必要な公民としての資質・能力を次のとおり育成することを目指す．

*3　この特質のまとめについては，「幼稚園，小学校，中学校，高等学校及び特別支援学校の学習指導要領等の改善及び必要な方策等について（答申）（中教審第197号）」の別添資料3-16，および文部科学省『高等学校学習指導要領（平成30年告示）解説 公民編』東京書籍，2019年，p. 121を参考にした．

つまり，小中社会科及び「公共」よりも，① より専門的・学術的な知見が重視されること，ただし，それは知見を得ることが目的ではなく，② 現代の諸課題を広く・深い探究に従事することで，より主体的に市民として社会に参画できるような資質を育成することが求められている．

実際，図 12-1 の内容構成の軸も変化する．従来のように「現代の政治」「現代の経済」を分けて，その応用として現代社会の諸課題を位置付けるのではなく，ナショナル・グローバルのレベルで政治・経済を横断する課題解決的な学習を進めることが求められるようになった．

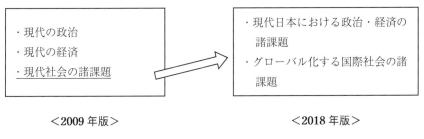

<2009 年版>   <2018 年版>

図 12-1　内容編成の変化

第 3 節　「政治・経済」の授業の実際：「格差社会について考える」の場合

では，「政治・経済」をどのように授業にすればよいのか．本章では，広島大学附属中・高等学校の阿部哲久教諭の実践に着目する．阿部教諭は，「自分」と異なる意見や立場を聞き入れず社会的分断が生まれる最近の状況を振り返り，「対立をこえる」力の育成が重要であると捉え，主に公民領域で多様な実践を開発・展開されてきた．

以下では，まず阿部教諭が開発した高等学校 2 年生単元「格差社会について考える」について，それぞれ (1) 学習目標，(2) 単元の構造を示した後に，(3) 各次の学習の流れを提示したい[4]．

(1) 学習目標

1. 知識，技能：
① 規範ではなく「法則」として，機会費用によって比較優位が成立し生産性の差にかかわらず両者が豊かになるメカニズムや格差の受容が条件となることを理解できる．
② 様々な貧困の指標がある事や，現代の日本で相対的貧困の概念を用いて社会の問題を捉えることの意味や意義を理解できる．
2. 思考力，判断力，表現力：
・専門知にもとづく知識・概念および選択・判断の手掛かりを用いて社会における格差の問題を解決するために構想したことを表現し議論できる．
3. 学びに向かう力，人間性：
合意形成や社会参画を視野に入れながら意見や立場の違いを超えて議論できる．

*4　なお，四角で囲んだものが阿部教諭の作成したものとなっている．また，学習の流れについては，紙幅の関係で阿部教諭が作成したものを筆者が一部修正している．

(2) 単元構成

単元構成は，次のような3段階に分かれる．

第1次：お金持ちになる方法？・・・・・・・・・・・・・・・・・2時間
第2次：貧困とはどのような状態か・・・・・・・・・・・・・・・・1時間
第3次：格差社会の処方箋を考えよう・・・・・・・・・・・・・・・2時間

第1次は，学習目標の1①に対応し，格差問題に関わる経済学的な見方を扱う．生徒たちが当たり前であると考える素朴知「誰かが得をする裏では，必ず誰かが損をしている」に対し，「自分の得意なものを担当して，相手の得意なものと交換する（分業・交換）と，お互いに得になる（比較優位）」をぶつけ，素朴知を揺らがす．その上で，「分業・交換がうまく分配されているか？」と問い，すべての人が分業・交換に参加すればお互いが得になるものの，得になる度合いは人によって異なり，賃金の格差として表れていることを理解する．その上で，高収入を得ている人は努力だけではなく，低い収入の人と分業・交換していることで得られることを知り，再分配や分業と交換の在り方等で格差を改善する可能性があることを明らかにする．

第2次は，学習目標の1②に対応し，主に格差問題に関する社会学的な見方を扱う．生活保護バッシングが起こった背景を探っていくことで，社会には「相対的剥奪（社会で規範的に期待されている生活様式を共有できない状態）」「スティグマ」があり，再分配を困難にしている状況があることを学ぶ．ただし，人々の「貧困」概念を「絶対的貧困」だけでなく，「相対的貧困（社会で規範的に期待されている生活様式を共有できないことも貧困である）」を含みこむものへと拡張することが，一つの再分配を可能にする方法であることを理解する．

第3次は，学習目標の2に対応する．格差社会の問題性を理解した上で，第1次・第2次の成果を踏まえて，どのように解決すべきかを①再分配政策と②教育政策の立場から提案させ，議論・検討を行う．第1次，2次を踏まえたパフォーマンス課題[5]として位置付けられる．そのため，この格差問題の解決策については，学習目標の2で対応されるように，第1次と第2次で学んだ成果が使用できているかどうかについて評価がなされることになる．

このように，本単元は，図2で示すように，「格差社会は仕方ない．どうしようもできない．」「努力すれば貧困は解決できる（努力主義）」といった生徒の持つ前提知識に対し，「分業・交換の利益の分配」から格差問題を解決できる可能性があるのだということを示し，「賃金の格差」や「相対的剥奪」「スティグマ」を学ぶことで，「努力主義」ではない方法での社会問題の解決に向かわせようとする流れで構成されている．

では，次項で，具体的な各次の学習の流れを見ていきたい．

*5 パフォーマンス課題とは，リアルな文脈の中で，様々な知識やスキルを応用・総合しつつ何らかの実践を行うことを求める課題のこと．例えば，レポートや新聞といった完成作品や，プレゼンテーションなどの実技・実演を評価するものも含まれる．

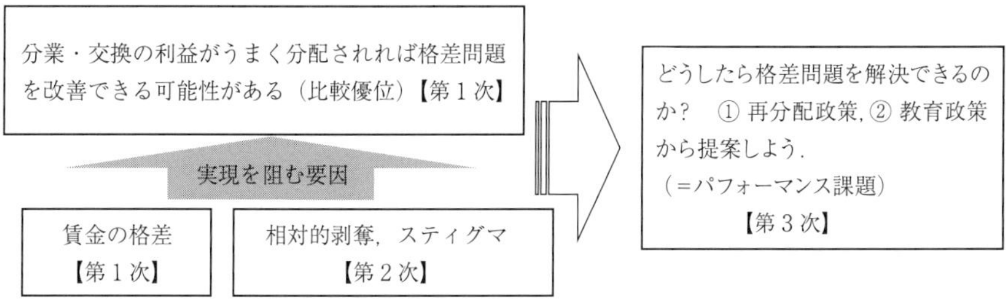

図 **12-2** 単元「格差社会を考える」の構造図 （筆者作成）

（3）学習の流れ

第 1 次：お金持ちになる方法？（全 2 時間）

＜ 1 時間目＞

	発問・教師による働きかけ	予想される生徒の反応・獲得させたい知識
導入	・今日はお金持ちになる方法を教えます． ・どうすればお金持ちになれるかな？ ○「誰かが得をしているとき，裏では必ず誰かが損をしている」のか？ ◎今日は経済学の視点から，お金持ちになる方法について考えよう．	・宝くじを買う，銀行強盗をする，株でもうけるなど（誰かがお金持ちになるとき，裏では必ず損をしている事例） ・そう思う，そう思わない
展開1	(1) あなたはアルバイトをはじめました．のし袋を折って文字を書き入れる仕事です．あなたは1時間で20枚の袋を折るか，10枚分の文字を書くことが出来ます．ある日，一緒にバイトを始めた花子さんと話していると，彼女は1時間に20枚を折り，15文字を書けることがわかりました．次の日，あなたは1時間で折った20枚の袋を花子の所へ持っていくと，花子は13枚の文字入り袋をくれました．	
	・なぜ，花子はそんなことをしてくれたのか？	・花子は13枚書くためには1時間かからない．ただ，20枚作るのには花子も1時間かかるので1時間かけずに作ったもので1時間分の成果を手に入れられる（比較優位）
	(2) 太郎は国語より数学が得意で，1時間に作文問題なら5問，証明なら10問解くことが出来る．花子は数学より国語が得意です．1時間に作文問題なら10問，証明なら5問解くことが出来る．今日は作文10問，証明10問の宿題がでた．2人の力では，どうしても2時間で終わらない．	
展開2	・どうすれば2時間で宿題が終わるか？ ○「誰かが得をしているとき，裏では必ず誰かが損をしている」のか？	・太郎が得意な証明問題に専念し，花子が作文に専念すれば，宿題が終えられる． ○必ずしもそうはいえない．自分の得意なものを担当して，相手の得意なものと交換するとお互いに得になることもある（比較優位） ◇生徒の直感に反するものであるので，図などを用いて丁寧に説明すること

	○「分業と交換は義務なのか. 誰でも参加できるのか.」	図A 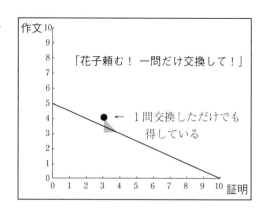
	・図Aから何がわかるか？	・苦手なことに使う時間を得意な事に使えばより多くのことができる. それを利用してどっちも得だと思えば交換したら社会全体としても豊かになっている.
	・分業と交換は義務なのか？	・義務ではない. 自由な取引が可能だと自ら得意なことに特化していく人が多いだろうけれど, そうしなければいけないわけではない.
終結	・分業と交換には, 今の社会の人は全員が参加できているだろうか？	・現実の社会では, 性差別・障害者差別などで仕事を自由に選べない人がいることに気付かせる.
	・障害者をコストアップだと感じている企業がいるのはなぜか？	・適材適所の仕事の仕方が作れていないから. ・今の仕事のままをさせようとするから. → Google や Apple などでは, テクノロジーによって壁を取り除き, 分業への参加者を増やす取り組みもあることも理解する.

<2時間目>

	発問・教師による働きかけ	予想される生徒の反応・獲得させたい知識
導入展開1	○分業と交換の利益は本当に上手く分配されているのか？ ・前回までの話は物々交換だったけど, 普段はそんなことしないよね, お金をはさんでもうまくいくのだろうか？時給1000円で考えてみよう.	 ・太郎の方が生産性が高く, 時給が発生すると花子から作文を買うことはない. ◇交換が成立するためには価格が決まっていることが必要で, 時間当たりの生産性が違う人は異なる収入になる. ◇比較生産費説は, 労働の格差によって成り立っている.
展開2	・1時間の労働では, 同じ対価が支払われるべきだろうか.	・支払われるべき. 同じように働いているから. ・支払われるべきではない. 全く同じものを割高な値段で買うことはありえない.
	・得意さによる分業を政府が管理して, 増えた利益を均等に分け合う社会もあり得る. 現代の社会はどうなっているだろう？	◇現在の日本は自発的に起こる分業と交換を基本にして所得格差を受け入れる社会になっている.

終結	◎授業の最初のテーマを覚えていますか？お金持ちになる方法でした．答えの一つはどう整理できるか？ ・弁護士はなぜ高収入になるのか？	◎時間当たりの生産性が高い人になるということ． ・弁護士は雑務を秘書に任せて高価な仕事に専念することでさらに高収入を得ている．もっというと自給自足で手に入れなければいけないものを「買う」ことで済ませられるから弁護士で利益を得られる． →現在の豊かな社会は様々な人の分業によって成立している．収入は自分の努力だけによるものではなく，収入が低い人たちのおかげで得られている．

・第2次：貧困とはどのような状況か？（全1時間）

	発問・教師による働きかけ	予想される生徒の反応・獲得させたい知識
導入	・新聞記事（貧困を訴えた女子高校生を扱ったニュース番組で，生徒がバッシングを受けた記事）を読んでみよう ・彼女はなぜバッシングを受けたのだろう． ◎今日は社会学の視点から，貧困とは何か，なぜ彼女がバッシングを受けたのか考えよう．	・貧困と言いながら趣味にはお金を使っていた
展開1	○貧困とはどういう状態だろうか？ ・憲法は健康で文化的な生活としてどんな生活を保障しているのだろう． ・例えば携帯電話やクーラー，車はそれぞれ保障される対象に入るだろうか．どれくらいが手をさしのべるべき基準＝貧困だろうか．	・生きていけるくらい，健康で文化的で無い，等 ・憲法は政府の義務を定めており，直接的に権利を保障しているわけではない（抽象的権利説やプログラム規定説）＝最高裁は具体的水準は立法府にゆだねられているとしている ・貧困にも，絶対的貧困やエンゲル係数，相対的貧困などの様々な指標や考え方がある．相対的貧困は等価可処分所得の中央値の半分以下を貧困とするもので先進国では重視されている．
展開2	○貧困状態から抜け出すためには何が必要だろうか． ・あなたが仕事の面接官だとして，面接に普段着で表れたらどう感じるだろうか．メールで連絡したくても読めないと言われたらどう感じるだろうか．	・努力，教育，仕事をがんばる，等 ・やる気が無い，常識が無い，困る，等 →その社会で規範的に期待されている生活様式を共有できない状態を「相対的剥奪」と呼ぶ．その社会であたりまえだと思われていることができないことで疎外されてしまう．
展開3	○日本では貧困対策の仕組みである生活保護を受給できるはずなのに受給しないという人が多いことが知られている．なぜ生活が楽になるのに受給しないのだろう	◇貧困だと思われたくない，といった感情から生活保護の受給を躊躇したり，無理をして耐久消費財を手に入れたりすること等から，「スティグマ」の存在に気づかせる．

	・スティグマが存在するなかで，将来への投資（いつあるかわからない面接の準備等）と，友人関係を維持するための趣味のグッズへの出費はどちらが優先されるだろうか．	◇友人関係といった空間で疎外を回避するための支出である可能性や，長期の見通しを持つこと自体が困難である可能性に気づかせる．
終結	○なぜ冒頭の記事にあった彼女はバッシングを受けたのだろうか．	◇現代の日本では相対的剥奪やスティグマの存在についての理解は広がっておらず，貧困を相対的貧困ではなく絶対的貧困に近い感覚で捉えている人が多く，貧困問題を訴える彼女の生活をきちんと受け止められなかった可能性が高いことに気づかせる．
	○相対的貧困の問題を解決するためには何が必要だろうか	

・第3次：格差社会の処方箋を考えよう（全2時間）

	発問・教師による働きかけ	予想される生徒の反応・獲得させたい知識
導入	○（格差社会について）新聞記事を読んでみよう．なぜ格差社会が問題なのだろう．	◇格差の存在によって個人の可能性が閉ざされたり，健康や幸福が悪影響を与えるなどの問題がある．また，世代間で連鎖することも問題であることをおさえる．
	◎格差社会の処方箋を考えよう．	
	・前回，前々回に学習した内容を踏まえて処方箋を作るとしたらどんなものになるだろう．	◇議論が拡散しないように，専門知に基づく方向性を整理し，専門知から学んだ「〜である」ことを確認しておく．（プリントに記入する）
		・経済学的には所得格差の存在を皆無にすることは難しそうだが，社会学的には格差の存在が問題であるといえる．経済学的には格差による社会の固定化は比較優位の妨げとなるとも言えるが，スティグマの存在は事後的な手立ての難しさを示しているとも言える．
	・今現在すでに一定の格差が存在することを前提に，どのような社会にしていくべきかを考え，そのための① 教育政策と② 再分配政策の2点に絞って提案しよう．	○4人グループで議論し提案を作成する．
		◇授業を通じて理解した専門知に基づく理解を自分たちなりに「〜である」で表現（プリントに記入）させた上で，「〜な社会であるべき」という表現でゴールを考えさせる．
		◇議論の際はこまめに机間巡視して，学習内容や選択・判断の手掛かりを生かしているかを確認し助言する．
	・提案を発表しよう．その際，ゴール，ゴールを決めた理由，そこからどのように具体的な提案に繋がっているかを整理して伝えよう．	◇具体的な案の細部に目を奪われないよう，ネットで調べた政策についても，学習内容をもとに意図を分析し，ゴールに向かう政策という視点から考えるよう助言する．
		◇前時までに学習したことをどう生かしているか意識させる．
		○グループごとに発表する．
		◇相互評価，教員からの評価を行う．

第4節　「政治・経済」の授業開発のポイント

　　　　第2節で述べたように，小中学校社会科や「公共」の授業と比較した際の重要

な点は，（1）専門的な知見を用いた社会的見方・考え方を活用すること，（2）政治・経済を統一的に捉えられ，簡単に答えが出ないような社会的課題を設定し，その課題解決的な活動を通して学習することが求められている点であった.

　これに対して，第3節でみた阿部教諭の単元は，主に社会学・経済学の見方を用い，格差問題という社会的課題に取り組ませるものであった. 最後にどのような点に留意していけばよいか，ポイントを示しておきたい.

1. 生徒の「当たり前」の感覚・行動を生かす

　繰り返し述べてきたように，2018年版「政治・経済」では生徒の主体的な課題解決的な活動を中心に学習が展開される. そのため，生徒が日常的に持っている素朴な認識や行動の把握が欠かせない.「格差社会について考える」の開発にあたっての阿部教諭への聞き取りの中では，主に「学習内容」「内容編成」に反映させているところが見られた.

　第1に「学習内容」についてである. 阿部教諭は，この「格差社会について考える」をするにあたり，生徒たちが「結果の差は，能力の差や努力の差で生まれたものであるから仕方がない.」といった努力主義に陥りがちであることが気になっていたという. こうした子供たちの見方に対し，経済学の比較優位説をぶつけることで，どんな人であっても機会が与えられていれば社会に貢献できる可能性があることを示そうとしていた.

　第2に「内容編成」についてである. 本単元は3次構成であるが，1・2・3次が独立したメインクエスチョンで成り立っており，それぞれが「格差社会」という問題に対して緩やかに関連付けられた単元構成をとっている. この構成に対し，阿部教諭は，当初第3次で提示された「格差社会を考える」といった単元全体の問いを，逆向き設計的に第1次の冒頭で示すということも考えたという. しかし，多様な授業経験を踏まえ，担当する生徒たちが独立した授業で獲得した専門的知見を，いったん振り返った上で活用させた方がよりよく活用できそうだということからこうした構成をとっている.

　以上の2点の過程からもうかがえるように，単元「格差社会を考える」はあくまで阿部教諭の生徒観察や経験の元で成立している. そのため，単元開発をするにあたっては，生徒の日常的な認識や行動をよく観察し，振り返りながら内容や構成に生かしていく必要があるだろう.

2. 適切な「社会的な見方・考え方」を活用する

　2018年版指導要領でポイントとなるのが「社会的な見方・考え方」である.「社会的な見方・考え方」は，「課題を追及したり解決したりする活動において，社会的事象等の意味や意義，特色や相互の関連を考察したり，社会に見られる課題を把握して，その解決に向けて構想したりする際の視点や方法」であると定義さ

*6 文部科学省『高等学校学習指導要領（平成30年告示）解説 公民編』2019年，p. 7.

れている[6]．例えば，本単元では，「格差」という社会問題を，「能力」「努力」から見るのと，「分業」「交換」で見ることで，その見え方が全く異なるし，解決策も異なるということがそれにあたる．

例えば，「政治経済」で中心として取り扱う「社会の在り方についての見方・考え方」を検討する際の視点としては，次のような概念が事例として示されている[7]．これらの視点は必ずしも「政治経済」のみで扱うものではなく，小中学校の社会科や「公共」で扱われるものも含まれている．

*7 「幼稚園，小学校，中学校，高等学校及び特別支援学校の学習指導要領等の改善及び必要な方策等について（答申）（中教審第197号）」の別添資料3-4を参考にした．

社会の在り方を捉える視点：個人の尊厳，効率，公正，自由，平等，委任，希少性，機会費用，選択，配分，分業，交換，利便性と安全性，多様性と共通性

社会に見られる課題の解決を構想する視点：対立・強調，効率，公正，比較衡量，具体的な妥当性と法的安定性，相互承認，適せ知名手続き，民主主義，自由・権利と責任・義務，財源の確保と配分，平和，持続可能性

注意しておきたい点として，①見方・考え方の視点は，「格差問題」ではこの概念，というように問題とセットで示されるものではなく，場合・状況によって異なること，②「政治経済」で扱うべき概念＝「社会の在り方を捉える視点」ではないこと，をあげる．なぜなら，先述したように，生徒の素朴な見方はクラスや学校によって大きく異なるため，それぞれの生徒の状況に合わせて，適切なものを選ぶ必要があるからである．さらに，「政治経済」は，小学校から始まる政治・経済に関わる学習の集大成であり，学校と社会を繋ぐ重要な役割を有している．そのため「公共」や「倫理」で育成される「人間と社会の在り方についての見方・考え方」「人間としての在り方生き方についての見方・考え方」にとどまらず，「歴史的な見方・考え方」「地理的な見方・考え方」も積極的に用いることで，社会的事象を総合的に検討できる資質を育成する必要がある．

例えば，阿部教諭は，生徒が自分事として貧困問題をとらえていないことに疑問にもち，2次で「スティグマ」「相対的剥奪」などの社会学的な見方を身に着けたとしている．この例に示されるように，目の前の生徒の状況を踏まえ，現代・未来の社会の市民としてどのような見方・考え方が必要かを判断し，適切な「社会的な見方・考え方」を選び，鍛えていくことが必要になるだろう．

参考文献（単元開発で用いられたもの）
第一次（経済学関連）：
飯田泰之『飯田のミクロ―新しい経済学の教科書―』光文社新書，2012年．
川越敏司『現代経済学のエッセンス―初歩から最新理論まで―』河出ブックス，2013年．
クルーグマン，P.『クルーグマンの国際経済学　理論と政策　上　貿易編』ピアソン，2010年．
菅原晃『中高の教科書でわかる経済学　ミクロ篇』河出書房新社，2017年．
マンキュー，N.『マンキュー経済学　第2版　ミクロ編』東洋経済新報社，2005年．

第二次（社会学関連）：

阿部彩ほか『生活保護の経済分析』東京大学出版会，2008年.

阿部彩「日本における相対的剥奪指標と貧困の実証研究」国立社会保障・人口問題研究所，2005年.

岩田正美ほか「『流動社会』における生活最低限の実証的研究4：家計実態アプローチによる最低生活費」『貧困研究』7，明石書店，2011年.

岩永理恵『生活保護は最低生活をどう構想したか』ミネルヴァ書房，2012年.

菊地英明「消費の社会的強制と最低生活水準」『季刊・社会保障研究』46（2），国立社会保障・人口問題研究所，2011年.

第13章

これからの社会系教科教育の課題と展望[*1]

*1 本章は『中学校社会科教育・高等学校地理歴史科教育』の第12章と同じ内容であることを記しておきたい.

*2 本章では, 中学校社会科と高等学校地理歴史科および公民科を総称する概念として「社会系教科教育」という表現を用いる.

*3 私の「外国性・異質性」は, 韓国での被教育体験を持ち, 欧米の社会系教科教育を研究する教科教育研究者という文脈にもとづいている. 他の文脈を有する人々は異なる視点で日本の社会系教科教育に貢献できると考える.

外国人である私が日本の社会系教科教育[*2]を研究する意味とは何だろうか. 本章の執筆を依頼された際に, 私の立場(positionality)が改めて鮮明になったことを覚えている. 私の研究人生をかけて上記の問いに答えていくことになる思うが, 本章を執筆している現在には「日本の社会系教科教育の内側と外側の両面を経験・理解している外国人としての立場を生かし, 日本を含む世界の社会系教科教育をより良いものにすること」を目指している. その一環として, 本章では私の「外国性・異質性(foreignness)[*3]」が日本の社会系教科教育に寄与できるものについて論じることにする. 具体的には, これまでの章で部分的に取り上げられてきた日本の社会系教科教育を取り巻く文脈の変化とそこから導かれる課題と展望を「外国人」という立場から整理し直す.

第1節　日本の社会系教科授業の「不思議」 —「課題」に代えて—

私が日本の社会系教科教育に携わってから6年あまりの時間がたった. これまで多くの社会系教科の授業を見てきたが, いまだに不思議に思うことがいくつかある. 本節では, 「外国人」として私が感じてきた日本の社会系教科の授業の不思議を共有するとともに, そこから派生する課題と展望について述べる. なお, 各々の不思議には【一緒に考えたい問い】を提案する. 私の文書はあくまで参考として読んでいただき, 個々の読者が自分の答えを探されることを願う.

*4 本章では「板書」を教師が黒板やホワイトボードに書くもの, 貼るものなどを含む大きな概念として使うことにする. また, 「ノート整理」は子供が(ノートに)書くものだけではなく, ワークシートを含む授業での学びを記録するものとして大きく捉える.

1. 板書とノート整理[*4]

【一緒に考えたい問い】
・新しい学力観の要請や教室のICT化などの変化は, これまでの板書とノート整理という授業方法にどのような影響を与えるか.

私が見てきた社会系教科の授業指導案の多くには「板書計画」という項目が設けられていた. 教師はその計画にもとづいて授業内容を構造的に板書し, 子供に

それを自分なりにノートに整理するよう促した．ところで，私がこれまで接してきた米国，ヨーロッパ，他のアジアの国々の社会系教科の授業と比較してみると，板書とノート整理という授業方法はメジャーとは言えないかもしれない．特に，2000年度から教室のICT化が進み動画やパワーポイントなどのデジタル媒体を日常的に扱う韓国の教室に馴染んでいた私は，日本のアナログ的な授業方法を不思議に感じた．日本の教室でもある程度ICT化が進んだ2020年現在にも板書とノート整理はいまだに主な授業方法として用いられている．

　私がこれまで見てきた板書とノート整理は，知識をどのように捉えるかによって二つに大別される．一つは，「知識伝達型」．教師は本時の学習内容を構造的に，もしくは必ず伝えたいキーワードを中心に板書し，子供はそれをノートに書き写す．教師は板書を解説しながら授業を進めることが多く，子供は伝えられた知識を熟知することが要求される傾向にある．もう一つは，「知識構築型」．教師は子供と一緒に考えたい問いを提示し，その問いに対する探究，意思決定，問題解決などを行いながらそのプロセスを黒板に記録していく．黒板とノートは教師と子供が一緒に構築していく知識を記録する媒体になる．

　本質主義と構築主義[*5]といった思想的な違いは見られるものの，学習内容を可視化する媒体としての黒板と，子供が各自の学びを記録する媒体としてのノートという特徴は両類型に共通する．板書とノートは教師の教育活動と子供の学びのポートフォリオであり，言い換えると教えと学びの証拠でもある[*6]．

　ところで，板書とノートに整理される内容が知識的な側面に偏りがちであることには注意しなければならない．事実，概念，理論といった知識は可視化しやすく，また比較的に短い時間で教師と子供が共有することができる．そのため，知識は社会系教科の授業の大きな部分を占めてきた．板書とノート整理は上述した傾向とうまく合致し，むしろ知識中心の授業文化を再生産しているようにも見える．知識だけではなく技能や態度の育成が叫ばれてきたこれまでの改革，また，知識・機能・態度の習得だけではなく，真正な場面におけるその活用が求められる今日の刷新の動きを考えると（石井，2011；文部科学省，2017，2018），知識に偏りがちな板書とノート整理の意義をもう一度考える必要があるのではなかろうか．

　近年，「知識伝達型」より「知識構築型」と出会う頻度が高くなったことは肯定的に捉えることができよう．しかしながら，教師が授業の主導権を握って黒板に知識を構築し，子供はそれをノートに整理する傾向は改善の余地があると考える．知識構築のイニシアティブを子供に渡すこと，すなわち子供がノートにそれぞれの知識を構築するように指導することも必要かもしれない．授業内容をまとめる程度のノート整理からもう一歩進み，地理，歴史，公民の真正な問いに対して根拠を用いながら自分の論を作っていく媒体としてノートを活用することも考えられる[*7]．

*5　本質主義（essentialism）は，人々が培ってきた文化的遺産の本質を伝えていく必要があると主張する教育思潮である．プラトンやアリストテレスの哲学にその根源を探すことができる．一方，構築主義（constructivism）は，各々の人間が自らの経験にもとづいて物事に対する理解，すなわち知識や意味を構築すると主張する教育思潮である．ピアジェやヴィゴツキーなどの教育心理学者の研究をもとに発展している．社会系教科教育における本質主義と構築主義の論争については以下の論文が詳しい．後藤賢次郎「社会科の思想的根拠の新展開—本質主義との対立的議論を克服した「進歩主義」概念—」『教育学研究ジャーナル』9，2011年，pp. 1-10.

*6　一つの授業のなかに上記の二つのパターンが同時に現れることもあるが，授業内容や教師の志向によって一つのパターンが特定の授業を支配することが多い．

*7　社会系教科教育，特に歴史教育における論述の試みとして，米国の教育社会系教科教育学者であるモンテ・サノ（C. Monte-Sano）を中心に開発した "Reading, Thinking, and Writing About History" があげられる．その具体については以下の論文を参考にしていただきたい．中村洋樹「中等歴史教育における真正な学習と歴史的議論の論述—"Reading, Thinking, and Writing About History" を手がかりに—」『社会科研究』87，2017年，pp. 1-12.

板書とノート整理に対する日本の社会系教科教育の教師が持つこだわりは，諸刃の剣であると考える．なぜなら，どのような学びを想定し黒板とノートにそれを可視化・記録していくかによって，板書とノート整理が新たに求められる学力観に合致するかしないかが決まるからである．この問題はICT化の進展により黒板の板書が電子黒板のパワーポイントに代わっても，ノートがウェブ・ベースの学習サイトに代わっても同様に表れるだろう．むしろ大切なことは，あらゆる媒体や授業方法の裏にある教師の考え方である．「社会系教科を通して子供にどのような学力を育成すべきか」という問いから板書とノート整理の必要性もう一度考えなければならない．

2. 「和」が支配する教室空間

> 【一緒に考えたい問い】
> ・主体的・対話的で深い学びの必要条件と十分条件とは何か？
> ・異なる意見を出し合える (安心) 安全な教室づくりに必要なものとは何か？

*8　日本と韓国の子供による「より良い教科書づくり」プロジェクトは，「より良い『韓国』教科書づくり」(金, 2016)，「より良い『日清・日露戦争』教科書づくり」(金, 2017)，「より良い『竹島／独島』教科書づくり」(Kim, 2019) の三つの実践で構成されている．詳細については，各実践を報告した上記の論文を参照していただきたい．

私は，日本と韓国の子供が教科書を介して対話を行う「より良い教科書づくり」プロジェクト[*8]をデザイン・実施したことがある (金, 2016, 2017；Kim, 2019). 具体的には，日本と韓国の子供が両国の教科書で共通に記述されている出来事を事例に，その事象を取り巻く両国の言説を比較・分析・批判し，その結果にもとづいて他国の子供とともに「より良い教科書」を作成するプロジェクトを行った．私は日本と韓国を行き来しながら，教師として，翻訳・通訳者として，また両国の子供の対話のファシリテーターとしての役割を果たした．その際に発見した両国における授業の雰囲気の違い，特に日本の教室空間を支配する「和」の規範を私は不思議に思ったのである．

韓国では言うべきことをしっかり言うことが望ましいとされる傾向にあった．韓国版「より良い教科書」をつくるためには，まず韓国内の多様な意見をまとめる必要があった．ある子供は韓国の言説を突き通すべきだと主張した反面，ある子供は両方の言説をバランス良く取り入れる必要があると主張した．韓国の子供たちは教室空間で起こりうる意見の衝突を避けず，なぜ自分がそのように考えたのかを話し合うなかで，「より良い教科書」の在り方についての考えを深めることができた．

一方，日本では言うべきことがあってもそれが全体の「和」を乱す恐れがある場合には，それを言わないか，言っても遠回しで言うことが望ましいとされる傾向にあった．日本版「より良い教科書」を作成するために，韓国の子供たちが提案した教科書を批評する場面があった．その際，議論に馴染みのない日本の子供たちに配慮し，まずは各自の意見を文章でまとめる時間を設けた．面白いことに，書いたものからは意見の違いが確認できたものの，実際に議論を行う場面になる

と，特定の立場だけが共有される傾向が見られた．それと異なる意見を持っていた子供を促し発表するようにしても，「私とあなたの意見には違いがある」という表面的なレベルに話し合いがとどまってしまうことが多々見られた．

主体的・対話的で深い学びやコミュニケーション能力を含むコンピテンシーの育成が求められる今日の改革の方向性を考えると，上述した日本の静的な教室風景は望ましいとは言えない．デューイの民主主義論を言うまでもなく，多様な考え方が共存する社会は健康であり成長のための潜在力を持つと言われている（Gutman, 1987）．教室という社会，またそのなかで行われる授業も例外ではない．特に，教師が一方的に知識を伝達する授業ではなく，教師と子供，また子供と子供が知識を一緒に構築していく授業では異なる考え方の重要性が一層高まる（Hess, 2009）．

「和」の規範はコミュニティの構成員に対する利他的な態度によって実現されるものであり，日本社会を生きていくために欠かすことができない特質とも言われている（ホワイティング，1990）．個人の欲望を抑えて他人と一緒に調和する生き方を強調する「和」の精神は，日本の経済的な成功を可能にした主な原因とも指摘される（Alston, 1989）．

しかしながら，「和」には負の側面も存在することを一緒に考える必要がある．脳神経外科医である中瀬（2013）は「和」の精神がもたらしうる危険性について以下のように論じる．

> 和の世界においては協調することが最も重要視される．正しいとか正しくないということよりも先に協調することが求められる．みんなで話し合って決めたこと以外に正しいことはなく，すべては相対的にしか考えられない世界である．したがって，みんなで決めたことであれば，大勢でやる暴力もおそろしいことではなくなってしまう．また，利害が真っ向から対立する二者択一を迫られた場合には決められない，優柔不断，問題の先送りなど多くの問題が発生している（p. 102）．

「和」の実現が最優先される社会では，多数の意見と異なる意見を発することは望ましくないとみなされる．多数の意見が不明確な場合は，自分の意見を出すことそのものを避ける．このような社会では，より良い民主社会を建設するために必要な異なる意見の共有・調整・合意というプロセスは，副次的なもの，ひいては考慮に値しないものになってしまう．

残念なことに，私が日本の教室空間で感じた不思議は，中瀬が指摘した「和」が持つ負の側面と一致するところが多い．教室のウチとソトで学習された「和」の規範は，教室の中で強化・再生産されているように見える．このような状況のなかで，いくら主体的・対話的で深い学びが叫ばれても，実際の授業はなかなか変わらないだろう．新しい改革の方針を提供する以前に，その方針に適した教室雰囲気とはどのようなものか，それはどのようにつくることができるかを悩む機会を与える必要がある．

幸いなことに,「より良い教科書づくり」プロジェクトが進むにつれて,日本の子供も自らの考えを出し合い始めた. 特に,自らが送った意見に対して韓国の子供がさらなる意見を送ってきた2往復目の対話では,彼らのプロジェクトに対する切実性や主体的な参加を観察することができた（金,2016,2017；Kim,2019）. このように子供に「対話したい・対話しなきゃ」と思わせる機会を設けることで,「和」の規範自体が目的になる教室空間を解体することができると考える.「和」が持つ良さを生かしながら多様な意見が共存・競合できる教室空間をつくることは,主体的・対話的で深い学びの前提条件ともいえるのではなかろうか.

3. 脱政治化された教室

> 【一緒に考えたい問い】
> ・社会系教科教育は,子供を未来の市民としてみなし「政治する」準備をさせるべきか,それとも子供を現在の市民としてみなし「政治する」場を提供するべきか？

日本の若者の低い投票率は,現状の社会科教科教育を批判する際に使われる主なレトリックである. そのレトリックの是非に関しては議論の余地があるが,すくなくともその数値が日本の若者の「政治離れ」を表していると解釈にはおおむね合意できよう. 政治に対する若年層の無関心は社会系教科教育を含む学校教育だけに起因するわけではない（竹島,2016）. しかしながら,社会科教科教育が社会の形成者を養うことを目的として掲げている以上,若者と政治をつなげる役割を担っていることを否定することはできない.

私がこれまで見てきた政治を取り上げた日本の社会系教科の授業は,① 政治機関や選挙制度のように社会制度として政治を教える授業,② 模擬選挙のように現実政治に参加する練習をさせる授業,③ 現実社会のなかに論争になっている問題（論争問題）を取り上げその原因と解決策を考えさせる授業に大別できる. もっとも多かった類型は教科書の内容とも連動する類型 ① で,2016 年度からは主権者教育ブームもあり類型 ② の授業も目立つようになった. 政治の仕組みを学ぶことや現実政治に参加する練習を行うことは,政治への理解を深めること可能にする. しかし,それだけで政治への関心を十分に高めることができるかに関しては懐疑的な意見が多い（例えば,唐木,2017）.

子供が論争問題について自らの立場を考え,異なる立場を持つ他者と議論し合うことは,社会系教科教育と政治をつなげるだけではなく,健全な民主社会の構築にも役立つ（Misco & DeGroof, 2014）. しかしながら,私が観察してきた類型 ③ の授業では,少子高齢化や原子力発電など無難に教えられるトピックを選択する傾向が[*9],またその取扱い方も子供の生活と密接に関係するものではなく,

*9 子供が置かれている文脈によって少子高齢化や原子力発電も子供やコミュニティと直接に関係のある敏感なトピックになりうる. しかしながら,私が観察した授業の文脈はそうではなかったことを記しておきたい.

子供とある程度離れている社会の現象として教える傾向が見られた. そのような授業では論争問題が持つ論争性が薄れてしまい, 論争問題の原因と解決策がただの知識として子供に共有されることになる. このような状況で教室と現実政治をつなげることは期待できない. 社会からも政府からも教室で政治を取り上げることが求められるなか, 日本の社会系教科の授業が教えられている教室は脱政治化[*10]したままであることを私は不思議に思った.

　限られた時間, 膨大な教科内容, 学校の雰囲気, 家庭やコミュニティからのバッシングや苦情など, 今日の政治を日本の社会系教科の授業で語ることができない理由は多様かつ複雑である. 本章では, そのなかで社会系教科を教える教員の教育観に注目し, それと密接に関係する「育てたい市民像」と「教師に求められる政治的中立性」を取り上げることで, 脱政治化された日本の教室を再政治化するための方略を考察する.

　米国におけるシティズンシップ教育のプログラムを分析したJ・ウエストハイマーとJ・カーネ (Westheimer & Kahne, 2004) は, 対象プログラムから「自己責任にもとづく市民」「参加的な市民」「正義に方向づけられた市民」という三つの育てたい市民像を抽出した.「自己責任にもとづく市民」は「コミュニティで責任を持って行動する」ことが,「参加的市民」は多様なレベルの「コミュニティの社会生活に活動的に参加する」ことが,「正義に方向づけられた市民」は社会問題に対して「社会的, 経済的, 政治的な力の相互作用を分析し理解する」ことが理想とされる (pp. 241-242). 彼らは貧困問題を事例に, 上述した育てたい市民像の違いを浮き彫りにする. 例えば,「参加的な市民」は食糧を寄付することができる組織を作りたいとすれば,「自己責任に基づく市民」はその組織への寄付する一方,「正義に方向づけられた市民」はなぜそのような問題が起きたのかを探究し, 自らの発見にもとづく解決策の考案・実行を行うと説明する (pp. 242-243).

　新しい社会系教科の学習指導要領には, 上記の三つの市民像が部分的ではあるが全て含まれている. しかし,「正義」という概念に焦点を当てて考えると, そのなかに優劣関係が存在することに気づくことができる. 新しい学習指導要領には正義を具現するために社会を批判し変えていく必要性が述べられている. しかし, 前項で取り上げた二つ目の不思議ともつながるが, それはあくまで社会全体の「和」を損なわない際にのみ有効であることをも読み取ることができる. 社会系教科を教える教師と学習指導要領の方針の関係性を調査はまだされてないものの, 少なくとも政府の方針としては「正義に方向づけられた市民」よりも「自己責任に基づく市民」や「参加的な市民」の育成に重きをおいていることがわかる.

　教育哲学者G・ビースタ (2014) はウエストハイマーとカーネの論考を引用しながら,「自己責任に基づく市民」と「参加的な市民」が「個人責任, 個人の力

*10　日本の社会系教科の授業が常に脱政治化したわけではない. その歴史については, 以下の書籍の第1章「戦後教育の脱政治化」が詳しい. 小玉重夫『教育政治学を拓く―18歳選挙権の時代を見すえて―』勁草書房, 2016年.

と能力，個人の価値，性向，態度への可能な強調」を生み出す可能性を指摘し，以下のような市民像の追求がもたらしうる危険性について述べる（p. 68）.

> このことが危険なのは，若者が個人の政治的な講義の機会と限界の両方を理解し，本当の改革−既存の構造の中で作用するよりも，構造そのものに影響を与える改革−というのは国家を含めた他の機関からの集合的な行為とイニシアティブを必要とするものだと意識するような政治的なアクターとして十分にエンパワーされていないことである（p. 69）.

政治に対する関心は，自らを政治的な主体として自覚することから自然に芽生える．子供を政治的な主体としてエンパワーするためには，現状の社会へ参入させる教育活動のみならず，社会をよりよくするために，またより正義に満ちたものにするために，社会の問題を発見・分析し批判・改善できる活動を一緒に取り上げる必要がある．その具体例としては，社会のなかで論争になっている問題の原因と探究し，自らの立場で解決案を考え，また異なる立場を持つ人々と議論し続けるプロセス，すなわち論争問題を論争的に教えることがあげられる．このように社会系教科を教える教師が「正義に方向づけられた市民」の育成を試みることは，脱政治化された教室の再政治化する一つの方略になるかもしれない.

次に，「教師に求められる政治的中立性」は教室の脱政治化を生み出すより実質的な要因ともいえる．教育の公共性を考慮し特定の立場に偏った教育を行ってはいけないという原則は，ドイツ語圏に広く知られているボイテルスバッハ・コンセンサス[*11]を始め日本の教育基本法まで多くの国々でも用いられている原則である．しかし，政治的中立性をどのように理解し教室で具現するかは各国の文脈によって，さらに各教師の教育によって異なる.

筆者が近年かかわっているオーストリアの歴史／政治教育の調査において3人の教師に政治的中立性について尋ねたことがある．全ての教師が論争問題を扱うことの重要性を強調していたものの，その実践は各自の政治的中立性に対する理解によって異なっていた[*12]．具体的に，ハンナは「自分の立場を生徒たちに押し付けてしまうことがないように」留意し，教師の役割を政治問題の探究に必要な事実を提供することに限定していた．一方，ジョセプは政治問題に対する「自分の立場を説明すること」はあるが，それはあくまで生徒が「自分の頭で自分の意見を考える」材料として活用される時のみに価値があると語っていた．最後に，ケビンは「個人的な政治的立場を常にコメント」するが，それは「一つの考え，立場であって，…絶対に正しい考えであるということではない」ことを生徒に強調することで政治的中立性を担保しようとしていた（金・渡邉，2020）.

上述のオーストリアの事例とは異なる現状が日本では起きているように見える．具体的に，日本では政治的中立性が論争問題を（論争的に）教えない根拠として用いられる傾向が見られる．筆者は勤務する大学の学生7名を対象に論争問題の定義とそれを教える意義に関するインタビュー調査を行ったことがある．そ

*11　1976年に公表されたボイテルスバッハ・コンセンサスの項目は以下の通りである．① 教員は生徒を期待される見解をもって圧倒し，生徒が自らの判断を獲得するのを妨げてはならない．② 学問と政治の世界において議論があることは，授業においても議論があることとして扱わなければならない．③ 生徒が自らの関心・利害に基づいて効果的に政治に参加できるよう，必要な能力の獲得が促されなければならない．コンセンサスに関する詳細については以下の書籍を参考にしていただきたい．近藤孝弘『ドイツの政治教育』岩波書店，2005年，pp. 46-47.

*12　あくまで事例研究であるため，オーストリアの歴史／政治教育に携わる多くの教師がこのような傾向にあるとは言えない．ここでは，日本の政治的中立性に対する考え方を照らし合わせる鏡として3人のオーストリアの教師の事例を紹介する．なお，教師の名前は仮名である.

の際に，論争問題を教えることができないと答えた3人の学生がいたが，彼らが頻繁に用いたレトリックが「中立性を保つ自信がないから教えない」「教えるとは思うが，中立性を保つために，そのような問題があるということだけ触れておきたい」であった（Kim & Kawaguchi, 2019）．論争問題を熱心に取り上げる12名の教師に個人的意見表明に関するインタビュー調査を行った岩崎（2016）の研究でも，政治的中立性が論争問題を論争的に教えることを妨げる一つの要因になっていることが指摘している．

ところで，そもそも教室における政治的中立性は存在しうるのだろうか．政治的中立性の観点から社会系教科の授業を分析した米国の一連の調査の結果は，教師がいくら自分の政治的な立場を隠そうとしても，言葉遣い，教材の選定，プライベート生活などによって子供は教師の政治的立場に気づいてしまうことが明らかとなった（例えば，Journell, 2011）．このような状況を考えると，教師が自分の立場を下手に隠すよりも，自らの立場を子供に公開することで何が事実で何が教師の意見なのかを区分できるように支援する必要があるかもしれない（Journell, 2016）．

政治的な中立性に対する解釈の可能性は広く開かれている．政治的な中立性をどのように取り上げるかによって，担当する教室を脱政治化するか，もしくは再政治化するかが決まる．教師が政治的中立性を柔軟に考えるように支援することは，日本の教室を再政治化するもう一つの方略かもしれない．

第2節　変革の主体としての教師―「展望」に代えて―

これまで見たことのない速度で変化する不確実性に満ちた社会において，これからの社会系教科教育の在り方を展望することは可能だろうか．デジタル教科書の普及とAIの教育的な活用などの技術的な側面やポスト真実（Post-truth）時代の渡来など社会系教科教育を取り巻く社会の文脈を言及し展望らしく見せかけることは可能かもしれないが，私には的確に今後の日本の社会系教科教育を描き出す能力がない．しかしながら，一つだけは確信を持って言える．それは，授業の最終決定者である教師が変わらない限り，教室での変化は期待できないということである．

米国の社会系教科研究者S・ソーントン（Thornton）は，門番（gatekeeper）のメタファーを用いてカリキュラムデザインにおける教師の主体性を説明する（ソーントン，2012）．いくら公的カリキュラムであっても，授業の門番である教師が「パス」と言わない限り授業に反映されることはない．氏は，全ての教師は自らの教育観にもとづき，自分が理解した授業を取り巻く文脈（学習指導要領，教科書，子供，教室，学校，社会，評価など）を考慮し，カリキュラムを能動的にデザインしているのである．ゲートキーピングの観点から今日の教育を取り巻

く改革を考えると，学習指導要領が改訂されても学校教育に求められる資質・能力が変化しても，結局教師のゲートキーピングを通らない改革は意味を有することはできない.

　真の変革を追及するためには，新しい改革を提案だけではなく，その提案を各教師のゲートキーピングに響かせる必要がある．教員研修などをとおして改革の具体を伝えることも重要かもしれない．しかし，教師が自らをカリキュラムのユーザー（user）ではなくカリキュラムデザイナー（designer）として認識し，なぜ自分がそのようなカリキュラムをデザインしたのかを論理的に説明できるようになることが，真の改革とつながるのではなかろうか．自らのゲートキーピングをメタ認知しそのゲートキーピングを洗練していく教師を育てることができれば，どのような変化が訪れても日本の社会系教科教育の未来は明るいと私は考える.

　今本を手に取ってくれているあなたが，見慣れた自分の教室と社会系教科の授業を新しく見つめることで，私が見つけた不思議以上のものを自らの文脈で探すことを願う．また，その不思議に真正面に向かい，変革の主体としての自分の役割を自覚することを願う．授業の質は教師の質を超えることができない．今日，この言葉の重要性をもう一度考える.

参考文献

石井英真『現代アメリカにおける学力形成論の展開—スタンダードに基づくカリキュラムの設計』東信堂，2011 年.

岩崎圭祐「論争問題学習における教師の個人的見解表明に関する研究—見解表明の是非に関する教師の見方を中心に—」『公民教育研究』24，2016 年，pp. 1-14.

唐木清志「社会科における主権者教育—政策に関する学習をどう構想するか—」『教育学研究』84（2），2017 年，pp. 155-167.

金鍾成「『対話型』国際理解教育への試み—日韓の子供を主体とした「より良い教科書づくり」実践を事例に—」『社会科研究』84，2016 年，pp. 49-60.

金鍾成「自己と他者の『真正な対話』に基づく日韓関係史教育—日韓の子供を主体とした『より良い日清・日露戦争の教科書づくり』を事例に—」『社会科教育研究』130，2017 年，pp. 1-12.

金鍾成，渡邉巧「オーストリアの政治教育から考える主権者教育のオルタナティブ（2）—政治的中立性はどのように理解されているか—」社会系教科教育学会第 31 回研究発表大会，岡山理科大学，2020 年 2 月.

スティーブン・J・ソーントン著／渡部達也，山田秀和，田中伸，堀田諭訳『教師のゲートキーピング—主体的な学習者を生む社会科カリキュラムに向けて—』春風社，2012 年.

竹島博之「意識調査から見た有権者教育の射程と限界—若者の投票率向上のために—」『年報政治学』67（1），2016 年，pp. 11-30.

中瀬裕之「和の精神」『脊髄外科』27（2），2013 年，p. 102.

ガート・ビースタ著／上野正道，藤井佳世，中村（新井）清二訳『民主主義を学習する—教育・生涯学習・シティズンシップ—』勁草書房，2014 年.

文部科学省『中学校学習指導要領（平成 29 年告示）』（https://www.mext.go.jp/content/1413522_002.pdf）（2020 年 1 月 15 日最終観覧）

文部科学省『高等学校学習指導要領（平成 30 年告示）』（https://www.mext.go.jp/content/1384661_6_1_3.pdf）（2020 年 1 月 15 日最終観覧）

ロバート・ホワイティング著／玉木正之訳『和をもって日本をなす』角川書店，1990年.

Alston, J. P., Wa, guanxi, and inhwa: Managerial principles in Japan, China, and Korea. *Business Horizons*, 32(2), 1989, pp. 26-32.

Gutmann, A., *Democratic education*. Princeton, NJ: Princeton University Press, 1987.

Hess, D. E., *Controversy in the classroom*. New York, NY: Routledge, 2009.

Journell, W., The disclosure dilemma in action: A qualitative look at the effect of teacher disclosure on classroom instruction. *Journal of Social Studies Research*, 35, 2011, pp. 217-244.

Journell, W., Making a case for teacher political disclosure. *Journal of Curriculum Theorizing*, 31(1), 2016, pp. 100-111.

Kim, J., Beyond national discourses: South Korean and Japanese students "make a better social studies textbook" In a B. C. Rubin, E. B. Freedman, & J. Kim (Eds.). *Design research in social studies education: Critical lessons from an emerging field* (pp. 225-246). New York, NY: Routledge, 2019.

Kim, J., & Kawaguchi, H., "It is important… but": A case study of Japanese social studies preservice teachers struggling for teaching controversial public issues. Presentation to the World Education Research Association (WERA) 2019 focal meeting, Tokyo, Japan, 2019, August.

Westheimer, J., & Kahne, J., What kind of citizen? The politics of education for democracy. *American Educational Research Journal*, 41(2), 2004, pp. 237-269.

付録1　中学校社会科・高等学校公民科教育関係年表

西暦	和暦	月	社会科・公民科教育の関係事項
1945	昭和20	9	文部省「新日本建設ノ教育方針」発表
			GHQ（連合国軍最高司令官総司令部）とCIE（民間情報教育局）の活動開始
		11	文部省「公民教育刷新委員会」設置
		12	公民教育刷新委員会「公民教育刷新ニ関スル答申」（第1号・第2号）
			GHQ「修身，日本歴史及ビ地理停止ニ関スル件」指令
1946	昭和21	3	「米国教育使節団」来日，「第一次アメリカ教育使節団報告書」提出
		5	文部省「公民教育実施に関する件」通達
		9	文部省『国民学校公民教師用書』発行
		10	文部省，社会科委員会設置
			文部省『中等学校・青年学校公民教師用書』発行
		11	日本国憲法公布
1947	昭和22	1	桜田国民学校「社会科」実験授業の実施（日下部しげ教諭）
		3	文部省『学習指導要領一般編（試案）』発行
			教育基本法，学校教育法の公布
		4	新しい学校制度（6・3制）の開始
			文部省「新制高等学校の教育課程に関する件」「社会科実施について」通達
		5	文部省『学習指導要領社会科編（Ⅰ）（試案）』発行　（Ⅱ）は6月発行
		6	「日本教職員組合」（日教組）結成
		8	文部省『あたらしい憲法のはなし』発行
		9	小学校・中学校で「社会科」授業開始
			「社会科教育連盟」結成
		12	中央教育研究所，川口市社会科委員会『社会科の構成と学習－川口市案による社会科の指導－』金子書房（川口プラン）
			上田薫『社会科とその出発』同学社
1948	昭和23	4	新制高等学校発足
		6	衆参両院「教育勅語の失効確認，排除に関する決議案」可決
		10	「コア・カリキュラム連盟」（コア連）結成
			文部省『民主主義（上）』（高等学校用国定教科書）発行　（下）は1949年8月発行
1949	昭和24	2	文部省「学習指導要領に基づく単元学習について」通達
		4	検定教科書の使用開始
			文部省『新制高等学校教科課程の解説』発行
			倉沢剛『社会科の基本問題』誠文堂新光社
			梅根悟『コア・カリキュラム』光文社
		7	太田堯『地域教育計画』福村書店
		10	文部省「社会科その他，初等および中等教育における宗教の取扱について」通達
		12	私立学校法公布
1950	昭和25	4	文部省『小学校社会科学習指導法』発行
		6	朝鮮戦争勃発
		7	「日本綴方の会」結成
		8	「米国教育使節団」来日，「第二次アメリカ教育使節団報告書」提出
		9	文部省，高校社会科「時事問題」「一般社会」の単元要綱を発表
		11	天野文部大臣，修身科の復活と教育勅語に代わる教育要領の必要性を表明
1951	昭和26	3	無着成恭『山びこ学校』青銅社
		8	コア・カリキュラム連盟「三層四領域論」提唱
			日本綴方の会，「日本作文の会」に改称

西暦	和暦	月	社会科・公民科教育の関係事項
1951	昭和26	9	サンフランシスコ講和条約・日米安全保障条約調印
		11	日教組「第1回全国教育研究大会」開催
		12	「西日本社会科教育研究会（現 全国社会科教育学会）」結成
			文部省『中学校・高等学校学習指導要領社会科編 I − 中等社会科とその指導法（試案）』発行
1952	昭和27	1	勝田守一他「シンポジウム・社会科の再検討」『教育』（勝田＝梅根論争）
		2	「日本教育大学協会社会科教育学会（現 日本社会科教育学会）」結成
			文部省『中学校・高等学校学習指導要領社会科編 III(a)日本史(b)世界史（試案）』発行
			文部省『中学校・高等学校学習指導要領社会科編 III(c)人文地理（試案）』発行
		3	第1回「教育科学研究会全国連絡協議会」（教科研）開催
		6	「中央教育審議会」（中教審）設置
		10	文部省『中学校・高等学校学習指導要領社会科編 II 一般社会科（試案）』発行
		12	岡野文部大臣「社会科の改善，特に道徳教育，地理・歴史教育について」諮問
1953	昭和28	2	「郷土教育全国協議会」（郷土全教）結成
			西日本社会科教育研究会『社会科教育論叢』創刊
		3	日本社会科教育学会（日社学）『社会科教育研究』創刊
			池田・ロバートソン会談
		5	馬場四郎『社会科の改造』同学社
		6	コア・カリキュラム連盟，「日本生活教育連盟」に改称
			柳田國男，和歌森太郎『社会科教育法』実業之日本社
		8	「社会科問題協議会」（社問協）結成，第一〜三次反対声明
			教育課程審議会（教課審）「社会科の改善に関する答申」
		10	勝田守一，宮原誠一，宗像誠也編『日本の社会科』国土社
1954	昭和29	6	教育二法（教員の政治活動禁止，教育の政治的中立性確保に関する法律）公布
		7	自衛隊発足
		8	歴史教育者協議会，郷土全教『地理歴史教育』創刊
1955	昭和30	8	日本民主党「うれうべき教科書の問題」発行
		11	55年体制の成立
		12	文部省『高等学校学習指導要領社会科編』発行
1956	昭和31	2	文部省『中学校学習指導要領社会科編』発行
		6	「地方教育行政の組織及び運営に関する法律」公布
			「全国同和教育研究協議会」結成
		10	日ソ共同宣言調印
1957	昭和32	5	「地理教育研究会」（地教研）結成
		9	文部省「全国学力調査」実施
		10	ソ連，人類初の人工衛星「スプートニク1号」打ち上げ成功
1958	昭和33	3	教課審「小・中学校の教育課程の改善について」答申
		8	「社会科の初志をつらぬく会」（初志の会）結成
			「道徳の時間」を特設
		10	文部省『中学校学習指導要領』告示
1959	昭和34	3	教課審「高等学校教育課程の改善について」答申
		10	文部省，初の教育白書『わが国の教育水準』発行
		11	国連「児童権利宣言」採択
		12	中教審「特殊教育の充実振興について」答申
1960	昭和35	1	新安保条約調印
		3	教課審「高校教育課程の改善」答申
		10	文部省『高等学校学習指導要領』告示
1961	昭和36	10	文部省，中学校2・3年生に全国一斉学力調査実施

西暦	和暦	月	社会科・公民科教育の関係事項
1962	昭和37	7	文部省，小・中学校で全国一斉学力調査実施
		8	大槻健「社会科教育における経験−態度−人格主義について」『教育』（大槻＝上田論争）
		11	文部省『教育白書 日本の成長と教育』発行
1963	昭和38	1	船山謙次『社会科論史』東洋館出版社
		4	教科研社会科部会設置
		6	山口康助編『社会科指導内容の構造化−目標・内容・方法の統合的把握とその実践−』新光閣書店
		10	長洲一二『社会科学と社会科教育』明治図書出版
		12	義務教育教科書無償給与制度の実施
1964	昭和39	10	西日本社会科教育研究会，「日本社会科教育研究会（現 全国社会科教育学会）」に改称
			明治図書出版『教育科学 社会科教育』創刊
			全国学力調査，悉皆調査から20％抽出調査に
1965	昭和40	3	川合章，新潟県上越教師の会『生産労働を軸にした社会科の授業過程』明治図書出版
		6	家永三郎「教科書検定を違憲とする訴訟」提訴
			中村文部大臣「小・中学校の教育課程改善」諮問
			日韓基本条約調印
1966	昭和41	4	教員養成大学，学部の名称変更
		8	教育科学研究会 社会科部会編『社会科教育の理論』麦書房
		10	中教審「後期中等教育の拡充整備について」答申 （「期待される人間像」別記）
		11	文部省，全国一斉学力調査の中止を決定
1968	昭和43	6	教課審「中学校の教育課程の改善について」答申
1969	昭和44	4	文部省『中学校学習指導要領』告示（教育の現代化）
		9	教課審「高校教育課程の改善について」答申
		10	文部省「高等学校における政治的教養と政治活動について」通達
1970	昭和45	5	中教審「初等中等教育の改革基本構想案」中間報告
		7	社会科の初志をつらぬく会『問題解決学習の展開』明治図書出版
			全国民主主義教育研究会結成
		9	日本社会科教育学会編『社会科教育学の構想』明治図書出版
		10	文部省『高等学校学習指導要領』告示
1971	昭和46	1	文部省『中学校学習指導要領』一部改訂（公害教育の見直し）
		6	全国教育研究所連盟「義務教育改善に関する意見調査」発表
			中教審「今後における学校教育の総合的な拡充整備のための基本的施策について」答申
			日教組の教育制度検討委員会「日本の教育はどうあるべきか」発表
1972	昭和47	2	社会科教育センター『社会科探究学習の指導計画と展開1〜3』明治図書出版（〜1973）
		4	中学校教育課程全面実施に伴い，地歴並行学習の導入，「公民的分野」実施
		5	沖縄返還協定発効
		9	日中共同声明調印
		10	文部省，学習指導要領の弾力的運用について通達
1973	昭和48	5	「社会科の授業を創る会」創立（教科研から独立）
		8	本多公栄『ぼくらの太平洋戦争』鳩の森書房
		10	第四次中東戦争勃発 オイルショックへ
		11	文部大臣「小学校，中学校及び高等学校の教育課程の改善について」諮問
1974	昭和49	5	教育制度検討委員会「日本の教育の改革を求めて」発表
1976	昭和51	5	日教組 中央教育課程検討委員会「教育課程改革試案」発表
		8	加藤文三『すべての生徒が100点を』地歴社
		12	教課審「小・中・高等学校の教育課程の基準の改善について」答申
1977	昭和52	7	文部省『中学校学習指導要領』告示（「ゆとり教育」開始）

西暦	和暦	月	社会科・公民科教育の関係事項
1978	昭和53	3	文部省「児童生徒の問題行動の防止について」通知
		8	文部省『高等学校学習指導要領』告示
		9	森分孝治『社会科授業構成の理論と方法』明治図書出版
1979	昭和54	1	共通第一次学力試験実施
		2	谷川彰英『社会科理論の批判と創造』明治図書出版
1980	昭和55	10	自民党「教科書に関する小委員会」初会合
1981	昭和56	11	田中文部大臣「時代の変化に対応する初等中等教育の教育内容などの基本的な在り方について」諮問
1982	昭和57	2	向山洋一『跳び箱は誰でも跳ばせられる』明治図書出版（教育技術の法則化運動へ）
		6	教科書の歴史記述をめぐり中国・韓国が抗議
1983	昭和58	6	中教審「教科書の在り方について」答申
1984	昭和59	1	中曽根総理，現職首相として戦後初めて靖国神社へ参拝
		3	民社連社会科研究委員会編『社会科教育実践の歴史－記録と分析 中学・高校編－』あゆみ出版
		8	臨時教育審議会（臨教審）発足
		9	日本社会科教育学会編『社会科における公民的資質の形成』東洋館出版社
			森分孝治『現代社会科授業理論』明治図書出版
1985	昭和60	6	片上宗二『社会科授業の改革と展望』明治図書出版
			臨教審「教育改革に関する第1次答申」
		9	文部大臣「幼稚園，小学校，中学校及び高等学校の教育課程の基準の改善について」諮問
			プラザ合意
		11	熊本地裁，丸刈り校則の違憲訴訟を棄却
1986	昭和61	2	文部省「いじめの実態等に関する調査結果について」発表
		4	臨教審「教育改革に関する第2次答申」
		8	緊急シンポ世話人会編『社会科「解体論」批判』明治図書出版
		10	教課審「教育課程の基準の改善に関する基本方向について（中間まとめ）」
			日本社会科教育研究会，「全国社会科教育学会」（全社学）に改称
1987	昭和62	4	臨教審「教育改革に関する第3次答申」
		8	臨教審「教育改革に関する第4次答申（最終答申）」
		10	ニューヨーク株式市場で株価大暴落（ブラックマンデー）
		11	大津和子『社会科＝一本のバナナから』国土社
		12	教課審「幼稚園，小学校，中学校及び高等学校の教育課程の基準の改善について」答申
1988	昭和63	5	谷川彰英『戦後社会科教育論争に学ぶ』明治図書出版
1989	平成元	2	社会認識教育学会編『社会科教育の理論』ぎょうせい
		3	文部省『中学校学習指導要領』告示
			文部省『高等学校学習指導要領』告示（高校の社会科再編成，「地理歴史科」「公民科」新設）
		11	「社会系教科教育学会」結成
			ベルリンの壁崩壊
		12	「日本公民教育学会」結成
1990	平成2	1	中教審「生涯学習の基盤整備について」答申
			大学入試センター試験実施
1991	平成3	10	藤岡信勝『社会認識教育論』日本書籍
1992	平成4	2	小西正雄『提案する社会科』明治図書出版
		4	「生活科」の開始
		6	地球サミットがブラジルのリオデジャネイロで開催，「アジェンダ21」にESDの重要性とその取組の指針を明記
		9	「学校週5日制」実施（月1回）
			自衛隊のカンボジア派遣実施
		12	「日本生活科教育学会」結成

西暦	和暦	月	社会科・公民科教育の関係事項
1993	平成5	2	文部省，中学校（高等学校入試等）における業者テストの排除を通達
1994	平成6	3	社会認識教育学会編『社会科教育学ハンドブック』明治図書出版
		6	岩田一彦『社会科授業研究の理論』明治図書出版
		11	片上宗二『オープンエンド化による社会科授業の創造』明治図書出版
1995	平成7	1	兵庫県南部地震（阪神・淡路大震災）
		3	地下鉄サリン事件
1996	平成8	7	中教審「21世紀を展望した我が国の教育の在り方について」答申（「生きる力」提言）
1997	平成9	5	神戸連続児童殺傷事件
		8	「家永教科書裁判」終結
1998	平成10	6	中教審「新しい時代を拓く心を育てるために」答申
		7	教課審「幼稚園・小学校・中学校・高等学校・盲学校・聾学校及び養護学校の教育課程の基準の改善について」答申（教育課程基準の大綱化・弾力化）
		12	文部省『中学校学習指導要領』告示
1999	平成11	3	文部省『高等学校学習指導要領』告示
		6	男女共同参画社会基本法の公布・施行
2000	平成12	4	森分孝治，片上宗二編『社会科重要用語300の基礎知識』明治図書出版
		6	日本生活科教育学会，「日本生活科・総合的学習教育学会」に改称
2001	平成13	1	文部省が「文部科学省」（文科省）に改組
		9	アメリカ同時多発テロ
		10	全国社会科教育学会編『社会科教育学研究ハンドブック』明治図書出版
2002	平成14	4	小学校・中学校で「総合的な学習の時間」の開始
			学校完全週5日制の実施
			文科省『心のノート』配布
		12	国連総会で「国連ESDの10年」の決議案が採択
2003	平成15	3	社会認識教育学会編『社会科教育のニュー・パースペクティブ』明治図書出版
		5	中教審「新しい時代にふさわしい教育基本法と教育振興基本計画の在り方について」答申
			個人情報の保護に関する法律（「個人情報保護法」）の公布
		12	文部省，学習指導要領の一部改正（「歯止め規定」の削除）
2004	平成16	4	国立大学法人化
2005	平成17	2	京都議定書発効
		5	片上宗二編『"民主政治"をめぐる論点・争点と授業づくり』明治図書出版（「社会科教材の論点・争点と授業づくり」シリーズ）
		10	中教審「新しい時代の義務教育を創造する」答申
2006	平成18	3	社会認識教育学会編『社会認識教育の構造改革』明治図書出版
			日本社会科教育学会出版プロジェクト編『新時代を拓く社会科の挑戦』第一学習社
		10	内閣に「教育再生会議」を設置
			全国の高等学校で世界史等の必修科目の未履修が相次いで発覚
		12	改正教育基本法の公布・施行（「愛国心」の強調）
2007	平成19	4	文科省「全国学力・学習状況調査」実施
		6	改正教育職員免許法の成立
		10	全国社会科教育学会編『中学校・高校の"優れた社会科授業"の条件』明治図書出版
2008	平成20	3	文科省『中学校学習指導要領』告示
		7	日本社会科教育学会編『社会科授業力の開発 中学校・高等学校編』明治図書出版
		9	リーマン・ブラザーズ経営破綻（リーマンショック）
		11	日本社会科教育学会国際交流委員会編『東アジアにおけるシティズンシップ教育』明治図書出版

西暦	和暦	月	社会科・公民科教育の関係事項
2009	平成 21	3	文科省『高等学校学習指導要領』告示
		4	教員免許更新制の導入
		5	裁判員制度の開始
2010	平成 22	2	社会系教科教育学会編『社会系教科教育研究のアプローチ』学事出版
2011	平成 23	3	東北地方太平洋沖地震（東日本大震災）
		10	全国社会科教育学会編『社会科教育実践ハンドブック』明治図書出版
2012	平成 24	4	社会認識教育学会編『新 社会科教育学ハンドブック』明治図書出版
		6	日本社会科教育学会編『新版 社会科教育事典』ぎょうせい
		8	中教審「新たな未来を築くための大学教育の質的転換に向けて」答申
2013	平成 25	6	文科省「今後の国立大学の機能強化に向けての考え方」策定
2014	平成 26	1	文科省，中学校・高等学校学習指導要領解説の一部改訂（領土・防災に関する教育の充実）
		10	中教審「道徳に係る教育課程の改善について」答申
		11	下村文部科学大臣「初等中等教育における教科課程の基準等の在り方について」諮問
2015	平成 27	3	梅津正美，原田智仁編『教育実践学としての社会科授業研究の探求』風間書房
		6	公職選挙法の改正により，投票年齢が 18 歳以上に引き下げ
		9	総務省，文部科学省『私たちが拓く日本の未来 有権者として求められる力を身につけるために』発行
			国連サミット「持続可能な開発のための 2030 アジェンダ」採択，SDGs 策定
		10	文科省「高等学校等における政治的教養の教育と高等学校等の生徒による政治的活動等について」通知
			草原和博，溝口和宏，桑原敏典編『社会科教育学研究法ハンドブック』明治図書出版
			全国社会科教育学会編『新 社会科授業づくりハンドブック 中学校編』明治図書出版
		11	日本社会科教育学会編『社会科教育の今を問い，未来を拓く』東洋館出版社
		12	中教審「幼稚園，小学校，中学校，高等学校及び特別支援学校の学習指導要領等の改善及び必要な方策等について」答申
2017	平成 29	3	文科省『中学校学習指導要領』告示
2018	平成 30	3	文科省『高等学校学習指導要領』告示
		8	日本社会科教育学会編『社会科教育と災害・防災学習』明石書店
2019	令和元	6	森茂岳雄，川﨑誠司，桐谷正信，青木香代子編『社会科における多文化教育』明石書店

付録2 中学校社会科学習指導要領（2017年告示）

第2章 各教科

第2節 社 会

第1 目 標

社会的な見方・考え方を働かせ，課題を追究したり解決したりする活動を通して，広い視野に立ち，グローバル化する国際社会に主体的に生きる平和で民主的な国家及び社会の形成者に必要な公民としての資質・能力の基礎を次のとおり育成することを目指す．

(1) 我が国の国土と歴史，現代の政治，経済，国際関係等に関して理解するとともに，調査や諸資料から様々な情報を効果的に調べまとめる技能を身に付けるようにする．

(2) 社会的事象の意味や意義，特色や相互の関連を多面的・多角的に考察したり，社会に見られる課題の解決に向けて選択・判断したりする力，思考・判断したことを説明したり，それらを基に議論したりする力を養う．

(3) 社会的事象について，よりよい社会の実現を視野に課題を主体的に解決しようとする態度を養うとともに，多面的・多角的な考察や深い理解を通して涵（かん）養される我が国の国土や歴史に対する愛情，国民主権を担う公民として，自国を愛し，その平和と繁栄を図ることや，他国や他国の文化を尊重することの大切さについての自覚などを深める．

第2 各学年の目標及び内容

〔公民的分野〕

1 目 標

現代社会の見方・考え方を働かせ，課題を追究したり解決したりする活動を通して，広い視野に立ち，グローバル化する国際社会に主体的に生きる平和で民主的な国家及び社会の形成者に必要な公民としての資質・能力の基礎を次のとおり育成することを目指す．

(1) 個人の尊厳と人権の尊重の意義，特に自由・権利と責任・義務との関係を広い視野から正しく認識し，民主主義，民主政治の意義，国民の生活の向上と経済活動との関わり，現代の社会生活及び国際関係などについて，個人と社会との関わりを中心に理解を深めるとともに，諸資料から現代の社会的事象に関する情報を効果的に調べまとめる技能を身に付けるようにする．

(2) 社会的事象の意味や意義，特色や相互の関連を現代の社会生活と関連付けて多面的・多角的に考察したり，現代社会に見られる課題について公正に判断したりする力，思考・判断したことを説明したり，それらを基に議論したりする力を養う．

(3) 現代の社会的事象について，現代社会に見られる課題の解決を視野に主体的に社会に関わろうとする態度を養うとともに，多面的・多角的な考察や深い理解を通して涵（かん）養される，国民主権を担う公民として，自国を愛し，その平和と繁栄を図ることや，各国が相互に主権を尊重し，各国民が協力し合うことの大切さについての自覚などを深める．

2 内 容

A 私たちと現代社会

(1) 私たちが生きる現代社会と文化の特色

位置や空間的な広がり，推移や変化などに着目して，課題を追究したり解決したりする活動を通して，次の事項を身に付けることができるよう指導する．

ア 次のような知識を身に付けること．

(ア) 現代日本の特色として少子高齢化，情報化，グローバル化などが見られることについて理解すること．

(イ) 現代社会における文化の意義や影響について理解すること．

イ 次のような思考力，判断力，表現力等を身に付けること．

(ア) 少子高齢化，情報化，グローバル化などが現在と将来の政治，経済，国際関係に与える影響について多面的・多角的に考察し，表現すること．

(イ) 文化の継承と創造の意義について多面的・多角的に考察し，表現すること．

(2) 現代社会を捉える枠組み

対立と合意，効率と公正などに着目して，課題を追究したり解決したりする活動を通して，次の事項を身に付けることができるよう指導する．

ア 次のような知識を身に付けること．

(ア) 現代社会の見方・考え方の基礎となる枠組みとして，対立と合意，効率と公正などについて理解すること．

(イ) 人間は本来社会的存在であることを基に，個人の尊厳と両性の本質的平等，契約の重要性やそれを守ることの意義及び個人の責任について理解すること．

イ 次のような思考力，判断力，表現力等を身に付けること．

(ア) 社会生活における物事の決定の仕方，契約を通した個人と社会との関係，きまりの役割について多面的・多角的に考察し，表現すること．

B 私たちと経済

(1) 市場の働きと経済

対立と合意，効率と公正，分業と交換，希少性などに着目して，課題を追究したり解決したりする活動を通して，次の事項を身に付けることができるよう指導する．

ア 次のような知識を身に付けること．

(ア) 身近な消費生活を中心に経済活動の意義について理解すること．

(イ) 市場経済の基本的な考え方について理解すること．その際，市場における価格の決まり方や資源の配分について理解すること．

(ウ) 現代の生産や金融などの仕組みや働きを理解すること．

(エ) 勤労の権利と義務，労働組合の意義及び労働基準法の精神について理解すること．

イ 次のような思考力，判断力，表現力等を身に付けること．

(ア) 個人や企業の経済活動における役割と責任について多面的・多角的に考察し，表現すること．

(イ) 社会生活における職業の意義と役割及び雇用と労働条件の改善について多面的・多角的に考察し，表現すること．

(2) 国民の生活と政府の役割

対立と合意，効率と公正，分業と交換，希少性などに着目して，課題を追究したり解決したりする活動を通して，次の事項を身に付けることができるよう指導する．

ア 次のような知識を身に付けること．

(ア) 社会資本の整備，公害の防止など環境の保全，少子高齢社会における社会保障の充実・安定化，消費者の保護について，それらの意義を理解すること．

(イ) 財政及び租税の意義，国民の納税の義務について理解すること．

イ 国民の生活と福祉の向上を図ることに向けて，次のような思考力，判断力，表現力等を身に付けること．

(ア) 市場の働きに委ねることが難しい諸問題に関して，国や地方公共団体が果たす役割について多面的・多角的に考察，構想し，表現すること．

(イ) 財政及び租税の役割について多面的・多角的に考察し，表現すること．

C 私たちと政治

(1) 人間の尊重と日本国憲法の基本的原則

対立と合意，効率と公正，個人の尊重と法の支配，民主主義などに着目して，課題を追究したり解決したりする活動を通して，次の事項を身に付けることができるよう指導する．

ア　次のような知識を身に付けること．

（ア）人間の尊重についての考え方を，基本的人権を中心に深め，法の意義を理解すること．

（イ）民主的な社会生活を営むためには，法に基づく政治が大切であることを理解すること．

（ウ）日本国憲法が基本的人権の尊重，国民主権及び平和主義を基本的原則としていることについて理解すること．

（エ）日本国及び日本国民統合の象徴としての天皇の地位と天皇の国事に関する行為について理解すること．

イ　次のような思考力，判断力，表現力等を身に付けること．

（ア）我が国の政治が日本国憲法に基づいて行われていることの意義について多面的・多角的に考察し，表現すること．

（2）民主政治と政治参加

対立と合意，効率と公正，個人の尊重と法の支配，民主主義などに着目して，課題を追究したり解決したりする活動を通して，次の事項を身に付けることができるよう指導する．

ア　次のような知識を身に付けること．

（ア）国会を中心とする我が国の民主政治の仕組みのあらましや政党の役割を理解すること．

（イ）議会制民主主義の意義，多数決の原理とその運用の在り方について理解すること．

（ウ）国民の権利を守り，社会の秩序を維持するために，法に基づく公正な裁判の保障があることについて理解すること．

（エ）地方自治の基本的な考え方について理解すること．その際，地方公共団体の政治の仕組み，住民の権利や義務について理解すること．

イ　地方自治や我が国の民主政治の発展に寄与しようとする自覚や住民としての自治意識の基礎を育成することに向けて，次のような思考力，判断力，表現力等を身に付けること．

（ア）民主政治の推進と，公正な世論の形成や選挙など国民の政治参加との関連について多面的・多角的に考察，構想し，表現すること．

D　私たちと国際社会の諸課題

（1）世界平和と人類の福祉の増大

対立と合意，効率と公正，協調，持続可能性などに着目して，課題を追究したり解決したりする活動を通して，次の事項を身に付けることができるよう指導する．

ア　次のような知識を身に付けること．

（ア）世界平和の実現と人類の福祉の増大のためには，国際協調の観点から，国家間の相互の主権の尊重と協力，各国民の相互理解や協力及び国際連合をはじめとする国際機構などの役割が大切であることを理解すること．その際，領土（領海，領空を含む．），国家主権，国際連合の働きなど基本的な事項について理解すること．

（イ）地球環境，資源・エネルギー，貧困などの課題の解決のために経済的，技術的な協力などが大切であることを理解すること．

イ　次のような思考力，判断力，表現力等を身に付けること．

（ア）日本国憲法の平和主義を基に，我が国の安全と防衛，国際貢献を含む国際社会における我が国の役割について多面的・多角的に考察，構想し，表現すること．

（2）よりよい社会を目指して

持続可能な社会を形成することに向けて，社会的な見方・考え方を働かせ，課題を探究する活動を通して，次の事項を身に付けることができるよう指導する．

ア　私たちがよりよい社会を築いていくために解決すべき課題を多面的・多角的に考察，構想し，自分の考えを説明，論述すること．

3　内容の取扱い

（1）内容の取扱いについては，次の事項に配慮するものとする．

ア　地理的分野及び歴史的分野の学習の成果を活用するとともに，これらの分野で育成された資質・能力が，更に高まり発展するようにすること．また，社会的事象は相互に関連し合っていることに留意し，特定の内容に偏ることなく，分野全体として見通しをもったまとまりのある学習が展開できるようにすること．

イ　生徒が内容の基本的な意味を理解できるように配慮し，現代社会の見方・考え方を働かせ，日常の社会生活と関連付けながら具体的な事例を通して，政治や経済などに関わる制度や仕組みの意義や働きについて理解を深め，多面的・多角的に考察，構想し，表現できるようにすること．

ウ　分野全体を通して，課題の解決に向けて習得した知識を活用して，事実を基に多面的・多角的に考察，構想したことを説明したり，論拠を基に自分の意見を説明，論述させたりすることにより，思考力，判断力，表現力等を養うこと．また，考察，構想させる場合には，資料を読み取らせて解釈させたり，議論などを行って考えを深めさせたりするなどの工夫をすること．

エ　合意形成や社会参画を視野に入れながら，取り上げた課題について構想したことを，妥当性や効果，実現可能性などを踏まえて表現できるよう指導すること．

オ　分野の内容に関係する専門家や関係諸機関などと円滑な連携・協働を図り，社会との関わりを意識した課題を追究したり解決したりする活動を充実させること．

（2）内容のAについては，次のとおり取り扱うものとする．

ア　（1）については，次のとおり取り扱うものとすること．

（ア）「情報化」については，人工知能の急速な進化などによる産業や社会の構造的な変化などと関連付けたり，災害時における防災情報の発信・活用などの具体的事例を取り上げたりすること．アの（イ）の「現代社会における文化の意義と影響」については，科学，芸術，宗教などを取り上げ，社会生活との関わりなどについて学習できるように工夫すること．

（イ）イの（イ）の「文化の継承と創造の意義」については，我が国の伝統と文化などを取り扱うこと．

イ　（1）及び（2）については公民的分野の導入部として位置付け，（1），（2）の順で行うものとし，適切かつ十分な授業時数を配当すること．

（3）内容のBについては，次のとおり取り扱うものとする．

ア　（1）については，次のとおり取り扱うものとすること．

（ア）アの（イ）の「市場における価格の決まり方や資源の配分」については，個人や企業の経済活動が様々な条件の中での選択を通して行われていることや，市場における取引が貨幣を通して行われていることなどを取り上げること．

（イ）イの（ア）の「個人や企業の経済活動における役割と責任」については，起業について触れるとともに，経済活動や起業などを支える金融などの働きについて取り扱うこと．イの（イ）の「社会生活における職業の意義と役割及び雇用と労働条件の改善」については，仕事と生活の調和という観点から労働保護立法についても触れること．

イ　（2）については，次のとおり取り扱うものとすること．

（ア）アの（ア）の「消費者の保護」については，消費者の自立の支援なども含めた消費者行政を取り扱うこと．

（イ）イの（イ）の「財政及び租税の役割」については，財源の確保と配分という観点から，財政の現状や少子高齢社会など現代社会の特色を踏まえて財政の持続可能性と関連付けて考察し，表現させること．

(4) 内容のCについては，次のとおり取り扱うものとする。
　ア　(2)のアの(ウ)の「法に基づく公正な裁判の保障」に
　　関連させて，裁判員制度についても触れること。
(5) 内容のDについては，次のとおり取り扱うものとする。
　ア　(1)については，次のとおり取り扱うものとすること。
　　(ア) アの(ア)の「国家間の相互の主権の尊重と協力」
　　　との関連で，国旗及び国歌の意義並びにそれらを相互
　　　に尊重することが国際的な儀礼であることの理解を通
　　　して，それらを尊重する態度を養うように配慮するこ
　　　と。また「領土（領海，領空を含む。），国家主権」
　　　については関連させて取り扱い，我が国が，固有の領
　　　土である竹島や北方領土に関し残されている問題の平
　　　和的な手段による解決に向けて努力していることや，
　　　尖閣諸島をめぐり解決すべき領有権の問題は存在して
　　　いないことなどを取り上げること。「国際連合をはじ
　　　めとする国際機構などの役割」については，国際連合
　　　における持続可能な開発のための取組についても触れ
　　　ること。
　　(イ) イの(ア)の「国際社会における我が国の役割」に
　　　関連させて，核兵器などの脅威に触れ，戦争を防止し，
　　　世界平和を確立するための熱意と協力の態度を育成す
　　　るように配慮すること。また，国際社会における文化
　　　や宗教の多様性について取り上げること。
　イ　(2)については，身近な地域や我が国の取組との関連
　　性に着目させ，世界的な視野と地域的な視点に立って探
　　究させること。また，社会科のまとめとして位置付け，
　　適切かつ十分な授業時数を配当すること。

第3　指導計画の作成と内容の取扱い
1　指導計画の作成に当たっては，次の事項に配慮するものとす
　る。
(1) 単元など内容や時間のまとまりを見通して，その中で育む
　資質・能力の育成に向けて，生徒の主体的・対話的で深い学
　びの実現を図るようにすること。その際，分野の特質に応じ
　た見方・考え方を働かせ，社会的事象の意味や意義などを考
　察し，概念などに関する知識を獲得したり，社会との関わり
　を意識した課題を追究したり解決したりする活動の充実を図
　ること。また，知識に偏り過ぎた指導にならないようにする
　ため，基本的な事柄を厳選して指導内容を構成するとともに，
　各分野において，第2の内容の範囲や程度に十分配慮しつつ
　事柄を再構成するなどの工夫をして，基本的な内容が確実に
　身に付くよう指導すること。
(2) 小学校社会科の内容との関連及び各分野相互の有機的な関
　連を図るとともに，地理的分野及び歴史的分野の基礎の上に
　公民的分野の学習を展開するこの教科の基本的な構造に留意
　して，全体として教科の目標が達成できるようにする必要が
　あること。
(3) 各分野の履修については，第1，第2学年を通じて地理的
　分野及び歴史的分野を並行して学習させることを原則とし，
　第3学年において歴史的分野及び公民的分野を学習させるこ
　と。各分野に配当する授業時数は，地理的分野115単位時間，
　歴史的分野135単位時間，公民的分野100単位時間とするこ
　と。これらの点に留意し，各学校で創意工夫して適切な指導
　計画を作成すること。
(4) 障害のある生徒などについては，学習活動を行う場合に生
　じる困難さに応じた指導内容や指導方法の工夫を計画的，組
　織的に行うこと。
(5) 第1章総則の第1の2の(2)に示す道徳教育の目標に基づ
　き，道徳科などとの関連を考慮しながら，第3章特別の教科
　道徳の第2に示す内容について，社会科の特質に応じて適切
　な指導をすること。
2　第2の内容の取扱いについては，次の事項に配慮するものと
　する。

(1) 社会的な見方・考え方を働かせることをより一層重視する
　観点に立って，社会的事象の意味や意義，事象の特色や事象
　間の関連，社会に見られる課題などについて，考察したこと
　や選択・判断したことを論理的に説明したり，立場や根拠を
　明確にして議論したりするなどの言語活動に関わる学習を一
　層重視すること。
(2) 情報の収集，処理や発表などに当たっては，学校図書館や
　地域の公共施設などを活用するとともに，コンピュータや情
　報通信ネットワークなどの情報手段を積極的に活用し，指導
　に生かすことで，生徒が主体的に調べ分かろうとして学習に
　取り組めるようにすること。その際，課題の追究や解決の見
　通しをもって生徒が主体的に情報手段を活用できるようにす
　るとともに，情報モラルの指導にも留意すること。
(3) 調査や諸資料から，社会的事象に関する様々な情報を効果
　的に収集し，読み取り，まとめる技能を身に付ける学習活動
　を重視するとともに，作業的で具体的な体験を伴う学習の充
　実を図るようにすること。その際，地図や年表を読んだり作
　成したり，現代社会の諸課題を捉え，多面的・多角的に考察，
　構想するに当たっては，関連する新聞，読み物，統計その他
　の資料に平素から親しみ適切に活用したり，観察や調査など
　の過程と結果を整理し報告書にまとめ，発表したりするなど
　の活動を取り入れるようにすること。
(4) 社会的事象については，生徒の考えが深まるよう様々な見
　解を提示するよう配慮し，多様な見解のある事柄，未確定な
　事柄を取り上げる場合には，有益適切な教材に基づいて指導
　するとともに，特定の事柄を強調し過ぎたり，一面的な見解
　を十分な配慮なく取り上げたりするなどの偏った取扱いによ
　り，生徒が多面的・多角的に考察したり，事実を客観的に捉
　え，公正に判断したりすることを妨げることのないよう留意
　すること。
3　第2の内容の指導に当たっては，教育基本法第14条及び第
　15条の規定に基づき，適切に行うよう特に慎重に配慮して，
　政治及び宗教に関する教育を行うものとする。

付録3　高等学校公民科学習指導要領（2018年告示）

第2章　各学科に共通する各教科

第3節　公　民

第1款　目　標

社会的な見方・考え方を働かせ，現代の諸課題を追究したり解決したりする活動を通して，広い視野に立ち，グローバル化する国際社会に主体的に生きる平和で民主的な国家及び社会の有為な形成者に必要な公民としての資質・能力を次のとおり育成することを目指す．

(1) 選択・判断の手掛かりとなる概念や理論及び倫理，政治，経済などに関わる現代の諸課題について理解するとともに，諸資料から様々な情報を適切かつ効果的に調べまとめる技能を身に付けるようにする．

(2) 現代の諸課題について，事実を基に概念などを活用して多面的・多角的に考察したり，解決に向けて公正に判断したりする力や，合意形成や社会参画を視野に入れながら構想したことを議論する力を養う．

(3) よりよい社会の実現を視野に，現代の諸課題を主体的に解決しようとする態度を養うとともに，多面的・多角的な考察や深い理解を通して涵（かん）養される，人間としての在り方生き方についての自覚や，国民主権を担う公民として，自国を愛し，その平和と繁栄を図ることや，各国が相互に主権を尊重し，各国民が協力し合うことの大切さについての自覚などを深める．

第2款　各　科　目

第1　公共

1　目　標

人間と社会の在り方についての見方・考え方を働かせ，現代の諸課題を追究したり解決したりする活動を通して，広い視野に立ち，グローバル化する国際社会に主体的に生きる平和で民主的な国家及び社会の有為な形成者に必要な公民としての資質・能力を次のとおり育成することを目指す．

(1) 現代の諸課題を捉え考察し，選択・判断するための手掛かりとなる概念や理論について理解するとともに，諸資料から，倫理的主体などとして活動するために必要となる情報を適切かつ効果的に調べまとめる技能を身に付けるようにする．

(2) 現実社会の諸課題の解決に向けて，選択・判断の手掛かりとなる考え方や公共的な空間における基本的原理を活用して，事実を基に多面的・多角的に考察し公正に判断する力や，合意形成や社会参画を視野に入れながら構想したことを議論する力を養う．

(3) よりよい社会の実現を視野に，現代の諸課題を主体的に解決しようとする態度を養うとともに，多面的・多角的な考察や深い理解を通して涵（かん）養される，現代社会に生きる人間としての在り方生き方についての自覚や，公共的な空間に生き国民主権を担う公民として，自国を愛し，その平和と繁栄を図ることや，各国が相互に主権を尊重し，各国民が協力し合うことの大切さについての自覚などを深める．

2　内　容

A　公共の扉

(1) 公共的な空間を作る私たち

公共的な空間と人間との関わり，個人の尊厳と自主・自律，人間と社会の多様性と共通性などに着目して，社会に参画する自立した主体とは何かを問い，現代社会に生きる人間としての在り方生き方を探求する活動を通して，次の事項を身に付けることができるよう指導する．

ア　次のような知識を身に付けること．

(ア) 自らの体験などを振り返ることを通して，自らを成長させる人間としての在り方生き方について理解すること．

(イ) 人間は，個人として相互に尊重されるべき存在であるとともに，対話を通して互いの様々な立場を理解し高め合うことのできる社会的な存在であること，伝統や文化，先人の取組や知恵に触れたりすることなどを通して，自らの価値観を形成するとともに他者の価値観を尊重することができるようになる存在であることについて理解すること．

(ウ) 自分自身が，自主的によりよい公共的な空間を作り出していこうとする自立した主体になることが，自らのキャリア形成とともによりよい社会の形成に結び付くことについて理解すること．

イ　次のような思考力，判断力，表現力等を身に付けること．

(ア) 社会に参画する自立した主体とは，孤立して生きるのではなく，地域社会などの様々な集団の一員として生き，他者との協働により当事者として国家・社会などの公共的な空間を作る存在であることについて多面的・多角的に考察し，表現すること．

(2) 公共的な空間における人間としての在り方生き方

主体的に社会に参画し，他者と協働することに向けて，幸福，正義，公正などに着目して，課題を追究したり解決したりする活動を通して，次の事項を身に付けることができるよう指導する．

ア　次のような知識及び技能を身に付けること．

(ア) 選択・判断の手掛かりとして，行為の結果である個人や社会全体の幸福を重視する考え方や，行為の動機となる公正などの義務を重視する考え方などについて理解すること．

(イ) 現代の諸課題について自らも他者も共に納得できる解決方法を見いだすことに向け，（ア）に示す考え方を活用することを通して，行為者自身の人間としての在り方生き方について探求することが，よりよく生きていく上で重要であることについて理解すること．

(ウ) 人間としての在り方生き方に関わる諸資料から，よりよく生きる行為者として活動するために必要な情報を収集し，読み取る技能を身に付けること．

イ　次のような思考力，判断力，表現力等を身に付けること．

(ア) 倫理的価値の判断において，行為の結果である個人や社会全体の幸福を重視する考え方と，行為の動機となる公正などの義務を重視する考え方などを活用し，自らも他者も共に納得できる解決方法を見いだすことに向け，思考実験など概念的な枠組みを用いて考察する活動を通して，人間としての在り方生き方を多面的・多角的に考察し，表現すること．

(3) 公共的な空間における基本的原理

自主的によりよい公共的な空間を作り出していこうとする自立した主体となることに向けて，幸福，正義，公正などに着目して，課題を追究したり解決したりする活動を通して，次の事項を身に付けることができるよう指導する．

ア　次のような知識を身に付けること．

(ア) 各人の意見や利害を公平・公正に調整することなどを通して，人間の尊厳と平等，協働の利益と社会の安定性の確保を共に図ることが，公共的な空間を作る上で必要であることについて理解すること．

(イ) 人間の尊厳と平等，個人の尊重，民主主義，法の支配，自由・権利と責任・義務など，公共的な空間における基本的原理について理解すること．

イ　次のような思考力，判断力，表現力等を身に付けること．

（ア）公共的な空間における基本的原理について，思考実験など概念的な枠組みを用いて考察する活動を通して，個人と社会との関わりにおいて多面的・多角的に考察し，表現すること．

B　自立した主体としてよりよい社会の形成に参画する私たち
　　自立した主体としてよりよい社会の形成に参画することに向けて，現実社会の諸課題に関わる具体的な主題を設定し，幸福，正義，公正などに着目して，他者と協働して主題を追究したり解決したりする活動を通して，次の事項を身に付けることができるよう指導する．

　ア　次のような知識及び技能を身に付けること．
　（ア）法や規範の意義及び役割，多様な契約及び消費者の権利と責任，司法参加の意義などに関わる現実社会の事柄や課題を基に，憲法の下，適正な手続きに則（のっと）り，法や規範に基づいて各人の意見や利害を公平・公正に調整し，個人や社会の紛争を調停，解決することなどを通して，権利や自由が保障，実現され，社会の秩序が形成，維持されていくことについて理解すること．
　（イ）政治参加と公正な世論の形成，地方自治，国家主権，領土（領海，領空を含む．），我が国の安全保障と防衛，国際貢献を含む国際社会における我が国の役割などに関わる現実社会の事柄や課題を基に，よりよい社会は，憲法の下，個人が議論に参加し，意見や利害の対立状況を調整して合意を形成することなどを通して築かれるものであることについて理解すること．
　（ウ）職業選択，雇用と労働問題，財政及び租税の役割，少子高齢社会における社会保障の充実・安定化，市場経済の機能と限界，金融の働き，経済のグローバル化と相互依存関係の深まり（国際社会における貧困や格差の問題を含む．）などに関わる現実社会の事柄や課題を基に，公正かつ自由な経済活動を行うことを通して資源の効率的な配分が図られること，市場経済システムを機能させたり国民福祉の向上に寄与したりする役割を政府などが担っていること及びより活発な経済活動と個人の尊重を共に成り立たせることが必要であることについて理解すること．
　（エ）現実社会の諸課題に関わる諸資料から，自立した主体として活動するために必要な情報を適切かつ効果的に収集し，読み取り，まとめる技能を身に付けること．
　イ　次のような思考力，判断力，表現力等を身に付けること．
　（ア）アの（ア）から（ウ）までの事項について，法，政治及び経済などの側面を関連させ，自立した主体として解決が求められる具体的な主題を設定し，合意形成や社会参画を視野に入れながら，その主題の解決に向けて事実を基に協働して考察したり構想したりしたことを，論拠をもって表現すること．

C　持続可能な社会づくりの主体となる私たち
　　持続可能な地域，国家・社会及び国際社会づくりに向けた役割を担う，公共の精神をもった自立した主体となることに向けて，幸福，正義，公正などに着目して，現代の諸課題を探究する活動を通して，次の事項を身に付けることができるよう指導する．

　ア　地域の創造，よりよい国家・社会の構築及び平和で安定した国際社会の形成へ主体的に参画し，共に生きる社会を築くという観点から課題を見いだし，その課題の解決に向けて事実を基に協働して考察，構想し，妥当性や効果，実現可能性などを指標にして，論拠を基に自分の考えを説明，論述すること．

3　内容の取扱い
（1）内容の全体にわたって，次の事項に配慮するものとする．
　ア　内容のA，B及びCについては，この順序で取り扱うものとし，既習の学習の成果を生かすこと．
　イ　中学校社会科及び特別の教科である道徳，高等学校公民科に属する他の科目，この章に示す地理歴史科，家庭科及

び情報科並びに特別活動などとの関連を図るとともに，項目相互の関連に留意しながら，全体としてのまとまりを工夫し，特定の事項だけに指導が偏らないようにすること．
（2）指導計画の作成に当たっては，次の事項に配慮するものとする．
　ア　第1章第1款の2の（2）に示す道徳教育の目標に基づき，この科目の特質に応じて適切な指導をすること．
（3）内容の取扱いに当たっては，次の事項に配慮するものとする．
　ア　この科目の内容の特質に応じ，学習のねらいを明確にした上でそれぞれ関係する専門家や関係諸機関などとの連携・協働を積極的に図り，社会との関わりを意識した主題を追究したり解決したりする活動の充実を図るようにすること．また，生徒が他者と共に生きる自らの生き方に関わって主体的・対話的に考察，構想し，表現できるよう学習指導の展開を工夫すること．
　イ　この科目においては，教科目標の実現を見通した上で，キャリア教育の充実の観点から，特別活動などと連携し，自立した主体として社会に参画する力を育む中核的機能を担うことが求められることに留意すること．
　ウ　生徒が内容の基本的な意味を理解できるように配慮し，小・中学校社会科などで鍛えられた見方・考え方に加え，人間と社会の在り方についての見方・考え方を働かせ，現実社会の諸課題と関連付けながら具体的事例を通して社会的事象等についての理解を深め，多面的・多角的に考察，構想し，表現できるようにすること．
　エ　科目全体を通して，選択・判断の手掛かりとなる考え方や公共的な空間における基本的原理を活用して，事実を基に多面的・多角的に考察し公正に判断する力を養うとともに，考察，構想したことを説明したり，論拠を基に自分の意見を説明，論述させたりすることにより，思考力，判断力，表現力等を養うこと．また，考察，構想させる場合には，資料から必要な情報を読み取らせて解釈させたり，議論などを行って考えを深めさせたりするなどの工夫をすること．
　オ　内容のAについては，次のとおり取り扱うものとすること．
　（ア）この科目の導入として位置付け，（1），（2），（3）の順序で取り扱うものとし，B及びCの学習の基盤を養うよう指導すること．その際，Aに示した事項については，B以降の学習においても，それらを踏まえて学習が行われるよう特に留意すること．
　（イ）Aに示されたそれぞれの事項を適切に身に付けることができるよう，指導のねらいを明確にした上で，今まで受け継がれてきた我が国の文化的蓄積を含む古今東西の先人の取組，知恵などにも触れること．
　（ウ）（1）については，アの（ア）から（ウ）までのそれぞれの事項との関連において，学校や地域などにおける生徒の自発的，自治的な活動やBで扱う現実社会の事柄や課題に関わる具体的な場面に触れ，生徒の学習意欲を喚起することができるよう工夫すること．その際，公共的な空間に生きる人間は，様々な集団の一員としての役割を果たす存在であること，伝統や文化，宗教などを背景にして現代の社会が成り立っていることについても触れること．また，生涯における青年期の課題を人，集団及び社会との関わりから捉え，他者と共に生きる自らの生き方についても考察できるよう工夫すること．
　（エ）（2）については，指導のねらいを明確にした上で，環境保護，生命倫理などの課題を扱うこと．その際，Cで探究する課題との関わりに留意して課題を取り上げるようにすること．
　（オ）（3）については，指導のねらいを明確にした上で，日本国憲法との関わりに留意して指導すること．「人間

の尊厳と平等，個人の尊重」については，男女が共同して社会に参画することの重要性についても触れること．
カ　内容のBについては，次のとおり取り扱うものとすること．
　（ア）アの（ア）から（ウ）までのそれぞれの事項は学習の順序を示すものではなく，イの（ア）において設定する主題については，生徒の理解のしやすさに応じ，学習意欲を喚起することができるよう創意工夫した適切な順序で指導すること．
　（イ）小学校及び中学校で習得した知識などを基盤に，Aで身に付けた選択・判断の手掛かりとなる考え方や公共的な空間における基本的原理を活用して，現実社会の諸課題に関わり設定した主題について，個人を起点に他者と協働して多面的・多角的に考察，構想するとともに，協働の必要な理由，協働を可能とする条件，協働を阻害する要因などについて考察を深めることができるようにすること．その際，生徒の学習意欲を高める具体的な問いを立て，協働して主題を追究したり解決したりすることを通して，自立した主体としてよりよい社会の形成に参画するために必要な知識及び技能を習得できるようにするという観点から，生徒の日常の社会生活と関連付けながら具体的な事柄を取り上げること．
　（ウ）生徒や学校，地域の実態などに応じて，アの（ア）から（ウ）までのそれぞれの事項において主題を設定すること．その際，主題に関わる基本的人権の保障に関連付けて取り扱ったり，自立した主体となる個人を支える家族・家庭や地域などにあるコミュニティに着目して，世代間の協力，協働や，自助，共助及び公助による社会的な基盤の強化などと関連付けたりするなどして，主題を追究したり解決したりできるようにすること．また，指導のねらいを明確にした上で，現実の具体的な社会的事象等を扱ったり，模擬的な活動を行ったりすること．
　（エ）アの（ア）の「法や規範の意義及び役割」については，法や道徳などの社会規範がそれぞれの役割を有していることや，法の役割の限界についても扱うこと．「多様な契約及び消費者の権利と責任」については，私法に関する基本的な考え方についても扱うこと．「司法参加の意義」については，裁判員制度についても扱うこと．
　（オ）アの（イ）の「政治参加と公正な世論の形成，地方自治」については関連させて取り扱い，地方自治や我が国の民主政治の発展に寄与しようとする自覚や住民としての自治意識の涵（かん）養に向けて，民主政治の推進における選挙の意義について指導すること．「国家主権，領土（領海，領空を含む．）」については関連させて取り扱い，我が国が，固有の領土である竹島や北方領土に関し残されている問題の平和的な手段による解決に向けて努力していることや，尖閣諸島をめぐり解決すべき領有権の問題は存在していないことなどを取り上げること．「国家主権，領土（領海，領空を含む．）」及び「我が国の安全保障と防衛」については，国際法と関連させて取り扱うこと．「国際貢献」については，国際連合における持続可能な開発のための取組についても扱うこと．
　（カ）アの（ウ）の「職業選択」については，産業構造の変化やその中での起業についての理解を深めることができるようにすること．「雇用と労働問題」については，仕事と生活の調和という観点から労働保護立法についても扱うこと．「財政及び租税の役割，少子高齢社会における社会保障の充実・安定化」については関連させて取り扱い，国際比較の観点から，我が国の財政の現状や少子高齢社会など，現代社会の特色を踏まえて財政の持続可能性と関連付けて扱うこと．「金融の働き」については，金融とは経済主体間の資金の融通であることの理解を基に，金融を通した経済活動の活性化についても触れるこ

と，「経済のグローバル化と相互依存関係の深まり（国際社会における貧困や格差の問題を含む．）」については，文化や宗教の多様性についても触れ，自他の文化などを尊重する相互理解と寛容の態度を養うことができるよう留意して指導すること．
　（キ）アの（エ）については，（ア）から（ウ）までのそれぞれの事項と関連させて取り扱い，情報に関する責任や，利便性及び安全性を多面的・多角的に考察していくことを通して，情報モラルを含む情報の妥当性や信頼性を踏まえた公正な判断力を身に付けることができるよう指導すること．その際，防災情報の受信，発信などにも触れること．
キ　内容のCについては，次のとおり取り扱うものとすること．
　（ア）この科目のまとめとして位置付け，社会的な見方・考え方を総合的に働かせ，Aで身に付けた選択・判断の手掛かりとなる考え方や公共的な空間における基本的原理などを活用するとともに，A及びBで扱った課題などへの関心を一層高めるよう指導すること．また，個人を起点として，自立，協働の観点から，多様性を尊重し，合意形成や社会参画を視野に入れながら探究できるよう指導すること．
　（イ）課題の探究に当たっては，法，政治及び経済などの個々の制度にとどまらず，各領域を横断して総合的に探究できるよう指導すること．

第2　倫　理
1　目　標
　　人間としての在り方生き方についての見方・考え方を働かせ，現代の諸課題を追究したり解決に向けて構想したりする活動を通して，広い視野に立ち，人間尊重の精神と生命に対する畏敬の念に基づいて，グローバル化する国際社会に主体的に生きる平和で民主的な国家及び社会の有為な形成者に必要な公民としての資質・能力を次のとおり育成することを目指す．
　(1) 古今東西の幅広い知的蓄積を通して，現代の諸課題を捉え，より深く思索するための手掛かりとなる概念や理論について理解するとともに，諸資料から，人間としての在り方生き方に関わる情報を調べまとめる技能を身に付けるようにする．
　(2) 自立した人間として他者と共によりよく生きる自己の生き方についてより深く思索する力や，現代の倫理的諸課題を解決するために倫理に関する概念や理論などを活用して，論理的に思考し，思索を深め，説明したり対話したりする力を養う．
　(3) 人間としての在り方生き方に関わる事象や課題について主体的に追究したり，他者と共によりよく生きる自己を形成しようとしたりする態度を養うとともに，多面的・多角的な考察やより深い思索を通して涵（かん）養される，現代社会に生きる人間としての在り方生き方についての自覚を深める．
2　内　容
A　現代に生きる自己の課題と人間としての在り方生き方
　(1) 人間としての在り方生き方の自覚
　　　　人間の存在や価値に関わる基本的な課題について思索する活動を通して，次の事項を身に付けることができるよう指導する．
　　ア　次のような知識及び技能を身に付けること．
　　　（ア）個性，感情，認知，発達などに着目して，豊かな自己形成に向けて，他者と共によりよく生きる自己の生き方についての思索を深めるための手掛かりとなる様々な人間の心の在り方について理解すること．
　　　（イ）幸福，愛，徳などに着目して，人間としての在り方生き方について思索するための手掛かりとなる様々な人生観について理解すること．その際，人生における宗教や芸術のもつ意義についても理解すること．

（ウ）善，正義，義務などに着目して，社会の在り方と人間としての在り方生き方について思索するための手掛かりとなる様々な倫理観について理解すること。

（エ）真理，存在などに着目して，世界と人間の在り方について思索するための手掛かりとなる様々な世界観について理解すること。

（オ）古今東西の先哲の思想に関する原典の日本語訳などの諸資料から，人間としての在り方生き方に関わる情報を読み取る技能を身に付けること。

イ　次のような思考力，判断力，表現力等を身に付けること。

（ア）自己の生き方を見つめ直し，自らの体験や悩みを振り返り，他者，集団や社会，生命や自然などとの関わりにも着目して自己の課題を捉え，その課題を現代の倫理的課題と結び付けて多面的・多角的に考察し，表現すること。

（イ）古今東西の先哲の考え方を手掛かりとして，より広い視野から人間としての在り方生き方について多面的・多角的に考察し，表現すること。

（2）国際社会に生きる日本人としての自覚
日本人としての在り方生き方について思索する活動を通して，次の事項を身に付けることができるよう指導する。

ア　次のような知識及び技能を身に付けること。

（ア）古来の日本人の心情と考え方や日本の先哲の思想に着目して，我が国の風土と伝統，外来思想の受容などを基に，国際社会に生きる日本人としての在り方生き方について思索するための手掛かりとなる日本人に見られる人間観，自然観，宗教観などの特質について，自己との関わりにおいて理解すること。

（イ）古来の日本人の心情と考え方や日本の先哲の思想に関する原典や原典の口語訳などの諸資料から，日本人としての在り方生き方に関わる情報を読み取る技能を身に付けること。

イ　次のような思考力，判断力，表現力等を身に付けること。

（ア）古来の日本人の考え方や日本の先哲の考え方を手掛かりとして，国際社会に主体的に生きる日本人としての在り方生き方について多面的・多角的に考察し，表現すること。

B　現代の諸課題と倫理
（1）自然や科学技術に関わる諸課題と倫理
自然や科学技術との関わりにおいて，人間としての在り方生き方についての見方・考え方を働かせ，他者と対話しながら，現代の諸課題を探究する活動を通して，次の事項を身に付けることができるよう指導する。

ア　生命，自然，科学技術などと人間との関わりについて倫理的課題を見いだし，その解決に向けて倫理に関する概念や理論などを手掛かりとして多面的・多角的に考察し，公正に判断して構想し，自分の考えを説明，論述すること。

（2）社会と文化に関わる諸課題と倫理
様々な他者との協働，共生に向けて，人間としての在り方生き方についての見方・考え方を働かせ，他者と対話しながら，現代の諸課題を探究する活動を通して，次の事項を身に付けることができるよう指導する。

ア　福祉，文化と宗教，平和などについて倫理的な課題を見いだし，その解決に向けて倫理に関する概念や理論などを手掛かりとして多面的・多角的に考察し，公正に判断して構想し，自分の考えを説明，論述すること。

3　内容の取扱い
（1）内容の全体にわたって，次の事項に配慮するものとする。

ア　内容のA及びBについては，この順序で取り扱うものとし，既習の学習の成果を生かすこと。

イ　中学校社会科及び特別の教科である道徳，高等学校公民科に属する他の科目，この章に示す地理歴史科，家庭科及び情報科並びに特別活動などとの関連を図るとともに，項目相互の関連に留意しながら，全体としてのまとまりを工夫し，特定の事項だけに指導が偏らないようにすること。

（2）指導計画の作成に当たっては，次の事項に配慮するものとする。

ア　第1章第1款の2の（2）に示す道徳教育の目標に基づき，この科目の特質に応じて適切な指導をすること。

（3）内容の取扱いに当たっては，次の事項に配慮するものとする。

ア　倫理的諸価値に関する古今東西の先哲の思想を取り上げるに当たっては，原典の日本語訳，口語訳なども活用し，内容と関連が深く生徒の発達や学習の段階に適した代表的な先哲の言説などを扱うこと。また，生徒自らが人生観，世界観などを確立するための手掛かりを得ることができるよう学習指導の展開を工夫すること。

イ　内容のAについては，次のとおり取り扱うものとすること。

（ア）小学校及び中学校で習得した概念などに関する知識などを基に，「公共」で身に付けた選択・判断の手掛かりとなる考え方を活用し，哲学に関わる対話的な手法などを取り入れた活動を通して，生徒自らが，より深く思索するための概念や理論を理解できるようにし，Bの学習の基盤を養うよう指導すること。

（イ）（1）のアの（ア）については，青年期の課題を踏まえ，人格，感情，認知，発達についての心理学の考え方についても触れること。

（ウ）（1）のアの（イ）については，人間の尊厳と生命への畏敬，自己実現と幸福などについて，古代ギリシアから近代までの思想，キリスト教，イスラーム，仏教，儒教などの基本的な考え方を代表する先哲の思想，芸術家とその作品を，倫理的な観点を明確にして取り上げること。

（エ）（1）のアの（ウ）については，民主社会における人間の在り方，社会参加と奉仕などについて，倫理的な観点を明確にして取り上げること。

（オ）（1）のアの（エ）については，自然と人間との関わり，世界を捉える知の在り方などについて，倫理的な観点を明確にして取り上げること。

（カ）（1）のアの（オ）については，古今東西の代表的な先哲の思想を取り上げ，人間をどのように捉え，どのように生きることを指し示しているかについて，自己の課題と結び付けて思索するために必要な技能を身に付けることができるよう指導すること。

（キ）（2）のアの（ア）については，古来の日本人の心情と考え方や代表的な日本の先哲の思想を手掛かりにして，自己の課題として学習し，国際社会に生きる日本人としての自覚を深めるよう指導すること。その際，伝統的な芸術作品，茶道や華道などの芸道などを取り上げ，理解を深めることができるよう指導すること。

（ク）（2）のアの（イ）については，古来の日本人の心情と考え方や代表的な日本の先哲の思想を取り上げ，それらが日本人の思想形成にどのような影響を及ぼしているかについて思索するために必要な技能を身に付けることができるよう指導すること。

ウ　内容のBについては，次のとおり取り扱うものとすること。

（ア）小学校及び中学校で習得した概念などに関する知識などや，「公共」及びAで身に付けた選択・判断の手掛かりとなる先哲の思想などを基に，人間としての在り方生き方についての見方・考え方を働かせ，現実社会の倫理的諸課題について探究することができるよう指導すること。また，科目のまとめとして位置付け，適切かつ十分な授業時数を配当すること。

（イ）生徒や学校，地域の実態などに応じて課題を選択し，主体的に探究する学習を行うことができるよう工夫する

こと，その際，哲学に関わる対話的な手法などを取り入れた活動を通して，人格の完成に向けて自己の生き方の確立を促し，他者と共に生きる主体を育むよう指導すること．

（ウ）（1）のアの「生命」については，生命科学や医療技術の発達を踏まえ，生命の誕生，老いや病，生と死の問題などを通して，生きることの意義について思索できるようにすること．「自然」については，人間の生命が自然の生態系の中で，植物や他の動物との相互依存関係において維持されており，調和的な共存関係が大切であることについても思索できるようにすること．「科学技術」については，近年の飛躍的な科学技術の進展を踏まえ，人工知能（AI）をはじめとした先端科学技術の利用と人間生活や社会の在り方についても思索できるよう指導すること．

（エ）（2）のアの「福祉」については，多様性を前提として，協働，ケア，共生といった倫理的な視点から福祉の問題を取り上げること．「文化と宗教」については，文化や宗教が過去を継承する人類の知的遺産であることを踏まえ，それらを尊重し，異なる文化や宗教をもつ人々を理解し，共生に向けて思索できるよう指導すること．「平和」については，人類全体の福祉の向上といった視点からも考察，構想できるよう指導すること．

第3　政治・経済
1　目　標
　　社会の在り方についての見方・考え方を働かせ，現代の諸課題を追究したり解決に向けて構想したりする活動を通して，広い視野に立ち，グローバル化する国際社会に主体的に生きる平和で民主的な国家及び社会の有為な形成者に必要な公民としての資質・能力を次のとおり育成することを目指す．

（1）社会の在り方に関わる現実社会の諸課題の解決に向けて探究するための手掛かりとなる概念や理論などについて理解するとともに，諸資料から，社会の在り方に関わる情報を適切かつ効果的に調べまとめる技能を身に付けるようにする．

（2）国家及び社会の形成者として必要な選択・判断の基準となる考え方や政治・経済に関する概念や理論などを活用して，現実社会に見られる複雑な課題を把握し，説明するとともに，身に付けた判断基準を根拠に構想する力や，構想したことの妥当性や効果，実現可能性などを指標にして議論し公正に判断して，合意形成や社会参画に向かう力を養う．

（3）よりよい社会の実現のために現実社会の諸課題を主体的に解決しようとする態度を養うとともに，多面的・多角的な考察や深い理解を通して滴（かん）養される公民として，自国を愛し，その平和と繁栄を図ることや，我が国及び国際社会において国家及び社会の形成に，より積極的な役割を果たそうとする自覚などを深める．

2　内　容
A　現代日本における政治・経済の諸課題
（1）現代日本の政治・経済
　　個人の尊厳と基本的人権の尊重，対立，協調，効率，公正などに着目して，現代の諸課題を追究したり解決に向けて構想したりする活動を通して，次の事項を身に付けることができるよう指導する．
　ア　次のような知識及び技能を身に付けること．
　　（ア）政治と法の意義と機能，基本的人権の保障と法の支配，権利と義務との関係，議会制民主主義，地方自治について，現実社会の諸事象を通して理解を深めること．
　　（イ）経済活動と市場，経済主体と経済循環，国民経済の大きさと経済成長，物価と景気変動，財政の働きと仕組み及び租税などの意義，金融の働きと仕組みについて，現実社会の諸事象を通して理解を深めること．
　　（ウ）現代日本の政治・経済に関する諸資料から，課題の

解決に向けて考察，構想する際に必要な情報を適切かつ効果的に収集し，読み取る技能を身に付けること．
　イ　次のような思考力，判断力，表現力等を身に付けること．
　　（ア）民主政治の本質を基に，日本国憲法と現代政治の在り方との関連について多面的・多角的に考察し，表現すること．
　　（イ）政党政治や選挙などの観点から，望ましい政治の在り方及び主権者としての政治参加の在り方について多面的・多角的に考察，構想し，表現すること．
　　（ウ）経済活動と福祉の向上との関連について多面的・多角的に考察し，表現すること．
　　（エ）市場経済の機能と限界，持続可能な財政及び租税の在り方，金融を通した経済活動の活性化について多面的・多角的に考察，構想し，表現すること．
（2）現代日本における政治・経済の諸課題の探究
　　社会的な見方・考え方を総合的に働かせ，他者と協働して持続可能な社会の形成が求められる現代日本社会の諸課題を探究する活動を通して，次の事項を身に付けることができるよう指導する．
　ア　少子高齢社会における社会保障の充実・安定化，地域社会の自立と政府，多様な働き方・生き方を可能にする社会，産業構造の変化と起業，歳入・歳出両面での財政健全化，食料の安定供給の確保と持続可能な農業構造の実現，防災と安全・安心な社会の実現などについて，取り上げた課題の解決に向けて政治と経済とを関連させて多面的・多角的に考察，構想し，よりよい社会の在り方についての自分の考えを説明，論述すること．
B　グローバル化する国際社会の諸課題
（1）現代の国際政治・経済
　　国際平和と人類の福祉に寄与しようとする自覚を深めることに向けて，個人の尊厳と基本的人権の尊重，対立，協調，効率，公正などに着目して，現代の諸課題を追究したり解決に向けて構想したりする活動を通して，次の事項を身に付けることができるよう指導する．
　ア　次のような知識及び技能を身に付けること．
　　（ア）国際社会の変遷，人権，国家主権，領土（領海，領空を含む．）などに関する国際法の意義，国際連合をはじめとする国際機構の役割，我が国の安全保障と防衛，国際貢献について，現実社会の諸事象を通して理解を深めること．
　　（イ）貿易の現状と意義，為替相場の変動，国民経済と国際収支，国際協調の必要性や国際経済機関の役割について，現実社会の諸事象を通して理解を深めること．
　　（ウ）現代の国際政治・経済に関する諸資料から，課題の解決に向けて考察，構想する際に必要な情報を適切かつ効果的に収集し，読み取る技能を身に付けること．
　イ　次のような思考力，判断力，表現力等を身に付けること．
　　（ア）国際社会の特質や国際紛争の諸要因を基に，国際法の果たす役割について多面的・多角的に考察し，表現すること．
　　（イ）国際平和と人類の福祉に寄与する日本の役割について多面的・多角的に考察，構想し，表現すること．
　　（ウ）相互依存関係が深まる国際経済の特質について多面的・多角的に考察し，表現すること．
　　（エ）国際経済において果たすことが求められる日本の役割について多面的・多角的に考察，構想し，表現すること．
（2）グローバル化する国際社会の諸課題の探究
　　社会的な見方・考え方を総合的に働かせ，他者と協働して持続可能な社会の形成が求められる国際社会の諸課題を探究する活動を通して，次の事項を身に付けることができるよう指導する．
　ア　グローバル化に伴う人々の生活や社会の変容，地球環境

と資源・エネルギー問題，国際経済格差の是正と国際協力，イノベーションと成長市場，人種・民族問題や地域紛争の解決に向けた国際社会の取組，持続可能な国際社会づくりなどについて，取り上げた課題の解決に向けて政治と経済とを関連させて多面的・多角的に考察，構想し，よりよい社会の在り方についての自分の考えを説明，論述すること．

3　内容の取扱い
(1) 内容の全体にわたって，次の事項に配慮するものとする．
　ア　公民科に属する他の科目，この章に示す地理歴史科，家庭科及び情報科などとの関連を図るとともに，項目相互の関連に留意しながら，全体としてのまとまりを工夫し，特定の事項だけに指導が偏らないようにすること．
(2) 内容の取扱いに当たっては，次の事項に配慮するものとする．
　ア　この科目の内容の特質に応じ，学習のねらいを明確にした上でそれぞれ関係する専門家や関係諸機関などとの連携・協働を積極的に図り，社会との関わりを意識した課題を追究したり解決に向けて構想したりする活動の充実を図るようにすること．
　イ　内容のA及びBについては，次の事項に留意すること．
　　(ア) A及びBのそれぞれの(2)においては，小学校及び中学校で習得した概念などに関する知識や，「公共」で身に付けた選択・判断の手掛かりとなる考え方などを基に，それぞれの(1)における学習の成果を生かし，政治及び経済の基本的な概念や理論などの理解の上に立って，理論と現実の相互関連を踏まえながら，事実を基に多面的・多角的に探究できるよう学習指導の展開を工夫すること．その際，生徒や学校，地域の実態などに応じて，A及びBのそれぞれにおいて探究する課題を選択させること．また，適切かつ十分な授業時数を配当すること．
　ウ　内容のAについては，次のとおり取り扱うものとすること．
　　(ア) (1)においては，日本の政治・経済の現状について触れること．
　　(イ) (1)のアの(ア)については，日本国憲法における基本的人権の尊重，国民主権，天皇の地位と役割，国会，内閣，裁判所などの政治機構に関する小・中学校社会科及び「公共」の学習との関連性に留意して指導すること．
　　(ウ) (1)のアの(ア)の「政治と法の意義と機能，基本的人権の保障と法の支配，権利と義務との関係」については関連させて取り扱うこと．その際，裁判員制度を扱うこと．また，私法に関する基本的な考え方についても理解を深めることができるよう指導すること．
　　(エ) (1)のアの(イ)については，分業と交換，希少性などに関する小・中学校社会科及び「公共」の学習との関連性に留意して指導すること．また，事項の全体を通して日本経済のグローバル化をはじめとする経済生活の変化，現代経済の仕組みや機能について扱うとともに，その特質を捉え，経済についての概念や理論についての理解を深めることができるよう指導すること．
　　(オ) (1)のイの(ア)の「民主政治の本質」については，世界の主な政治体制と関連させて取り扱うこと．
　　(カ) (1)のイの(イ)の「望ましい政治の在り方及び主権者としての政治参加の在り方」については，(1)のイの(ア)の「現代政治の在り方」との関連性に留意して，世論の形成などについて具体的な事例を取り上げて扱い，主権者としての政治に対する関心を高め，主体的に社会に参画する意欲をもたせるよう指導すること．
　　(キ) (1)のイの(エ)の「市場経済の機能と限界」については，市場経済の効率性とともに，市場の失敗の補完の観点から，公害防止と環境保全，消費者に関する問題も扱うこと．また，「金融を通した経済活動の活性化」に

ついては，金融に関する技術変革と企業経営に関する金融の役割にも触れること．
　　(ク) (2)における課題の探究に当たっては，日本社会の動向に着目したり，国内の諸地域や諸外国における取組などを参考にしたりできるよう指導すること．「産業構造の変化と起業」を取り上げる際には，中小企業の在り方についても触れるよう指導すること．
　エ　内容のBについては，次のとおり取り扱うものとすること．
　　(ア) (1)においては，国際政治及び国際経済の現状についても扱うこと．
　　(イ) (1)のアの(ア)の「国家主権，領土（領海，領空を含む．）などに関する国際法の意義，国際連合をはじめとする国際機構の役割」については関連させて取り扱い，我が国が，固有の領土である竹島や北方領土に関し残されている問題の平和的な手段による解決に向けて努力していることや，尖閣諸島をめぐり解決すべき領有権の問題は存在していないことなどを取り上げること．
　　(ウ) (1)のイの(ア)の「国際紛争の諸要因」については，多様な角度から考察させるとともに，軍縮や核兵器廃絶などに関する国際的な取組についても扱うこと．
　　(エ) (2)における課題の探究に当たっては，国際社会の動向に着目したり，諸外国における取組などを参考にしたりできるよう指導すること．その際，文化や宗教の多様性を踏まえるとともに，国際連合における持続可能な開発のための取組についても扱うこと．

第3款　各科目にわたる指導計画の作成と内容の取扱い

1　指導計画の作成に当たっては，次の事項に配慮するものとする．
(1) 単元など内容や時間のまとまりを見通して，その中で育む資質・能力の育成に向けて，生徒の主体的・対話的で深い学びの実現を図るようにすること．その際，科目の特質に応じた見方・考え方を働かせ，社会的な事象等の意味や意義などを考察し，概念などに関する知識を獲得したり，社会との関わりを意識した課題を追究したり解決したりする活動の充実を図ること．
(2) 各科目の履修については，全ての生徒に履修させる科目である「公共」を履修した後に選択科目である「倫理」及び「政治・経済」を履修できるという，この教科の基本的な構造に留意し，各学校で創意工夫して適切な指導計画を作成すること．その際，「公共」は，原則として入学年次及びその次の年次の2か年のうちに履修させること．
(3) 障害のある生徒などについては，学習活動を行う場合に生じる困難さに応じた指導内容や指導方法の工夫を計画的，組織的に行うこと．
2　内容の取扱いに当たっては，次の事項に配慮するものとする．
(1) 社会的な見方・考え方を働かせることをより一層重視する観点に立って，社会的な事象等の意味や意義，事象の特色や事象間の関連，現実社会に見られる課題などについて，考察したことや構想したことを論理的に説明したり，立場や根拠を明確にして議論したりするなどの言語活動に関わる学習を一層重視すること．
(2) 諸資料から，社会的事象等に関する様々な情報を効果的に収集し，読み取り，まとめる技能を身に付ける学習活動を重視するとともに，具体的な体験を伴う学習の充実を図るようにすること．その際，現代の諸課題を捉え，多面的・多角的に考察，構想するに当たっては，関連する各種の統計，年鑑，白書，新聞，読み物，地図その他の資料の出典などを確認し，その信頼性を踏まえつつ適切に活用したり，考察，構想の過程と結果を整理し報告書にまとめ，発表したりするなどの活動を取り入れるようにすること．
(3) 社会的事象等については，生徒の考えが深まるよう様々な見解を提示するよう配慮し，多様な見解のある事柄，未確定な事

柄を取り上げる場合には，有益適切な教材に基づいて指導する
とともに，特定の事柄を強調し過ぎたり，一面的な見解を十分
な配慮なく取り上げたりするなどの偏った取扱いにより，生徒
が多面的・多角的に考察したり，事実を客観的に捉え，公正に
判断したりすることを妨げることのないよう留意すること．

(4) 情報の収集，処理や発表などに当たっては，学校図書館や地
域の公共施設などを活用するとともに，コンピュータや情報通
信ネットワークなどの情報手段を積極的に活用し，指導に生か
すことで，生徒が主体的に学習に取り組めるようにすること．
その際，課題の追究や解決の見通しをもって生徒が主体的に情
報手段を活用できるようにするとともに，情報モラルの指導に
も配慮すること．

3 内容の指導に当たっては，教育基本法第14条及び第15条の規
定に基づき，適切に行うよう特に慎重に配慮して，政治及び宗教
に関する教育を行うものとする．

さくいん

中学校社会科教育・高等学校公民科教育

| 2020 年 4 月 1 日 | 第 1 版 第 1 刷 発行 |
| 2024 年 3 月 1 日 | 第 1 版 第 4 刷 発行 |

編　者　社会認識教育学会

発 行 者　発田和子

発 行 所　株式会社　学術図書出版社

〒113－0033　東京都文京区本郷 5－4－6
TEL 03-3811-0889　振替 00110-4-28454
印刷　三美印刷（株）